批判与马克思主义心理学丛书

Critical and Marxist Psychology Series

王波 主编

心理学与日常生活

[丹] 厄恩斯特·夏欧伯 主编
Ernst Schraube
[丹] 夏洛特·霍霍尔特
Charlotte Højholt

王晓焘 译

PSYCHOLOGY AND THE CONDUCT OF EVERYDAY LIFE

北京师范大学出版集团
BEIJING NORMAL UNIVERSITY PUBLISHING GROUP
北京师范大学出版社

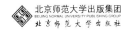

总序

心理学的批判与重建：一种马克思主义进路

海德格尔有言，哲学之必要性就在当前时代的“急难”中。“一切必要性扎根于一种急难中”。哲学须急时代之所急，而最大的急难就是“无急难之急难”（the lack of emergency）。“在自我确定性（self-certainty）已变得不可逾越的地方，在一切都被认为可以计算的地方，总之，在一个一切都已被决定，却不问一个先行的问题：我们是谁，我们要做什么的地方，急难最为匮乏。”而这恰恰是传统心理学（psy-sciences）正在遭遇的境况，它忙于将人类主体性的每一方面心理学化（psychologization），以心理学的方式重释并通约了我们的日常经验，却对这一先行问题鲜有问津：“心理学是什么？它要做什么？”这一问题对传统心理学来说几无急难可言，而无急难之急难，恰是传统心理学最大的急难。

批判心理学扎根于传统心理学的急难之中。作为一种正在西方学界兴起，国内亟待关注的学术话语，它接续了从康德经马克思，一直到法兰克福学派的批判传统，致力于探究现代心理及心理学得以成立的前提与界限，反思传统心理学的原则框架和基本假设，及其与资本主义的内在勾连。批判心理学一方面指认了传统心理学如何置身社会据以再生产自身的专门化劳动过程中，试图生产和积累用以描述、预测与控制人类心理与行为的普遍的、中立的与客观的知识，并以此作为自身合法性的来源。同时揭示了在发达资本主义社会，这种心理学何以作为一种新型治理装置，通过“对行为的引导”（the conduct of conduct）使“助人的职业”接管了人们的日常生活。此即批判心理学在“破”的面向“批判心理”之蕴涵。另一方面，从对传统心理学的批判性反思出发，它致力于发展出一种既有价值承诺，又有科学基础的新心理学，以之作为方法论工具，批判和把握资本时代所塑造的人类精神生活的独特性质，同时打开心理学的想象力，为作为其他可能选择的人类主体性提供一种解放议程。此即批判心理学在“立”的面向“心理批判”之蕴涵。

马克思率先提出了关于心理与心理学得以可能的前提与界限的批判议程，以及对其进行社会批判的理论纲领和实践框架。批判心理学作为西方左派话语的重要组成部分和西方主流心理学的其他可能选择，进一步丰富和加深了人们对传统心理学与当代资本主义新变化之内在勾连的理解。其思想道路的核心问题包括：1. 心理学的“主体相关性”问题。传统心理学研究能检验某假设的效度或“技术相关性”，却无法检验其“主体相关性”。主体与其对环境（实验设置）的影响之间几乎是完全分裂的，而这种分裂正是资本主义社会化大生产与生产资料的私人所有之间的宏观分裂的具体而微者。它也是笛卡尔式意识的内在性与现实世界的形而上学对立的心理学表现。人生产自身生活条件的可能性在传统心理学研究中被系统地排除了。由于缺乏评价其理论重要性或相关性的科学工具，故而它经常不能决定互相竞争的理论中哪一个是更好的。而将与人类精神生活的本质方面直接关联的“主体相关性”作为标准，在总体性的社会政治层面重新考察其“合法性”，一项研究就可能具有相对恒久的意义，由此摆脱心理学知识的碎片化状态，促进心理学的知识积累与范式整合。2. 心理学基本概念和范畴反思。运用马克思所引发的“功能—历史分析”澄清心理学基本概念和范畴的前提与界限，亦即其本身作为充满弹性的现实抽象而具有的规范性和展演性，为心理学的研究主题及其方法论提供系统的范式性基础，并针对“一定的社会类型中的生活阶段”出现的特殊问题，提出创新的、革命性心理学概念和范畴。3. 心理学与马克思主义的解放议程。传统心理学所承诺的“心理学解放”，将推翻消极的、负面的、束缚人的“观念”“同创造自由个性看成一回事”，此即马克思早就揭露过的观念解放。随着“人类社会”取代“市民社会”，这种作为“虚假意识”的虚假心理解放，即颠倒了的“我对我环境的关系”，最终将被人的解放所代替。是故科学的和革命的心理学的解放依赖于推翻限制了人的本质力量的对象化的资本主义，由此“人以一种全面的方式，就是说，作为一个总体的人，占有自己的全面的本质”，从而将沉溺于“变量”的动物的或机器的心理学提升到人的、有意识的、社会历史的层次。

在心理学话语体系重构的层次，批判心理学的元理论反思可以从三个维度将之提升到一个新的思想高度：1. 本体论重构要求澄清心理学（包括其原则框架、实践规范，乃至基本概念和范畴）何以是一定历史条件的产物，而且只有对于这些条件并在这些条件之内才具有充分的适用性，由此回应对心理学基本概念和范畴的本体论追问。更重要的是，区别于传统心理学将被试询唤（interpellation）到被操作性定义的具体范畴中，这种本体论重构还要站在无产阶级主体的立场上提出一整套将解放议程包含在内的革命性的范畴，由此重构心理学的基本概念和范畴乃至“心理”本身，以增强人民群众认识世界和改变世界的能力，为人的自由全面发展创造心理条件。2. 认识论重构需要诉诸政治经济学批判所肯定的“科学上正确的方法”，即从抽象上升到具体的方法论。以此勘破“心理学的狡计”（the cunning of psychology）：基于对可见变量的操作获得的某种量值被直接等同于不可见的作为客观抽象的关系性质。从而认识到诸如感知觉、思维、学习，以至人格等研究对象不是一种透明地呈现在我们面前的、可以直接现成把握的作为“在手状态”（vorhandenheit）的无声客体，不是直观的“物”（Ding），而是作为客观抽象的人与人之间的社会关系（die gesellschaftliche beziehung der personen）。3. 价值论重构反思传统心理学内嵌于现实物质生产与再生产之中的“是”与“应该”的关系。在狭义的“技术相关性”层面，揭示传统心理学中经常存在的“归咎于受害者”（victim blaming）以及“认识论暴力”（epistemological violence）倾向。在广义的“解放相关性”层面，基于对资本主义与心理学的内在勾连的客观分析，从主体向度开出质疑现状和改变世界的现实行动，以此建立一种既有科学基础、又有价值许诺的将无产阶级解放置入议程的心理学。

面对西方心理学的新进展以及与之勾连的西方资本主义的新变化，我们的心理学研究者在炙手可热的心理学化浪潮中似乎并未意识到自己遭遇双重迷失：于外热衷追逐西方心理学的主流方向，尤其是占主导地位的美国传统，而对其内部不断产生的反思性力量关注不够；于内常常无法自识其“方法论他者”以及心理学与中国人日常生活的契合性（compatibility）。其直接后果就是心理学往往被深锁于“科学”实验室的象牙塔中孤芳自赏，而日常生活中却充斥着种种伪心理学。各种壁垒森严的专业头衔似乎成了心理学逃避这种断裂带来的无能感的庇护所，而它屈尊对日常生活所作的于事无补的心理学化处理则反映了其理论想象力的真正匮乏，结果迷失在各种异质性概念的马赛克拼贴之中，有成为缺乏思想史坐标和现实生活土壤的无根基话语蒙太奇的危险。所以在这种“关键时刻”，通过这套丛书系统引介批判心理学的思想和方法，无疑具有深刻的学术意义和价值。它不止于一种简单的学术补白，更重要的是它有助于加深我们对心理学的性质及其与日常生活的内在联系，知识与权力的相互作用，以及资本主义心理治理新变化的理解。以此为契机，亦对建立和发展与中国人的心理与行为相契合的，直面中国人现实心理问题的，能与西方心理学平等对话的中国心理学话语体系大有裨益。同时充分利用这些成果提升国民心理健康水平和心理素质，培育良好的社会心态，在理论和实践层面积极响应习近平总书记关于“打造具有中国特色和普遍意义的学科体系”“加大心理健康问题基础性研究”的号召，以及在党的十九大报告中提出的关于加强社会心理服务体系建设的要求。

总之，如果说传统心理学先行奠基并锁定了未来各种形式的心理学的可能性，那么批判心理学中的“critical”一词正召唤着对“关键”这一语词本义的关切（critical包含批判与关键两义）：关键既是锁定也是开启。传统心理学锁定了心理学的可能想象，它似乎成了某种不可逆转的固定之物。而现在对之进行的“关键”考察却是打开而不是闭锁，是重新揭示心理学所承担的意义和未来新的可能性，从而使心理学的源初构造再次鲜活呈现，并产生新的思想激荡。

在丛书的第一批著作中，《主体立场的心理学》集聚了克劳茨·霍兹坎普（Klaus Holzkamp）基于主体立场的批判心理学的散射光谱，是其主要著作和文章的集萃。霍兹坎普通过将个体与群体视为由一定的生产方式所决定的社会历史中实践的主体，从而将自身与被实证主义与资本主义建制化进而被心理学化了的西方传统心理学区别开来。霍兹坎普是德国柏林自由大学教授，作为第二次世界大战后德国最重要的理论心理学家，他与志同道合的朋友们共同创建了一种独特的批判心理学体系。这种以主体科学自称的理路致力于批判和重构传统心理学的基础假设、理论范畴和方法论，赋予心理学一种激进的、解放的、寻求社会正义和质疑现状的新路向。霍兹坎普所开辟的研究路向已在国际上被广泛讨论，而这是他的著作第一次被译成中文介绍给广大读者。

《文化心理学：心理功能与社会变革视角》启发我们，只要心理学未能深刻领会社会文化的性质及其对心理学的影响，那么它就不是对人类心理的一种科学描述。只有通过批判省思社会文化的全部性质，包括它成问题的基础和假设，心理学才能成为科学。该书在宏观文化的语境中审视看似微观而中立的心理学，将心理现象的本质追溯到宏观文化因素（社会制度、文化产物和文化概念）的源头。同时心理能力的实质性提高则被落实到对宏观因素的社会改造之上。该书是卡尔·拉特纳（Carl Ratner）教授关于文化心理学研究的一部集大成之作，在英语学界享有盛誉。拉特纳教授执教于美国洪堡州立大学等学府，并任加州文化与教育研究所所长。值得一提的是，20 世纪 80 年代初，他在北京大学教过心理学，与费孝通先生、潘菽先生等都有交往。这很可能是改革开放后第一次邀请国外心理学家来华授课。

《心理学与日常生活》一书荟萃了当代活跃的西方批判心理学家的最新研究。它试图将日常生活行为的概念引入心理学研究的视野，推动心理学从实验室回到现实世界。日常生活行为是介于个体主体和社会结构之间的中间概念。基于批判心理学对主体和实践的强调，该书突出了人作为能动的感性主体如何在日常生活中行动，并以此理解其在当代社会所面临的各种困境与矛盾。在系统梳理了批判心理学之维的日常生活行为理论之后，该书检视了诸如债务经济的兴起、劳动力市场霸权、教育对数字技术的依赖等的心理学效果，以在主体与世界互动的心理学认识论层面把握心理现象的丰富性、复杂性。

《心理学的批判：从康德到后殖民主义理论》首创性地从批判视角出发，系统地重新审视和界划西方传统心理学的研究主题、方法论原则以及历史发展，揭示为传统心理学所遮蔽的沟壑、空白与沉默，最终批判地重建心理学历史发展的另类脉络。作为心理学从诞生之初就存在的关于它是否能成为科学的危机叙事的一部分，该书无疑为我们提供了一副全景式地展现心理学的内部辩论与其所遭受的外部冲击的立体画面。其作者托马斯·梯欧（Thomas Teo）是加拿大约克大学心理学教授，国际理论心理学会（ISTP）前主席，加拿大和美国心理学会会士。其研究领域包括哲学与批判心理学，以及理论心理学和心理学史，享有广泛的国际影响力。

最后要向北京师范大学出版社的周益群老师致以由衷的感谢和敬意！正是周老师的高效工作免去了漫长的等待。没有她的关心和支持，就没有这套丛书的及时翻译出版！

亭林先生曾曰："尝谓今人纂辑之书，正如今人之铸钱。古人采铜于山，今人则买旧钱，名之曰废铜，以充铸而已。所铸之钱，既已粗恶，而又将古人传世之宝，舂锉碎散，不存于后，岂不两失之乎?"在机械复制的时代从事学术研究，我们面临着比先贤更大的诱惑和挑战。而扎扎实实地把一些重要的外文原典翻译过来，作为第一手资料分享于海内同侪，亦当是一种采铜于山的努力吧。

王　波

庚子年谨识于紫金山南麓

目　录

导言：迈向日常生活的心理学 1

夏洛特·霍霍尔特(Charlotte Højholt)
厄恩斯特·夏欧伯(Ernst Schraube)

本书对当代社会中的日常生活行为进行心理学研究。它呈现了大量批判和跨学科研究，将心理学理论和研究实践从实验室带到了现实世界。本书关注的研究问题是人作为能动的感性主体是怎样进行日常生活的，其将生活行为视作理解我们日常生活中所面对困境和矛盾的基础。

心理学从其刚成为一门独立学科开始就聚焦于人类经验、行动和自我反思，但是对人如何进行生活行为的问题少有关注。近些年研究者对这一脱节的认识越来越多，使得心理学转向日常生活实践的讨论，日常生活行为的概念正不断进入心理学理论和研究实践中。

日常生活行为对心理学的重要性在于其是考察和理解个体日常行动——个体在日常生活的不同语境下组织、整合、意义化社会关系和矛盾诉求多样性的重要概念。这一概念考察人们如何相互协作地通过日常行动、习惯、常规以及对事物和社会关系的个人安排来生产和再生产他们的生活。其直接指向人们行动、参与、进行其日常生活的社会状况，也包括人们如何受到权力、知识、话语等社会物质配置的支配。此外，其有助于探索日常生活的新兴方式，以及这些新方式怎样改造着社会世界。因而，“日常生活行为”的研究以及对这一概念的提炼，能够加强我们对于日常生活现实中展现的心理学现象的理解，也将促进心理学理论、方法及其实践的根本性更新。

接下来，我们首先表明日常生活行为研究是怎样建立在日常生活研究 2
之上的，也将指出迈向日常生活的心理学与传统心理学的科学的自我理解是怎样的关系，以及将引发怎样的理论挑战。之后我们会讨论日常生活实践的具体层面，包括其冲突与协作，最后我们将呈现本书的各章概览。

日常生活心理学的形成与挑战

20世纪中叶，随着学者认识到日常生活在理解人类事务上的中心意义，日常生活研究成为社会科学和人文科学的重要概念。日常生活并非仅仅由每天琐碎而平凡的行为构成，学者认识到其构成了人们生活的核心，也是我们社会关系得以生产和再生产的空间。日常生活由各种不同空间和语境(家庭、职业、教育机构、消费场所、娱乐场所、数字空间，等等)中的人类行为组成。正如亨利·列斐伏尔(Henri Lefebvre)在其开创性研究《日常生活批判》(1947/1991)中所述：

> 日常生活深刻地与所有行动相联系，包含着它们所有的差异和冲突，它是它们的聚集地、是它们的纽带，也是它们的共同点。正是在日常生活中，使得人们——每一个个体——成为整体的关系总和有了其形状和形式。(p. 97)

在20世纪，从人们的生活现实出发，日常生活研究成为跨越多个学科(如历史学、社会学、哲学、人类学)以及跨学科项目(如文化研究、媒体研究)的独特研究主题，成为在复杂而不确定的社会历史关系中探索日常世界的专有词汇(de Certeau，1984；Ferguson，2009；Gardiner，2000；Goffman，1959；Highmore，2010；Pink，2012；Sheringham，2006；Smith，1987等等)。

日常生活行为的研究建立在上述大量研究的基础之上，并从新的关注点进行拓展。借助"回到主体"以及主体性和人的概念化阐释(如Blackmann et al.，2008；Butler，1989；Holzkamp，2013；Walkerdine，2002)，其更集中于人类行动，系统地聚焦于主体进行其日常生活的鲜活的体验、行动和努力。这意味着关注点转向主体视角和立场下的日常生活研究。通过对主体经验和参与进行结构化研究，日常生活的复杂性和不确定性也得到 3 更为一致的处理。因此，从日常生活探索世界对于人类生活的意义，并思考其如何能变得更好，成为可能。

心理学何以到现在才将日常生活行为作为重要的研究主题？原因之一是传统心理学的特定认识论以及科学的自我理解。在传统的实证研究中，知识的生产源于特定的环境。研究者想要探索心理学现象，就必须建构人为情境——通常是在大学实验室里做实验。这一建构形成了实验现实和日常现实的二元对立。因此，虽然实验现实的人为安排减少了研究问题的复杂性以适应受控的实验环境，但是这带来一个问题——在这种人为现实中得到的心理学现象的知识，在多大程度上能够转化为和一般化为日常生活现实中的知识(Holzkamp，2015，chap. 3，p. 77f)？

这样的心理学研究实践可以被视作相当抽象的心理学知识和理论建构的基础，因为其使我们陷入不知道所研究现象和问题是什么或是与什么相联系的困境。在这里，对日常生活的兴趣扭转了“因素”和“变量”的孤立状态，而指出必须探索心理学现象和问题是怎样由于其所处的语境而被赋予内容和意义。例如，个体陷入和体验困境的方式是与特殊的实践、关系、关注和社会结构联系在一起的。因此，日常生活行为这一概念可能为克服将主体封闭在孤立的心理学特定功能之中的心理学抽象个人主义(以及相伴而来的失语)提供了路径，有助于形成能够抓住心理学现象的丰富性、复杂性以及相互联系性，也能够抓住主体与世界相互关系的心理学认识论。对这一问题的研究意味着将经验研究和心理学知识的生产放到心理学现象实际发生的日常现实之中。

20 世纪 70 年代，心理学家对心理学研究实践中的这些认识论困境有了越来越多的了解，尤其是在社会心理学危机的讨论之中(Parker，1989)。这一讨论的历史根源可以追溯回威廉·狄尔泰(Wilhelm Dilthey)，列夫·维果茨基(Lev Vygotsky)，威廉·斯特恩(Wilhelm Stern)，库尔特·勒温(Kurt Lewin)以及其他许多人的研究。但是在 20 世纪 70 年代，其迎来了

新的开端，很多新的心理学路径出现了，如女性主义心理学、现象学、话
语心理学以及文化历史行动理论和批判心理学中的社会建构主义，将心理
学研究带出经典实验设计的人为现实，带进日常生活现实之中(如 Argyle，
1992；Brinkmann，2012；Burkitt，2004；Gergen，2009；Hodgetts et
al.，2010；Scheibe，2000；Shotter，1993；Stephenson & Papadopoulos，
2006)。在这场广阔的运动中，受到主体导向社会学家的影响(Jurczyk &
4 Rerrich，1993；Voß，1991；Jurczyk et al.，2015，chap. 2)，一些批判心
理学家越来越关注于日常生活行为对心理学的重要意义，并开始系统地研
究其构成。正如克劳斯·霍兹坎普(Klaus Holzkamp)所述："日常生活行
为是……人类存在的基本形式"(2013，p. 314)，他指出心理学的构成主体
不能被界定为个体，也不是社会关系中的个人主体，而是"日常生活行为
语境中的主体"(同上，p. 314)。

日常生活行为概念为应对很多来自心理学内部的根本挑战提供了路径，本书的章节从不同的角度和理论背景进行了讨论。在这一讨论中出现的某些核心挑战关注心理学知识持续的个人主义，也关注其一般社会关联的问题。

尽管理论心理学的奠基者之一威廉·冯特(Wilhelm Wundt)强调心理学研究的是与他人和世界相关的主体经验和行动(1897，p. 3)，心理学历史中的传统解释模型却相当一致地倒向激进个人主义。正如詹姆斯·沃茨(James Wertsch)指出：在当代心理学中，"研究总是基于能够，甚至是想要，孤立地……研究个体的假设"(1991，p. 2)，就算有着数十年的"批判"，"个体倾向仍然是这一学科在总体上的特征"(同上，p. 3)。他进一步写道：

> 我们可以具体地说明神经活动或新生儿反应，但是我们对人在现代世界中的意义却几乎一无所知……心理学越来越不能对今天的重要社会问题提供洞见。(同上，p. 1)

通过打开理解个体和社会关系的具体路径，日常生活行为的概念直面这一挑战。由于生活行为涉及主体的整合行动和建构行动，它就不会是一种确定性的视角，仅仅将个体概念化为社会结构的一组因变量。一方面，生活行为问题不能被局限为人们对某些特定状况的适应，因为进行生活意味着——与他人一起——安排状况、修订计划、追求感知到的利益。另一方面，这一概念也不是自主个体的唯意志论视角，而是承认个体生活并不仅仅由每个人的需求决定，而是与社会世界结构共同创造。日常生活行为是介于个体主体和社会结构之间的中间概念，尤为关注主体通过集体和结构行动来应对结构时的经验和行动范围。正如奥尔·德雷尔所述，向日常生活行为的转向使得我们的“分析更接近生活在社会中的主体的意义和需求”(2015，chap. 1，p. 17；Dreier，2008)。

日常生活行为研究的旨趣与社会的现代转型联系在一起。全球化、金 5
融和环境危机、债务、移民、战争和大规模冲突影响和改变了全世界的社会和个人生活类型（如 Caffentzis，2015，chap. 9；Federici，2015，chap. 10）。由于这些改变，心理学理论、研究和实践面对着全新的复杂问题和挑战。心理学家现在所研究的人，其社会现实和生活形式正变得越来越个人主义，同时有着更大的社会和文化差异性和复杂性。这就为新的复杂问题的出现搭好了舞台，它们通过技术进步、数字化、新工作形式和生产模式、失业和贫困、个体流动性的增加、终身教育以及变革准备等等形式出现。在这一语境下，心理学越来越需要走出实验室去研究和理解人们在日常生活中是怎样在与社会系统、制度、技术和日常生活实践的关联中面对和经历着当地的变迁。因此，心理学理论和研究必须，反过来，将其对人类感官行动和经验的理解与人们生活和体验其问题的社会实践和结构联系在一起。在这里，人们如何进行生活行为的理论必须对复杂的运动、轨迹和转变，同时还有历史的、文化的、当地的、全球的生活状况保持敏感。此外，这也需要反思新的方法论和研究实践，推进对人们生活中的日常现实和问题进行实证研究。

日常生活实践

将日常生活行为进行概念化涉及三个基本维度。当人们进行每天的重复行动，例如早晨起床、做早饭、讨论谁去买晚饭的食材、送孩子去幼儿园、上班等，其行动往往被看成是“日常”的。这一基本的日常生活的循环组织，包含着规律、常规和习惯，形成了日常生活行为的一个基本维度。然而，这些日常生活的规律和常规并不是机械的，它们不会自动发生，它们是每一个主体的行动成就。因为它们不仅要安排和解决每天的实践任务和需求，而且要在总体性的安排中进行协调和整合，所以卡林·尤尔奇克(Karin Jurczyk)、君特·福斯(G. Günter Voß)和玛吉特·韦里克(Margit Weihrich)将生活行为描述为“个体安排的安排”(2015，chap. 2，p. 46)。规律和常规缓解了我们对做什么或是不做什么进行不断观察、协调和合法化的需求，为我们的生活提供了基础。

6 但是，日常生活行为不仅仅涉及日常生活的每日重复和循环结构。日常生活实践不仅需要一个再生产的维度，也需要一个生产性的维度，让我们有意识或者有必要超越每天的常规和循环。生产性维度使我们能够组织并应对我们在日常生活的各个领域中所面对的不同的、矛盾的，通常也是不可预测的需求、分化和挑战。因此，日常生活行为也总是包含超凡体验和行动的维度，在这些日常生活的情境中我们陷入未知的恐惧、迎来严峻的挑战和斗争、体验意外的幸福、快乐或是洞察(或刚好相反)，有时候我们甚至会觉得这些超凡的时刻正是“真正”的生活所在。

日常生活的每日循环和超凡超越都被整合进日常生活行为的第三个维度。进行某人的生活包含着我们所谓的主体特定的整合情感和意义方式——没有这些，生活行为便不可能发生。因此，生活行为不仅仅涉及对各种需求的每日组织和整合，也与主体的历史还有未来的概念相联系。它与我们怎样看待世界以及我们想要怎样的生活这样更为广阔的想象相联系(尽管我们可能并不能意识到)，从这一对我们生活的广阔想象以及对行动可能性的期待中，每日的和超凡的日常行动和安排变得有意义和可达成。个人对生活内聚力的体验也与社会冲突——例如矛盾的生活需求——以及这些冲突如何发展、解除或陷入僵局联系在一起。接下来，我们会更详细地讨论个人的意义生产是怎样与日常生活行为的社会冲突性相互影响的。

本书所呈现的各种不同取向都将日常生活行为视为根本的集体过程。生活行为的概念应用和发展于分析主体在与其他主体的协作中以及与其他生活事务的关联中，如何进行他们的生活。这一概念化想要抓住我们作为人类生活所固有的社会维度，借此，将主体视为复数。这使得**社会协作和冲突**成为个体生活行为的核心问题（Axel，2011；Chimirri，2014）。将生活行为的概念从单个人的生活转向对不同且相互交织的生活进行安排的过程，改变了我们对日常生活常规的理解。建立常规不仅仅是个人的事情。我们的常规是在与他人生活行为相互协作的语境中产生、维持和不断调整的，有时在其中也牵涉冲突或斗争。那些参与进彼此日常生活的人——无论是作为家庭成员、同事、邻居还是朋友——就如何建立偏好、制订计划、安排顺序和执行简单的日常常规，以及更为全面的改变、重建和转向进行协作和争论。

在现今西方国家，人们在多元化的语境中进行日常生活。在这些不同 7
的语境中，参与者的生活以完全不同的方式相互联系，他们的行动基于不同的目标和状况。在这些相互联系的实践中，一个地方（比如说家庭）的问题常常与参与其中的**不同语境间**（比如学校和家庭，或者不同的工作场所）的冲突相关。因此，在日常语境的轨迹中，完全不同的问题和关注点必须被纳入考量且相互联系。于是，当人们进行日常生活行为时，他们参与着社会结构的再生产、调整和改变，在日常生活**结构可能性**、联系性和限制性的探索中安排着生活。通过这种方式，我们可以通过主体在日常生活中对这些进行关联和赋予意义的个人方式——表现在他们的个人参与和体验中，还有他们的困境和冲突——来研究社会结构。

分析日常生活的这些层面可以从强调社会过程的历史性和冲突性的研究中获取理论洞见（如 Chaiklin，Hedegaard & Jensen，1999；Holland &

Lave，2001；Juul Jensen，1999；Lave，2008，2011）。这一取向认为日常生活的性质指向根本性冲突，而不是与困扰或偏差相联系的断断续续的冲突体验。冲突被视为社会实践的固有部分，因而这一**一般化**的冲突可以被看作理解日常生活行为的**具体**困境的分析背景。

聚焦日常生活行为开启了个人的、以及社会和政治的视角和关注点。核心制度（如家庭、教育和职业）的不断个体化，还有组织社会生活方式的不断个体化，对我们的日常生活行为提出了新的要求。在这一背景下，对概念的学术兴趣本身很可能会倾向于人类生活的个人主义话语，日常生活行为的知识似乎提供了监督、规训和调控其他人生活的潜力。但是，这正是人们在其日常生活行为中如何体验这些意识形态和社会变迁的知识，以及人们如何改造它们的知识，这也可以揭示出个体化和统治他人的力量。

主体生活在共享世界的公共生活文献表明，利益和观点不仅仅是有差异的，而且通过多方面的事件、关注和问题相互联系和关联。参与者的冲突是共同参与的一种表现，为拓展我们对公共问题的理解提供了机会（Busch－Jensen，2015）。这样，日常生活行为的概念可以潜在地从不同人的日常生活困境体验中获取知识——不是关于“其他人”的知识，而是从这些人的视角看待社会问题的知识（Kousholt，2015，chap. 13，p. 245）。心理学通过质询日常生活的意义、原因和冲突来获得探索、理解和改变社会问题的新的关联。我们必须连接多方面关注点的不同层面，而不是将其复
8 杂性化约为“社会利益”和“个人利益”之间的对立。这样，日常生活的概念可以提供团结的可能以及民主的研究方法论：公共问题通过人们体验日常生活的方式，从不同的位置和立场进行研究。这里，本书的各个作者开始进一步推进这一路径：他们对人们如何在当今日常生活的复杂现实中主动地创造和进行他们的生活进行批判性对话，也对相关的理论讨论和概念化进行思考。

接下来的章节会以不同的方式呈现对心理学过程转向情境的、社会的和语境的理解。例如，很多章节会强调需要方法论实践：研究者在对社会问题的共同解释中（而不是将“他者”视为研究对象）参与进日常实践并与圈

外的“共同研究者”(co-researchers)相互协作。这样的方法论通过不同的参与模式将“融入日常生活”的可能方式概念化，从平常且通常未经关注甚至是被忽视的视角，赋予研究者情境化的洞察力。用达林·霍奇茨(Darrin Hodgetts)、莫伊·鲁亚(Mohi Rua)、皮塔·金(Pita King)和特尼瓦·惠特图(Tiniwai Whetu)的话说：

> 我们在项目中进行研究的方式遵循更为弹性的做法，我们不断努力与日常事件融为一体……基于个案的方法论在研究者和参与者之间的关系上更为亲近，而不是心理学中常见的那种。(2015，chap. 6，pp. 141—142)

在这一脉络中，本书想要应用各种批判情境取向来研究当今社会和技术世界中的生活行为的经验和行动，表明在日常生活行为语境中对主体进行研究将怎样有助于心理学理论、方法和实践的重建。我们怎样在不同时空对主体积极进行日常活动、任务和参与进行知识建构和研究？日常生活中出现了哪些行动和思考的新形式，其对社会世界的重建有怎样的意义？我们怎样重新认识社会和政治变迁的主体、行动者以及可能性？本书的13个章节是由心理学和其他社会与人文科学的优秀学者完成的，他们从事于这一研究领域，并以他们的理论、方法以及实证研究，对日常生活不同领域的生活行为研究做出贡献。

探索日常生活

在本书的第1章中，奥尔·德雷尔(Ole Dreier)强调了日常生活行为概 9
念对改变心理学视角的力量。他尤为关注这一概念对批判心理学的含义，指出其能够带来批判心理学研究的转向：从直接生活情境而不是整体社会结构来研究主体转向研究主体如何在日常社会实践的结构中进行其生活行为。他认为，这一转向将改变我们理解个体的心理学功能、他们的经验、关注、立场以及自我理解的方式。它也将改变我们理解整体社会结构对主体重要意义的方式——从在社会实践的结构中进行生活行为的个体的立场和视角来进行考量。

在第 2 章中，卡林·尤尔奇克、君特·福斯以及玛吉特·韦里克引入了日常生活行为研究的社会学路径。他们描述了多年来的研究进展，其将生活行为概念化为个体各自进行的努力以满足日常生活不同层次出现的不同——有时甚至是冲突的——需求，并将其安排进生活整体。因此，社会可以通过个体进行行动的日常生活进行理解。他们广泛的实证研究涉及不同生活状况下日常生活行为的形式、方法、资源和限制，他们指出，在社会现代化进程中怎样进行生活行为会成为越来越重要的挑战。

第 3 章呈现了克劳斯·霍兹坎普关于日常生活行为的未完成手稿，这是 1995 年他去世之前正在进行的研究(原文以德语发表于 *Das Argument*《论点》杂志；霍兹坎普还有另一个关于生活行为的未完成手稿在 2013 年以英语发表)。在对学习的研究中，霍兹坎普逐渐意识到日常生活对心理学的重要性。他认识到，日常生活行为在整个心理学史中都没有得到任何系统而全面的分析，其本身也没有被概念化为一个理论问题。基于主体导向社会学家尤尔奇克、福斯和韦里克的研究，他开始深入讨论日常生活行为。这一章呈现了这一努力最初的一些洞见，包括对社会学路径的讨论，对概念为何尚未在心理学中得到讨论进行的分析，以及反思如何从主体的立场研究生活行为。

在第 4 章中，人类学家蒂姆·英戈尔德(Tim Ingold)讨论了一种特殊日常生活实践的重要性：作为教育可能模型的行走和暴露实践。他认为教育实践不应该将知识灌进学生的头脑，而应该将它们带进真实世界。他通过迷宫和迷阵的差异比较了这些可能的模型。迷宫提供了一系列的选择，但是预先设定了每一步的走向，强调的是行走者的意图。迷阵正相反，选
10 择不是问题，但是知道自己在哪里需要持续的关注。沿着迷阵路线的教育并不向学生提供观点或立场，而是不断地将他们从可能采取的任何立场中拉出来。这是暴露的实践。这一实践所要求的关注是等待事物出现，随着

其出现而出现。“出现事物”相当于他们的想象——在内在生活的层面上。人类生活在想象和知觉之间暂时性延伸，而教育(在希腊语scholè 原初的意义上)填补了其中的空白。他认为，这一“贫瘠教育法”背后的教育模式不灌输内容，也没有相应的方法，但却提供了理解真理的方式。

在第 5 章中，托马斯·梯欧(Thomas Teo)在批判心理学的语境中讨论了霍兹坎普的日常生活行为研究路径，他认为这是多国推进的研究项目，可以吸收和容纳西方和非西方的批判传统。他提出霍兹坎普对社会和个体的关系提出了一阶解决之法，也对批判心理学应该怎样概念化社会结构和日常生活行为之间的中介问题进行了部分回答。借助皮埃尔·布尔迪厄(Pierre Bourdieu)、朱迪斯·巴特勒(Judith Butler)以及帕吉·麦金托什(Peggy McIntosh)的研究，他提出生活行为研究必须包含惯习、表演和特权等概念，这些概念根植于批判理论而非意识哲学。

日常生活通常被概念化为平凡或日常。但是在越来越多的人那里，中断和超凡才是标准。在第 6 章中，达林·霍奇茨、莫伊·鲁亚、皮塔·金和特尼瓦·特瓦图讨论了一群无家可归的毛利老人每周二和周四在马拉埃花园(毛利人日常生活行为中的传统聚集地)度过时，日常怎样在超凡的生活中重建。这一章表明同时也反思如何对日常生活进行实证研究，其认为园艺为无家可归的毛利人提供了机会来重新肯定文化模式关系、传统以及认同。

基于儿童生活行为的实证研究，夏洛特·霍霍尔特在第 7 章聚焦于日常生活中的冲突，以及它们与社会、政治和结构冲突的关系。她提出情境不平等的概念，将关注点置于日常语境下社会协调的参与机会和影响机会的社会分配。通过对不同制度背景下——不同组织对儿童有着不同的责任和相互冲突的视角——儿童日常生活行为案例的讨论，她指出，关于儿童的社会(以及政治)冲突导致了指向儿童的个人问题。这样，儿童的具体困境提示我们学校内外的社会冲突。最后，她讨论了如何认识儿童社会背景的意义，以及如何认识他们的个人能动性所带来的挑战。

乌特·欧斯特坎普(Ute Osterkamp)在第 8 章讨论日常生活的起点是 11

阿多诺(Adorno)的名言“错误的人生中没有正确的生活”，她指出要克服这一困境第一步是要承认它。欧斯特坎普指出阿多诺的名言常常被反驳，理由是它否定了任何改变的可能性，也否定了人们对它的责任。这些反对理由似乎是从人的能动性和责任的有限概念出发，将其化约为对给定状况和规范的最佳适应。相反，她从一般主体立场的心理学视角出发，讨论人的能动性和主体性的有限观的“不人道”以及主体克服非人道状况的需求，怎样变得可见。然而，要克服人的能动性和主体性的有限概念，就必须意识到我们无意识地在思想上支持的各种形式和方式，以及我们想要克服的行动状况。这包括对很多压力的承认和抵制，这些压力使我们对所有的矛盾信息视而不见，来保持我们与其他人不同、能够合理进行我们生活的假象。

在第 9 章中，哲学家乔治·卡芬特齐斯(George Caffentzis)在美国债务经济兴起的阴影下讨论日常生活。他认为日常生活的主流理论家(从马克思[Marx]到列斐伏尔)都没有注意到债务的影响，在他的研究中，卡芬特齐斯阐释了债务经济所强加的新的需求满足结构，这与之前的工资主导经济的需求结构完全不同。他进一步分析了四种与阶级关系相关的债务人债权人关系，并反思了马克思和 20 世纪的日常生活理论家所忽视的新的异化形式。这一章的结论对美国自 2008 年金融危机开始的反债务运动进行了历史描述，其可能对债务经济中现有的日常生活行为带来挑战。

在第 10 章中，女权主义活动家和政治哲学家西尔维娅·费德里西(Silvia Federici)考察了将日常生活纳入劳动力市场需求会怎样影响我们的社会关系和主体性，以及我们可以怎样重新合法化我们的生活、我们的身体，克服我们正面临的生育危机。她通过考察世界经济的重建怎样影响生育工作和性别关系，技术在这一过程中起到的作用，以及世界女性为建构更为合作而平等的生育形式而采取的行动等来讨论这些问题。她指出，今天的日常生活必须首先对我们的生育手段以及社会生态环境的持续的历史性攻击进行清算。

在第 11 章中，厄恩斯特·夏欧伯(Ernst Schraube)和阿萨纳西奥斯·

马尔瓦基斯(Athanasios Marvakis)研究了数字技术在学生学习中的矛盾意义。高等教育的数字化正激进地改变着学习和教学的关系——包括学习的内容以及学生的生活行为。这一章以学习问题为中心分析了数字技术对学习者和他们的学习活动的影响。学习是什么？怎样将学习者纳入学习理论以及对数字技术的反思？学习为什么发生，怎样发生，学习的目的是什 12
么，学习的最佳状况是怎样的？基于情境的参与的学习理论，这一章表明，学习并非仅仅是知识的传输或者内化，而是利用和改造世界的基本人类行动，根植于我们的日常生活行为之中。其指出从学习者的立场来认识学习，并描述了学习活动的决定性元素和阶段，包括学习和教学相互流动相互交织所起到的关键作用。基于重新界定的学习概念，其表明学生学习环境的数字化怎样重新配置了参与的结构，以及其怎样既催化同时也冻结了学习和教学的流动性。

借助安东尼奥·葛兰西(Antonio Gramsci)理论概念怎样与常识相联系的思想，弗里加·豪格(Frigga Haug)在第12章考察了理论和日常理解之间的关系，并将其作为生活行为研究的一个基本挑战。这一章引入记忆—工作作为应对这一挑战的可能路径，呈现了对日常生活进行实证研究的个人步骤、理论基础和可能性。豪格强调记忆—工作有助于增强主体对其生活行为的控制，并呈现了**四位一体观**(*Four-in-One Perspective*)这一政治项目。这一项目想要理解发生在四个主要领域(工作—生活，再生产、自我发展和政治)的日常生活，并提出了将四个领域纳入一个生活行为而不是可悲而从属地将一个人的整体生活投入到一个或两个领域中所面临的挑战。最后，这一章表明怎样在可预期的记忆—工作中支持这样一个整治项目，而满怀希望地工作。

在第13章中，多特·库肖尔特(Dorte Kousholt)对怎样进行日常生活实证研究的方法论讨论进行了拓展，他聚焦于主体的相互联结以及在社会实践中进行日常生活行为的人的结构特征。库肖尔特讨论了进行参与研究合作的可能性，这一研究合作使得公共问题和矛盾生活状况的知识生产能考虑到其对不同人的意义。基于她自己的研究案例——她在不同的生活语境中跟踪儿童的生活和转变，她表明怎样从不同的立场和视角进行研究实践，以及其怎样带来关于社会冲突复杂性以及变迁可能性的知识。

参考文献

Argyle, M. (1992). *The Social Psychology of Everyday Life*. London: Routledge.

Axel, E. (2011). Conflictual cooperation. *Nordic Psychology*, 20(4), 56～78.

Blackmann, L., Cromby, J., Hook, D., Papadopoulos, D. & Walkerdine, V. (2008). Creating subjectivities. *Subjectivity*, 22, 1～27.

Brinkmann, S. (2012). *Qualitative Inquiry in Everyday Life*. London: Sage.

Burkitt, I. (2004). The time and space of everyday life. *Cultural Studies*, 18(2/3), 211～227.

Busch－Jensen, P. (2015). The production of power in organizational practice: Working with conflicts as heuristics. *Outlines: Critical Practice Studies*, 16.

13 Butler, J. (1989). *Gender Trouble: Feminism and the Subversion of Identity*. New York: Routledge.

Chaiklin, S., Hedegaard, M. & Jensen, U. J. (Eds.). (1999). *Activity Theory and Social Practice*. Aarhus: Aarhus University Press.

Chimirri, N. A. (2014). *Investigating Media Artifacts with Children: Conceptualizing a Collaborative Exploration of the Sociomaterial Conduct of Everyday Life*. Roskilde: Roskilde University.

de Certeau, M. (1984). *The Practice of Everyday Life* (S. Rendall, Trans.). Berkeley: University of California Press.

Dreier, O. (2008). *Psychotherapy in Everyday Life*. Cambridge: Cambridge University Press.

Ferguson, H. (2009). *Self－identity and Everyday Life*. London: Routledge.

Gardiner, M. E. (2000). *Critiques of Everyday Life*. London: Routledge.

Gergen, K. J. (2009). *Relational Being: Beyond Self and Community*. New York: Oxford University Press.

Goffman, E. (1959). *The Presentation of Self in Everyday Life*. New York: Anchor.

Highmore, B. (2010). *Ordinary Lives: Studies in the Everyday*. London: Routledge.

Hodgetts, D., Drew, N., Sonn, C., Stolte, O., Nikora, L. & Curtis, C. (2010). *Social Psychology and Everyday Life*. Basingstoke: Palgrave Macmillian.

Holland, D. & Lave, J. (2001). *History in Person: Enduring Struggles, Contentious Practice, Intimate Identities*. Santa Fe, NM: School of American Research Press.

Holzkamp, K. (2013). *Psychology: Social Self-understanding on the Reasons for Action in the Conduct of Everyday Life*. In E. Schraube & U. Osterkamp (Eds.), *Psychology from the Standpoint of the Subject: Selected Writings of Klaus Holzkamp* (pp. 233~341) (A. Boreham & U. Osterkamp, Trans.). Basingstoke: Palgrave Macmillan.

Jurczyk, K. & Rerrich, M. S. (Eds.). (1993). *Die Arbeit Des Alltags: Beiträge zu Einer Soziologie Der Allt äglichen Lebensführung* [The work of everyday life: Contributions to a sociology of the conduct of everyday life]. Freiburg: Lambertus.

Juul Jensen, U. (1999). Categories in activity theory: Marx's philosophy just-in-time. In S. Chaiklin, M. Hedegaard & U. Juul Jensen (Eds.), *Activity Theory and Social Practice: Cultural-historical Approaches* (pp. 79~99). Aarhus: Aarhus University Press.

Lave, J. (2008). Situated learning and changing practice. In A. Amin & J. Roberts (Eds.), *Community, Economic Creativity, and Organization* (pp. 283~296). Oxford: Oxford University Press.

Lave, J. (2011). *Apprenticeship in Critical Ethnographic Practice*. Chicago, IL: Chicago University Press.

Lefebvre, H. (1991). *Critique of Everyday Life* (J. Moore, Trans.). London: Verso. (Original work published 1947)

Parker, I. (1989). *The Crisis in Modern Social Psychology-and How to End It*. London: Routledge.

Pink, S. (2012). *Situating Everyday life: Practices and Places*. London: Sage.

Scheibe, K. E. (2000). *The Drama of Everyday Life*. Cambridge: Harvard University Press.

Sheringham, M. (2006). *Everyday Life: Theories and Practices From Surrealism to the Present*. Oxford: Oxford University Press.

Shotter, J. (1993). *Cultural Politics of Everyday Life: Social Constructionism, Rhetoric and Knowing of the Third Kind*. Toronto: University of Toronto Press.

Smith, D. E. (1987). *The Everyday World as Problematic*. Boston, MA: Northeastern University Press.

Stephenson, N. & Papadopoulos, D. (2006). *Analysing Everyday Experience: Social Research and Political Change*. London: Palgrave Macmillan.

VoB, G. G. (1991). *Lebensführung Als Arbeit. Über die Autonomie der Person im Alltag der Gesellschaft* [Conduct of life as work: On persons' autonomy in the everyday
14 life of society]. Stuttgart: Enke.

Walkerdine, V. (Ed.) (2002). *Challenging Subjects: Critical Psychology for a New Millennium*. Basingstoke: Palgrave Macmillan.

Wertsch, J. V. (1991). *Voices of the Mind: A Sociocultural Approach to Mediated Action*. Cambridge: Harvard University Press.

Wundt, W. (1897). *Outlines of Psychology* (C. H. Judd, Trans.). New York: Stechert.

1 日常生活行为：批判心理学含义 15

奥尔·德雷尔(Ole Dreier)

日常生活行为的概念大约在100年前由韦伯(Weber)(1952，1978)在社会学中提出，大约20年前，一个主要由社会学家组成的跨学科研究小组重新提出了这一概念(Jurczyk & Rerrich，1995；Jurczyk et al.，2015，chap. 2)。但是，日常生活行为的概念对心理学也有非常重要的潜力。首先，它是一个有力的工具，从主体在实践的社会结构中在哪里以及怎样进行他们的日常生活的立场抓住人的主体性。这一取向可能将心理学转向真正的具体的主体科学，基于主体的日常生活所获得的功能和品质来捕捉心理学现象。此外，日常生活行为的概念也是批判心理学的有力工具。当批判从主体日常生活行为的立场来进行时，其获得了更为坚实而具体的基础。这样的路径引入了新的批判视角：对心理学学科，对心理学理论和实践，以及对进行日常生活的范围的社会安排和其对主体福利、功能和困境的影响。因此，它为主体批判性地反思自己的实践并指导其行为提供了新的视野。

霍兹坎普(2013，2015，chap. 3)将日常生活行为的概念引入批判心理学的理论框架，这也是我的研究的背景。在这一章我想要讨论日常生活行为的概念怎样整合进批判心理学，并以此发展这一框架。首先，我呈现将概念引入批判心理学的主要理由。随后，我探究这一概念的重要维度，讨论其对批判心理学——以及更一般的心理学——带来的重要挑战。这样，日常生活行为的概念也得到进一步的发展，在发展批判心理学框架中发挥
其潜力。由于这一问题非常宏大，我必须选择某些维度和挑战而放弃其 16

他。选择的理由会在这一过程中给出。本章是一个概览，而非完整的回顾，本章聚焦于我的研究中出现的维度和挑战，也只对我合作的其他学者的研究进行细致的比较。

将日常行为概念引入批判心理学

批判心理学(Holzkamp，1983；Schraube & Osterkamp，2013)将人看作参与再生产并改变其自身社会生活状况而生活在社会中的社会存在。它认为心理学必须从总体社会结构中处在直接情境中的主体的立场和视角来研究人。主体在其所处的情境中以第一人称视角遭遇和体验着社会世界的可能与限制。她想要这样做或是那样做的原因，也来自于与其情境相关的第一人称视角，她的心理状况、所见、所思、记忆、情感和动机也是如此。当她想要理解社会结构对其直接情境中的可能和冲突进行的协调是这样，当她仅仅想要通过它们在其中的表现来认识自己时，也是这样。在批判心理学看来，我们必须从情境主体的第一人称视角出发来抓住人的心理学功能，其心理过程正是他们处理所在情境的资源。心理学必须被视为基于主体立场和视角的主体科学。

研究主体在他们生活的世界里怎样活动和发展使得人的主体性变得更加真实而可理解。彻底而广泛地研究生活于世的意义和需求使得心理学更加丰富而世俗。我们对主体性和世界的理解都会得到拓展，我们将它们理解为一种联结。但是，主流心理学倾向于将世界和心灵视为相互分离的实体。其热衷于将世界塞进头脑——作为表现和作为内部机制的对象——而对以下事实视而不见：头脑是身体的一部分，身体与其他人一起在世界上，在情境行动中。但是想想也很奇怪，我们削减或是抽象主体所在世界的意义来追寻他们的心理功能，怎么可能获得更为丰富的心理学？

在引入日常生活行为概念之前，批判心理学就已经是心理学中相当广泛的理论取向。但是其必须进行进一步拓展。很显然，情境概念太抽象了——实际上只是看上去具体——无法为主体性的世俗研究提供足够坚实而具体的基础。毕竟，主体并不仅仅处于一个情境之中。其直接情境是其日常生活进行中的一个特殊片断。情境的主体意义，以及主体怎样参与其中，取决于这是她的日常生活进行中的哪个部分。因此，我们必须抓住主体怎样进行她的日常生活，视情境为其中一部分。主体性和体验的基本形 17
式是其日常生活，而不是情境。这一观点将我们的分析视线从直接情境拓展为日常生活，以特殊的、主体的、源于社会的、安排好的方式一天又一天地进行。此外，日常生活包含不同地点不同行动领域的大量不同情境。因而，以一般术语单一地分析主体的情境是不充分的。情境必须以复数形式来研究，因为其在主体日常生活的不同语境下是不同的。

这些观点是日常生活行为概念的核心。但是当我们将这一概念与心理学学科相连，我们必须知道，心理学并不是特意要去研究某一种文化或某一个人群的日常生活——或是生活方式。人们怎样进行他们的日常生活行为与主体性的核心问题紧密相关，怎样才能以特定的方式生活必定会成为主要兴趣点。

现在我们可以理解为什么日常生活行为的概念必须被引入批判心理学的理论框架中。它将我们的分析导向主体生活于社会中的意义和需求。通过分析他们怎样进行其日常生活行为，我们更丰富更充分地将人视为社会存在。它也让我们追问：人的能力、经验、原因、理解、关注等是怎样与他们的生活行为相联系并受其影响，以及社会结构力量又是怎样影响他们的生活行为。

日常生活行为概念的引入也对批判心理学框架的发展提出了挑战。与之前的挑战一样，它们来自想要克服主体性分析化约性的强烈愿望。日常生活行为概念被置入已有的理论框架以推动其进一步发展。正如我们将看到的，这一概念的意义有赖于与这一框架中的其他概念之间的关系。因此，在框架的发展进程中，这一概念也必须进行拓展或者修正。

当霍兹坎普受到尤尔奇克和里里希(Jurczyk & Rerrich，1995)的影响将这一概念引入批判心理学时，他强调了以下特征：第一，在我们的社会中，日常生活跨越多个不同的社会生活领域——如家庭、工作和学校——

这带来不同的需求，也要求不同的能力和行动。第二，人们因此必须在不同的时空与不同的共同参与者协调其不同的行动、任务和关系。第三，他们必须试图将他们的不同需求满足和参与整合进他们连贯的日常生活行为中去。第四，在这样做的过程中，他们必须设法管理：哪些对于完成而言是必需的和重要的。第五，建立常规有助于他们完成这一工作。第六，他们必须发展引导其生活行为的自我理解。第七，进行日常生活行为是一项积极的成就，其可能在很多方面成功或者失败。第八，人们完成这一成就的方式中存在着重要的社会差异和不平等。

18 对日常生活行为概念的关键维度所做的这一简单概览是我们下面要进行的讨论的背景。但是这些维度只限于在我正在进行的日常生活行为的研究中进行阐释、修正和引发新的挑战，涉及人格、心理疗法、介入、家庭生活、发展和学习等主题。

与日常生活行为概念一样，我首先阐明在批判心理学关于人及其日常生活行为的研究中日常生活的社会安排的含义。接下来，我开始处理自我理解的问题，其可以在日常社会实践的结构安排中，基于人们的生活行为进行讨论。在那之后，我转向总体社会结构和人在日常社会实践结构中进行生活行为的关系问题，并以这些人在其日常生活行为中的立场和视角来观察。最后，我简单总结批判心理学中日常生活行为研究的现有状况，并指出我们现在正面临的一些挑战。

日常生活的社会结构化

在我们的社会中，日常生活是以这样的方式安排的：成员在他们的每日每夜中，日常参与某些社会实践，不断地在这些实践所发生的语境中进出。家庭、工作、学校、休闲活动、睡眠等等实践，在每日每夜的不同时间段发生在不同的语境中。因而，人们在不同地点的日常运动的基本顺序是由社会安排的，而这一社会定序使得日常生活有一个平常(ordinariness)的基本尺度。在此基础上人们建立并进行平常的日常生活行为，但是也保有一定的变化，因为他们每天都参与某些社会实践/语境，但是只是定期、偶尔、在某些特定的时间或者仅仅一次性地参与另一些。

当人们进入其他语境，他们就进入其他实践。他们参与这些其他实践的安排和关系，占据其他位置，也面对其他的共同参与者、其他需求、其他责任以及其可以怎样行动的其他可能性。于是他们以其他方式参与，这要求其他的能力，基于其他主体的经验、关注和原因，也影响着它们。例如，当人们离开家庭，进入工作、学校等时，这一点就很明显。人的语境功能将多面性和复杂性引入了人格，而这在心理学研究中经常被忽视（Dreier，2008a，2009，2011b，2015a）。

此外，不同语境中的社会实践在实践的社会结构中联系在一起。特定的联系是由特定语境中的社会实践结构化地安排的。其目标涵盖了若干语境，也必须在不同语境中进行追寻。特定的权力关系在其间存在和被行 19
使。安排指定谁有权访问它们和跨越它们。参与联结社会实践的人们对每一个的参与产生相互重叠的关心和原因。因此，在一个语境中发生了什么会影响和干涉其他语境中的实践。

专门知识的社会实践通常都是以这种方式安排的。例如，以学校的实践与家庭的关系为例。以学校发生了什么以及学校追求什么为背景，老师和学校里其他的专家可能以非直接和直接的方式影响甚至是干涉到家庭中的生活。在此过程中，他们思考怎样才能对学龄儿童，或者特定儿童的家庭生活产生这样的影响，使得这些儿童在校表现出色，克服各种学校相关的困难和麻烦。同样，父母思考其照顾选择会怎样间接影响到他们孩子的在校表现，即他们可以怎样从家庭角度帮助他们孩子的在校学习、发展以及问题处理。他们也思考怎样让他们自己参与进学校实践的各个层面来照管他们的孩子。此外，他们注意阻止学校对他们孩子和家庭的生活造成无用的干扰。儿童必须知道在每个语境中怎样做得很好以及生活得很好，也明白怎样平衡他们参与每一个日常生活行为带来的不同需求。因此，这些联结和关注对家庭成员的个体生活行为有着不同的影响，同时，它们联合在一起，形成共同家庭生活行为。它们也影响老师和其他学校专家怎样进行他们的工作。实际上，在不同的语境寻求这一关注的每一方都受到了不同的影响。他们参与学校实践和家庭实践，以不同的方式使用两者的联结，形成不同立场的关注，也陷入不同的冲突中(Dreier，2008a，2011c；Højholt，2015，chap.7)。

很多社会实践是安排好的，它们必须跨越多个不同的语境来追寻。因此，教育社会实践涉及跨越不同的语境来追寻学习(Dreier，2008b)，正如我们在尼尔森(Nielsen，1999)和达尔伯格(Dahlberg，2013)的音乐学院的教育研究中所看到的。同样的，辅助训练课程应该会影响到其他地方的日常工作实践(Jurow & Pierce，2011)，而心理治疗过程可能会影响到其他地方日常生活的特定烦恼(Dreier，2000，2008a，2011a)。进入这些社会实践的人必须知道怎样在训练课程或者心理治疗过程中，以及在他们不同的日常社会语境中追求他们的关注，因此他们利用不同的语境所提供的特定的可能性。为实现这一点，他们必须以特定的情境方式参与进这些不同的语境。同时，他们各种情境的追求以这样的方式整合在一起：可以达成他们想要的结果同时避免不想要的结果。此外，他们也必须将他们想要做的不同事情整合进他们平常的日常生活行为，在家庭、工作、学校等之中，也在它们之间，有着不同的共同参与者、安排、需求、立场、可能性、关注以及困境。这通常也改变着他们的日常生活行为。

20 训练课程、心理治疗过程等语境成为日常生活特定的暂时的组成部分，人们将其与他们的家庭、工作实践、学校等更为长期的语境共同进行，专家实践正是在其间发挥作用。但是，比起他们暂时性地参与比如说心理治疗过程的追求，人们复杂的日常生活中还有很多其他追求很重要，必须要完成。因此，为了持续下去，这些追求必须在其他很多追求进行和发生的过程中被执行。而人们也必须经常改变他们的日常生活行为，以便能够执行这些追求并在将来获得它们。

作为参与者的人

上文的论述强调个体的生活来自社会实践的参与——不是仅仅靠他们

自己。人(persons)从字面上讲，是社会实践的参与者(participants)。我们必须在理论上承认生活的这一事实，将人概念化为社会实践的参与者。人格的这一基本社会属性可以从人参与社会实践的某些方式和特定方式中看到。人选择和实现社会实践的很多方面和关系来生活，同时放弃和忽视很多其他方面和关系。换句话说，人格的参与属性不仅指主体如何与其他主体相连，为彼此也为他们共同的实践交换或者协调观点。它也指人怎样在特定目标、安排、技术、立场和参与范围的特定社会实践中进行他们的日常生活。将人理论化为参与者对于人及其日常生活行为的批判心理学而言，是必要的组成部分(Dreier，2008a)。它贯穿本章，在我们继续论述之前，必须先指出这一点。

常规

参与者的概念使我们认识到人怎样在社会实践中生活，而社会实践比任何人能够独自处理的都更为包容。即便如此，人作为参与者的日常生活非常复杂而丰富，充满限制。因此，人必须在其日常生活行为中建立常规，留出足够的空间来追求其主要个人目标，节省花在某些活动上的时间和精力，减少对其执行的关注量并排除根本性的故障。常规的这些属性经常在日常生活行为的研究中被强调，但却为其他研究所忽视。因此，常规将某些熟悉的做法作为我进行生活行为的方式，属于我的某些东西，以及可能涉及我对自己是谁的界定。它们也表现为某种做事方式的个人偏好，我在之后也可能改变它。

此外，与主流心理学的想法不同的是，常规几乎不是复杂行动和能力的基本组成部分，它并不为日常生活提供固定的基础和支架，它也不是每次都以相同的方式严格遵守与执行。看一下当其他常规存在时人的日常生 21
活行为怎样进行常规就清楚了(Dreier，2008a，2011b，2015a)。常规必须融入日常生活行为中的其他活动和关切，它们不应该阻碍参与和追寻。因此，其执行会被打断、推迟、改变甚至放弃。常规也和其他活动相混合形成各种混合行动或联合任务，因此它们的执行方式是变动的。此外，常规必须为应对日常生活的变化以及抓住未预期的事件和机会留出空间。这给日常生活的常规化设置了限度，其不能完全为固定程序、时间表和每周计划所统治。

大多数日常常规并不遵循固定的规则和程序，它们宽松而粗略，对于怎样以及何时使用它们来避免问题或是故障只有大概的具体标准。这些标准明确一个常规在每天、定期或者不定期的基础上，是以固定的还是以弹性的间隔来实现。此外，当一个人在语境中建立常规时，她必须考虑到她在日常生活的其他语境中给出的承诺。与此同时，常规是社会实践的一部分。其必须与共同参与者相互协商、分配以及协调，规定谁做哪一部分，做什么，怎么做，什么时候做以及以怎样的顺序做。而语境中的共同参与者可能对常规的分布和安排有不同的考量，因为这些安排必须和他们在其他语境中的各种个人承诺相一致。然而，尽管在日常生活行为中嵌入常规相当复杂，常规仍然必须保持明确界定，其可以节省时间、精力以及关注，有助于让个人实践和共同实践获得足够的稳定性。

个人和联合安排及偏好

然而，常规概念缺乏明确的边界。其可以应用于一系列的行动，从简单的有限的程序到日常生活更为广泛的行事方式。但是，很有必要为后者保留一个专门的名词。我们提议使用个人安排一词（Dreier，2008a，2011b，2015a）。人们将简单常规置于更为广泛的日常生活行为的个人安排之中，他们在日常社会实践的社会安排中建立这一个人安排。这样的个人安排在其固定或可变的行动序列中，在确定或不确定的点上，可能包含大量的常规。即安排包含了非常规行动，也包含了固定或者弹性的常规。

人们进行怎样的安排取决于他们的社会和文化立场，也受到阶级、性
22 别、年龄等社会地位的影响。有些个人安排关注一个语境中的日常生活行为，例如，他们早上或者晚上（部分的）在家行为与过程。这些个人安排基

于他们家庭的物质结构和技术装备，其房间的装修与陈设，以及与家庭成员预先达成的家庭生活协定。其与其他成员的个人安排相重叠，所以必须和他们进行协商。这包含了联合安排的建立。一个语境中的个人和联合安排也取决于这一语境对参与者的相对重要性——相较于其分别参与的其他语境。

另一些个人安排跨语境关注其日常生活。他们调整自己在不同语境中的各种责任和参与的个人优先性，例如，调整自己在某一特定语境中与其他人共同出现的程度和时机。他们也控制自己在不同语境间的转变，例如，晚上下班或者日托之后，重新进入、重新聚集和重新整合家庭其他成员的安排。这些对日常责任和参与进行的跨语境的个人安排必须和不同语境的共同参与者相协商，这与这些语境中的联合安排相关。

和常规一样，个人安排在日常生活行为中建立了某种顺序和稳定性。他们节省行为所必需的时间和精力，有助于行动、责任、参与以及偏好的协调。也和常规一样，个人安排有着某种程度的固定性或松散性，在其实现过程中有着大量想要的和可能的变动，否则麻烦就会产生。

总之，日常生活的个人安排为每个人都想要安排的每一天建立或多或少初步而松散的议程和行动的节奏，以便其很适合于她。人们发展个人偏好，来确定怎样的行动节奏、固定还是开放的安排和议程、一天内以及天与天之间变动的程度和种类最适合自己。这些个人偏好也反映出他们在语境内和不同语境之间不同的责任和优先性。最后，人们会随时间改变他们的偏好以及个人和联合安排。

一致性、立场和追寻

跨越不同的社会语境进行生活行为需要复杂的努力。研究通常强调参与不同的社会语境并承担责任会带来个人时间的限制和紧张(如著名研究Hochschild，2001)。日常生活行为的概念则强调其他后果。其聚焦于个体将对其而言必要的以及对其最有影响的事物整合进可管理的日常生活。有着不同需求和承诺的日常生活如果不进行团结一致的行为就会分崩离析。如果她没有保持足够的一致性，不同且相互冲突的需求和承诺就会使其分裂。而她必须在其部分、行动、关注以及承诺之间建立合适的平衡，腾出
23 足够的空间追求对她而言最为重要的事物。这样，她必须在某种程度上对其立场下定决心。她必须发展或多或少清晰而持久的立场：在她所参与的复杂的社会实践中什么是重要的，她致力于什么而又反对什么，她想要保留什么或者改变什么(Dreier，2008a)。知道她的立场有助于在她现有的生活中获得一致性的方向，减少其生活分崩成相互脱节或相互争斗的部分的风险。

举例来说，当一个家庭的成员进入联合家庭治疗时，日常生活行为的这些属性就能被看到。他们对想要帮助克服的麻烦、在他们共同的家庭生活中他们想要改变或者保留的事物、他们可以接受和想要的对其家庭生活安排和行为的改变都有着不同的视角，因而对于参加联合治疗过程对他们的意义以及他们这样做想要达成的目标也有着不同的看法。但是如果他们想要成功克服麻烦，他们就必须将支离破碎的个人追求替换为更为一致的努力。这要求他们下定决心，不断重新思考应该怎样关注共同家庭生活及其在各自个人生活中的部分。

一个人怎样进行其日常生活行为以及参与其语境同时反映了必需、偏好以及立场。她的日常生活行为也是选择性的、部分的，因为她只能与社会实践中遭遇的无数需求和可能性中的某一些相联系。此外，在特定的时间段，她只能追寻有限数量的行动和关注。同时，她必须让自己对社会实践中发生的一切，以及日常生活中的许多其他需求和行动随遇而安。在之后的时间点上，她可能会替换或者重新决定对哪些关注进行追寻或是对哪些仅仅任其自然。

自我理解

我们已经看到，一个人的经验、关注和立场都是她日常生活行为的组

成部分，与日常社会实践的社会安排相关。在她的日常生活行为中，也正是通过其日常生活行为，她逐渐理解社会实践和她自己。一个人的自我理解是她对自己的理解，对自己生活行为方式的理解（Dreier，2008a，2011b，2015a）。它的基础是将自己视为一个个体：在她的日常社会实践的结构中，第一人称经验伴随着她的行动。因此，它的基础也在于在不同的地点对自己和自己的生活行为形成不同的感知。她的自我理解来自她的日常生活行为，扎根其中，也指导其实现。

自我理解的这一界定与霍兹坎普的研究（Holzkamp，2013，2015，chap. 3）相一致，但是也在某些方面有所不同。他的研究将日常生活行为与怎样从第一人称视角建立主体的批判科学这一根本性的问题联系在一起。 24
在霍兹坎普看来，这一科学的主要问题关注主体以特定方式行动的原因。因此，当他转向主体的日常生活行为的问题时，他强调她的自我理解，并放大她以特定方式进行她的生活行为的原因。在他看来，主体在一个主体间的过程中澄清其自我理解，在这个过程中，他们就自己的行动理由交换观点，同时承认他们各自的理由是根植于他们彼此的生活情境中的。实际上霍兹坎普提议，在第一人称视角的主体批判科学中，研究者与合作研究的主体对主体理由进行澄清的元主体话语应该取代主流心理学在方法论上享有特权的、孤立的实验设置。

欧斯特坎普（Osterkamp，2001，2004；Osterkamp & Schraube，2013）将这一路径推向主体的日常生活行为。她强调社会状况的复杂性和矛盾性使得主体没有办法合理地确定他们的决策和行动是否与其自身的生活利益相一致——或至少不相矛盾。“要阐明个体行动的真正基础，（必须阐明）其背后的实际限制和强制力。”（Osterkamp & Schraube，2013，p. 5）这只有在元主体话语中才能做到，主体相互帮助解开他们违背自身利益进行的妥协。因此，主体的自我理解实际上是社会自我理解。通过这种方式，欧斯特坎普强调了主体的生活和理解的参与性，主张培育自我澄清的批判社会实践，这将带来联合努力，克服批判心理学的分析工具带来的适应压力。她将元主体理解视为主体理由进行一般化的平台，承认所有人的主体性和有根性，因此无人例外。

日常生活行为的这一研究聚焦于自我理解，更具体地说，聚焦于主体进行他们日常生活行为的理由，以及在特定的对话情境中在与他人的交换中对这些理由的批判性反思。但是这一情境必须以主体相互联系为特征。对话和批判性反思发生的特殊语境和社会实践的影响，并没有被考虑。理想化一个抽象的言说情境是有风险的，其纯粹形式根本不存在，将其转化为好理解的抽象规范也有风险，如哈贝马斯(Habermas，1984，1987)的沟通行动理论。要避免这些，我们需要更广阔的分析框架。我们必须从语境的观点来看待对话、反思和自我理解，一般的特征和关注与具体的语境的特征和关注紧密联系在一起。对话分析必须包含情境，主体正是在情境中在不同的地方语境的特定相遇中达成相互理解。即不仅是人——同盟或是对手——以及他们怎样相互联系，而且还有社会实践——他们的反思正是发生其中，还有其他实践——他们对其进行反思，他们的反思也对其产生
25 影响。不同语境中的情境为参与者和专家带来不同的立场和领域。参与者在不同语境的情境中有着不同的关注，也在他们的日常生活行为中有着不同的状态。因此，情境对于参与者有着不同的意义，参与者出于不同的原因参与其中。情境的环境和关注影响所有的话语和观点的交流，在心理学研究和他们的主体之间也是如此。特定语境下的具体实践与其他实践相互联系、合作和对抗，当参与者想要在其他地方使用他们从中得到的东西时也是如此。科学的社会实践分析不理会所有这些，因而既抽象又一般。

我对心理治疗的社会实践的研究强调这种更为广泛的自我理解和批判反思路径。其表明，个体通过在不同语境/实践中寻求对话和反思，以及通过在这些不同的实践使用她现有的关于关注和选择的理解以指导其追寻，来发展她的自我理解。有些社会实践就是为这样的追寻而设置的，比如说心理治疗和教育的实践，它们是暂时加入的、时不时地在一旁发生，个人平常的日常实践牵涉其中。相似的目标也可能在其他超凡的语境中追寻，比如说在医院、度假或者其他文化和自然环境中。所以自我理解的培养有着很多不同的来源和场所。个体从不同的来源和场所追寻自我理解，

并以特殊的方式将它们混合在一起。因此，病人参加心理治疗时，他们从许多来源和场所习得治疗相关的自我理解问题，而不仅仅在治疗过程中(Dreier，2008a；Mackrill，2008a，2008b)。

我们现在可以看到，元主体话语的一般潜力与以情境的方式起作用的其他关注相一致，也受到社会关系和安排的无声权力的影响。我们也看到，我们必须超越根植于启蒙传统中的这一观念：反思和知识是在远距离的静思中获得的。这种观念带来了轻视或漠视，对反思的其他情境实践的轻视或漠视，对进行中的情境行动进行反思的轻视或漠视，以及为追寻理解而将不同的反思实践联合在一起的轻视或漠视。它也为基于获得场所对对话和自我理解进行标准化排序打开了大门：远距离静思获得的排在最前面，而与正在进行的日常生活的其他关注联系在一起的，则排在最末。

然而，这对于对话和自我理解的分析是不够的。我们必须在实践中将自我理解和反思更为紧密地与日常生活行为相连。即我们必须追问，自我理解和反思是怎样推动和指导正在进行的生活行为，特定的自我理解在实践中是怎样进入她的生活行为的，又是怎样挑战她的行为。但是我们也必须追问，她的生活行为中的事件和问题在实践中是怎样影响和挑战她的自我理解的。事实上，她的自我理解影响她的生活行为，但是它也受其影响
和挑战。它来自她的实践。更重要的是，人在日常生活行为的过程中时不 26
时地处理着她的自我理解问题并进行着反思(转引自 Jensen，2012)。

最后，由于自我理解是关于成为以她的方式进行她的生活行为的人，因而她的自我理解与她日常生活中的特定场所、行动、关系和共同参与者联系在一起。史密斯(Smith，1987)强调自我理解和主体情境生活之间的这种紧密联系。在她看来，人的认同反映了她对具体日常生活的承诺，涉及丰富而实际的社会关系中的具体的他人，涉及具体的场所以及场所的意义，涉及具体的行动以及对生活节奏的特定安排。自我理解的这一情境定义可以表明，人是怎样通过在自己所在的地方找到或者重新发现自己而理解自己。

我们现在已经阐明日常社会实践的社会安排对人的日常生活行为的意

义，因此将他们的经验、关注、追寻、立场和自我理解作为主体维度。在本章的剩下部分中，我们将论述以人的日常生活行为为中心来建构批判心理学所面临的更进一步的重要挑战。我们必须在日常社会实践的结构中处理整体社会结构和人的生活行为之间的关系——他们的日常所在和视角。这也涉及了对上述人的日常生活行为的主体层次的拓展，包括她的自我理解。

结构安排

从生活情境概念转向日常生活行为强调了日常生活实践领域中的结构安排。我们必须抓住日常生活这一基本结构对于人的日常生活行为的重要性，这样我们就可以超越社会理论关于生活情境或者日常生活世界的通常假设，而不必将任何结构包含在整体社会结构中。但是，就其本身而言，日常生活的基本排序中就呈现了非常简化的社会结构观。社会语境和实践也在整体的社会结构中相连。对语境社会实践的安排也是社会结构的一部分。地方社会语境以各种相互联系的方式与社会结构相连。所以我们必须阐明日常生活的社会安排是怎样与社会结构相连的，并阐明其中的一般结构问题的情境表现和意义。

这一重要挑战还没有得到充分而稳健的解决，其还需要长期的跨学科努力来进行。社会理论通常将个体构想地过于狭窄和抽象，包含于社会结
27 构之中。这导致社会实践中主体理论的匮乏。社会结构的这一传统观念必须被修正。我们面临三维的挑战，我们要分析社会结构、日常社会实践的安排以及生活的日常行为，还有这三者在实践中是怎样联系在一起的。因此，情境和语境是嵌入在个人的日常生活行为、日常生活的社会安排以及社会结构之中的。我们必须追问这三个维度，也追问它们是怎样联系在一起的。

社会的结构和日常生活的安排之间的联系我们所知甚少。要研究这一点我们就必须从社会结构的功能主义观念转向在时空中实践结构的观念。

社会实践理论家沙兹基(Schatzki，2002)分析了社会秩序的概念，认为我们理解社会结构的最佳方式是将其作为社会实践中的社会物质安排。这样我们可以分析时空中语境实践的分离；在特定语境中的实践安排；在哪些语境之间哪些行动链是可能的；语境中和语境之间的技术调和；以及哪些条件赋予哪些人合法性来参与特定的语境。我们也可以分析社会实践的安排怎样促进或阻止了对特定关注的追寻，在此过程中它们怎样以不公平的方式对待不同地位的参与者，以及它们怎样促进或阻止了某些形式的分裂或者联合实践。这些问题结合了权力分析和对行动可能性的追寻。它们在社会实践各个领域的研究项目中进行着讨论，但是还需要更多的研究，才能使以下的论述更加准确。

地方实践的整体问题

为什么主体科学必须将整体结构问题作为日常生活问题来研究？因为我们必须超越将其作为一般问题和观念的做法，视其为主体在实际中遇到的问题，他们对这些问题的体验，以及他们在其日常社会实践中处理这些问题的方式。主体科学不能忽视主体在日常生活中的立足点来理论化整体问题。它必须在主体在其日常生活中遇到它们时对其进行精确地分析。因此，我们必须从日常生活中人的角度出发来填补社会结构和日常生活之间的理论空白，而不是从上往下。幸运的是，“整体”(overall)问题从字面上看随处可见(all over)。但是，我们的任务并不仅仅是在当地找到整体问题——或是无论哪种规模的问题，而是要在人的日常生活行为中确定问题——他们遇到这些问题，他们也获得了这些问题对他们的特殊含义。主体科学对此必须知道更多。

在布莱希特(Brecht)看来，“运动规律很少可以从球的角度获得”(Brecht，1963，p. 301)。这一陈述很有启发，但是是误导性的。尽管人们有时感到被踢来踢去，但他们并不是布莱希特踢来踢去的球——某些牛顿主义科学家就像来自不同的物种，只将“我们当作球”。球没有立场。布莱

28 希特赞同知识应该通过远距离观察球赛来获得。他错失了在其日常生活行为中通过跨越不同的语境搜集经验来进行理解的可能性(Dreier，2008b，2015b)。进到其他场所提供了通过在其他实践中他们的表现和意义来确认整体问题的机会。人们因此思考他们的影响和意义的语境相似性和差异性。重新遭遇和思考它们提供了跳出地方安排的局限，了解它们所源自的广泛力量和安排的机会。确实，人们必须领会事情是怎样联合在一起的，它们的一致性，以及除了从媒体、研究或者其他人那里读到或者听到之外，还有其他的途径可以认识到这些。

当人们跨越不同的社会语境和实践，他们也遇到其他人进行他们的日常生活行为的不同方式，他们可能会意识到其怎样受到了阶级、性别、种族、年龄等大量社会差异的影响，以及相关的诸如排斥和贫穷等问题的影响。

在这一背景下，他们会越来越清楚地认识到他们在日常生活行为中是怎样参与到整体问题的再生产或者改变中的。他们可能开始明白他们可以怎样在其他事情中来处理和影响这些问题——通过找到处理它们的最佳点以及通过创立合适的计划跨越时空去追寻它们。但是如果他们的日常生活行为不能阻止它或是在同一时间崩溃，那么人们只能参与共同的政治行动。这一两难使得他们以新的眼光看待他们的日常生活行为，并对其进行重新安排。

人们在其日常生活行为的联结中体验和处理整体问题。他们怎样体验和处理它们取决于其在他们的日常生活行为中的地位和意义。他们安排日常生活行为的方式影响到他们怎样体验它们，以及他们怎样对待它们。其也使他们避免看到，或是轻视、回避、延迟某些问题。毕竟，人们在复杂而平静的日常生活行为中处理经验和问题，这是高度选择性的，不可能与他们身边的所有事情相连。但是，一个人对社会关系的理解——这不可避免会涉入她的生活——以及对她在这方面能做些什么的理解，也会给她带来很多自我理解的问题。

在有一点上布莱希特上述的陈述是对的。对某物缺乏控制会限制人对它的理解。相反，当她越来越能够抓住某物，她就越肯定她已经理解了它。这就是为什么她可以通过改变事物来了解它。于是在这两种意义上，它都不超出她的理解范围。相反，她越是仅仅关注她的直接情境中发生的事情，其他地方的事件和力量越是会袭进她的日常生活，带来未经她期待与预料的影响。接着，事件似乎发生地更为任意和偶然——就像后现代艺术中的捷径。她的生活状况看起来更加从属于机会，从属于在我们之中盲目分布的好运气或坏运气。这也对她的自我理解有影响。

控制/依赖 29

由于人的生活是和其他人一起参与社会实践，因此他们不能凭一己之力控制自己的生活。他们只能通过与其他人一起参与决定联合生活状况和安排来增强他们对生活的决定作用。自主性——被认为是个体完全控制其生活选择和状况——不可能存在。在他们的日常生活行为中，人既依赖于他人——从这个意义上说他们依赖他人所为并从中获益——也依赖于有权力的他人以及影响他们的权力。换句话说，进行某人的生活行为并不以完全控制其行为状况为前提。其基于行为和依赖的混合，在依赖于(depend on)和依赖(dependence)的双重意义上。而其特征则在于在多大程度上和多少类型上你抓住了生活的某些方面而在另一些方面存在依赖。尽管一个人能够抓住她的生活的某些方面并保持一致性，但是她必须对其他方面随波逐流，小心翼翼不使其崩坏和倒塌。控制和依赖在人的生活行为中的实际混合反映了具体的权力社会关系。生活社会状况的差异也意味着对规避令人不安的事件、防止其对日常行为和自我理解产生影响有着不同的选择。此外，为了追寻其日常生活行为的改变，人必须在因为已有联结、承诺和义务而牵涉其中的其他人中间找到自己的盟友。她必须和他们协商她的日常生活行为的改变，而这些协商的结果会影响到她所追求的改变是否会出现，以及会怎样出现。

社会矛盾的新自由主义(neoliberal)安排也影响日常生活行为。尽管人通过参与而生活，并非自主的行动者，但是他们也面临着矛盾：他们对自己的生活负有个体责任，但是与此同时，他们被上面控制，他们只有自己和被控制。这一控制、责任和自我决定之间的矛盾贯穿着他们的行为和自我理解。豪格(Haug，1977)将其界定为个体体验其责任和自我决定中的“似乎性”(as if-quality)。这一矛盾也影响病人和机构专家还有介入之间的关系。

稳定性、复杂性和矛盾

没有完全的控制，完全稳定的日常生活行为是不存在的。因此，生活行为满是不稳定性。人们可能想从他们的议事日程中排除矛盾，规避它们而在其他选定的状况中生活，但他们这样做的余地存在着明显的社会差
30 异。然而不限制妥协也是不可能的。也不是说对现有状况的适应不存在缺陷、限制和冲突，或者风险和冲突只起于试图对现有情境进行改变。因此，暂时性妥协对于生活行为是什么至关重要，其被认为是保持矛盾现状的一种方式，影响它们的意义和冲击，但是不能解决和消除它们。于是，某些矛盾表现为对处理矛盾的方式持不同立场的人们之间的冲突，或者它们以困境的形式出现，给他们的日常生活行为带来转变和不稳定。另一些矛盾由于未经解决再次出现，又一次破坏了已取得的稳定水平。最有可能的是，当它的基础是有选择性的，且包含持续的矛盾时，有些东西就会出现，挑战已经取得的稳定性。当日常生活行为及其改变包含困难且未解决的议题时，其就会出现问题，并以斗争为特征。通常在一个矛盾关系中，人在某一方面扩展她的生活行为，就会对其他方面带来限制。其日常生活行为中的矛盾甚至会让她的实际生活利益成为她的沉重负担。

任何个体对其生活状况的权力都是不完全的，这一事实反映在她不完全的知识以及自我理解的部分不透明中。最后三节关于日常生活行为的社会结构问题表明，一个人的自我理解必然受到生活在矛盾关系中所带来的挑战的影响。其稳定性必然会受到质疑，因为对问题多样而冲突的理解会

带来断裂，也因为不透明、不稳定以及不确定会带来空白。人必须知道如何处理这些问题，即在相关方面是维护、保持还是改变其自我理解。这一自我澄清的过程会一次次出现，其可能使她在行动的真正基础中面临“实际的限制和强制”(Osterkamp & Schraube，2013，p.5)。

现有研究和下一步的工作

我们已经呈现了批判心理学关于日常生活行为概念的现有研究及其挑战。我们检视了到目前为止这一概念从引入、到研究再到拓展的主要过程。首先，我们从在整体社会结构中基于主体的直接生活情境研究主体，转向研究主体在日常生活的结构安排中进行他们的生活行为。其次，我们基于主体在日常生活的结构安排中进行日常生活行为的视角讨论了其与整体结构问题的关系。在每一次转向中，我们都将个人功能的主体维度作为看待社会世界的新视角。

日常生活行为的概念很可能会对关注人的意义是什么，怎样才能成为人，以及人格的很多维度和问题的心理学带来变革。它推动了世俗的、现实的人的概念，他们处在关系之中，在他们的日常生活行为中发展和处理着这些维度和问题。它带来了对这些维度和问题的新的观点。而它也改变 31
了批判心理学的基础和研究路径，不再将日常生活作为重要社会制度之外的生活剩余，而认可其为给人们提供——部分是被安排的——实践的方式，以及人们体验和处理实践的方式。此外，日常生活行为的概念给日常生活带来新的理论和经验洞见。但是日常生活行为的问题极其巨大，在概念上还有很多工作要做。

本章呈现的概念发展被应用于或者出现于实证研究。但是这些研究的领域和问题却没有呈现。它们是关于教育和学习、工作、医疗保健、康复、慢性疾病、咨询、心理治疗以及儿童照管的研究。实践中的儿童、父母、病人、客户及其近亲、不同的雇主和专业职业者以及不同的机构为研究所关注。其中发生的事件和问题，还有人们怎样通过重建或是改变他们的生活行为来重获对其生活的把握得以研究。但是，由于这一概念内容广泛，实践的这些领域以及其他很多领域仍然有待深入。更重要的是，我们必须扩展实证研究的范围，考察日常生活行为的其他形式来进行对比。因而，无家可归者的生活行为呈现出了行动、情境、稳定性、进入和权力的不同模式(Kristensen & Schraube，2014)。这里稳定性和(缺乏)控制根源于不同场所的行动模式，人们不能依赖于定居于某一特定场所——如家里——来见面、置物、离开等。

日常生活行为的概念也带来对制度的不同理解。制度实践在分析中被看作是与其他地方的其他日常实践相联系的日常实践。我们强调制度目标是怎样超越其边界，成为其他地方的人们的生活行为的一部分，强调进入和参与是怎样被安排的，以及人们怎样将其与他们在其他语境中的生活相连。同时，制度是更广阔的社会秩序制度安排的一部分，是他们的经理、雇主、专业职业者——如心理医生——以及用户的日常(工作)生活行为的一部分。我们可以寻找以下问题的原因：为什么对于参与其他不同语境有着不同地位的人而言，参与制度有着不同的意义和含义？这些关于工作实践的观点为权力和自我理解的专业体制提供了批判性的矫正。其可以批判性和建设性地用来改变和改善这些实践，这与其服务用户生活的目标相一致。

如前所述，我们从人在其日常生活中的位置出发，而不是将人置于抽象的结构概念中，重新处理和填补了社会理论中社会结构和日常生活之间的空白(Dreier，2006)。不管整体的关系和权力存在于全局还是以局部分散的方式存在，我们考察的都是人们在其日常生活行为中遇到它们时它们
32 对于人们的意义。这一路径对于研究文化问题也很重要。将具体的日常生活方式置于文化的抽象定义之下是错误的。相反，我们必须处理日常生活的结构安排以及日常生活行为中的社会文化差异和多样性。这样做会带来很多挑战，经验的还有理论的。其很可能会带来日常生活行为概念的改变和拓展，其也会建设性地富有成果性地开启对生活的文化形式的研究。尽管这一概念是在西方现代性的社会文化关系中被发展和应用的，但不必因

此盲目肯定这种关系或对其进行严格限制。在对概念的批评中，对概念问题和经验基础进行区分，对建构可能和重要限制进行区分，非常重要。

参考文献

Brecht, B. (1963). *Schriften Zum Theater. Band. 7.* Frankfurt/M.: Suhrkamp.

Dahlberg, M. (2013). *Learning Across Contexts: Music Performance Students' Construction of Learning Trajectories.* Unpublished doctoral dissertation, Norwegian Academy of Music, Oslo.

Dreier, O. (2000). Psychotherapy in clients' trajectories across contexts. In C. Mattingly & L. C. Garro (Eds.), *Narrative and the Cultural Construction of Illness and Healing* (pp. 237—258). Berkeley, CA: University of California Press.

Dreier, O. (2006). Wider die Strukturabstraktion. *Forum Kritische Psychologie*, 50, 72～83.

Dreier, O. (2008a). *Psychotherapy in Everyday Life.* New York: Cambridge University Press.

Dreier, O. (2008b). Learning in structures of social practice. In K. Nielsen, S. Brinkmann, C. Elmholdt, L. Tanggaard, P. Musaeus & G. Kraft (Eds.), *A Qualitative Stance: Essays in Honor of Steinar Kvale* (pp. 85～96). Aarhus: Aarhus University Press.

Dreier, O. (2009). Persons in structures of social practice. *Theory & Psychology*, 19, 93～112.

Dreier, O. (2011a). Intervention, evidence based research and everyday life. In P. Stenner, J. Cromby, J. Motzkau, J. Yen & Y. Haosheng (Eds.), *Theoretical Psychology: Global Transformations and Challenges* (pp. 260～269). Concord, Ont.: Captus Press.

Dreier, O. (2011b). Personality and the conduct of everyday life. *Nordic Psychology*, 63, 4～23.

Dreier, O. (2011c). Livet i familien og udenfor. In S. Straand (Ed.), *Samhandling Som Omsorg: Tværfaglig Psykososialt Arbeid Med Barn og unge* (pp. 43～61). Oslo: Kommuneforlaget.

Dreier, O. (2015a). The person and her conduct of everyday life. In J. Straub, E. Sorensen, P. Chakkarath & G. Rebane (Eds.), *Cultural Psychology in Interdisciplinary Dialogue: Hans Kilian Lectures in Social and Cultural Psychology and Integrative Anthropology*. Gie ßen: Psychosozial.

Dreier, O. (2015b). Learning and conduct of everyday life. In A. Larraín, A. Haye, J. Cresswell, G. Sullivan & M. Morgan (Eds.), *Dialogue and Debate in the Making of Theoretical Psychology*. Concord, Ont.: Captus Press.

Habermas, J. (1984). *The Theory of Communicative Action: Vol. 1. Reason and the Rationalization of Society*. Boston, MA: Beacon Press.

Habermas. J. (1987). *The Theory of Communicative Action: Vol. 2. Lifeworld and System: A Critique of Functionalist Reason*. Boston, MA: Beacon Press.

Haug, F. (1977). *Erziehung und Gesellschaftliche Produktion: Kritik des Rollenspiels*. Frankfurt/M.: Campus.

Hochschild, A. R. (2001). *The Time Bind: When Work Becomes Home and Home Becomes Work*. New York: Henry Holt.

33 Holzkamp, K. (1983). *Grundlegung der Psychologie*. Frankfurt/M.: Campus.

Holzkamp, K. (2013). Psychology: Social self-understanding on the reasons for action in the conduct of everyday life. In E. Schraube & U. Osterkamp (Eds.), *Psychology from the Standpoint of the Subject: Selected Writings of Klaus Holzkamp* (pp. 233～341). Basingstoke: Palgrave Macmillan.

Jensen, L. M. (2012). Reflecting on life, not on the mind: The concept of self-reflection without stability. In L. M. Jensen, *Interactions between Persons and Situations in Daily Life: A Study in Personality Psychology* (pp. 81～119). Doctoral dissertation, Copenhagen: University of Copenhagen, Department of Psychology.

Jurczyk, K. & Rerrich, M. S. (Eds.). (1995). *Die Arbeit des Alltags: Beiträge zu einer Soziologie der alltäglichen Lebensführung*. Munich: Lambertus.

Jurow, A. S. & Pierce, D. (2011). Exploring the relations between "soul" and "role": Learning from the courage to lead. *Mind, Culture, and Activity*, 18, 26～42.

Kristensen, K. & Schraube, E. (2014). Conduct of everyday life. In T. Teo (Ed.), *Encyclopedia of Critical Psychology* (pp. 291～293). New York: Springer.

Lave, J. & Wenger, E. (1991). *Situated Learning: Legitimate Peripheral Participation*. Cambridge: Cambridge University Press.

Mackrill, T. (2008a). Pre-treatment change in psychotherapy with adult children of problem drinkers: The signifi cance of leaving home. *Counselling & Psychotherapy Research*, 8, 160～165.

Mackrill, T. (2008b). Exploring psychotherapy clients' independent strategies for change while in therapy. *British Journal of Guidance and Counselling*, 36, 441～453.

Nielsen, K. N. (1999). *Musical Apprenticeship: Learning at the Academy of Music as Socially Situated*. Doctoral Dissertation, Aarhus University, Department of Psychology.

Osterkamp, U. (2001). Lebensführung als Problematik der Subjektwissenschaft. *Forum Kritische Psychologie*, 43, 4～35.

Osterkamp, U. (2014). Subject matter of psychology. In T. Teo (Ed.), *Encyclopedia of Critical Psychology* (pp. 1870～1876). New York: Springer.

Osterkamp, U. & Schraube, E. (2013). Introduction: Klaus Holzkamp and the development of psychology from the standpoint of the subject. In E. Schraube & U. Osterkamp (Eds.), *Psychology from the Standpoint of the Subject: Selected Writings of Klaus Holzkamp* (pp. 1～15). Basingstoke: Palgrave Macmillan.

Schatzki, T. R. (2002). *The Site of the Social: A Philosophical Account of the Constitution of Social Life and Change*. University Park, PA: Pennsylvania State University Press.

Schraube, E. & Osterkamp, U. (Eds.). (2013). *Psychology from the Standpoint of the Subject: Selected Writings of Klaus Holzkamp*. Basingstoke: Palgrave Macmillan.

Smith, D. E. (1987). *The Everyday World as Problematic*. Boston, MA: Northeastern University Press.

Weber, M. (1952). *The Protestant Ethic and the Spirit of Capitalism*. New York: Scribner.

Weber, M. (1978). *Economy and Society*. Berkeley, CA: University of California Press.

34 # 2 主体导向社会学中的日常生活行为：概念和实证研究

卡林·尤尔奇克(Karin Jurczyk)

君特·福斯(G. Gunter VoB)

玛吉特·韦里克(Margit Weihrich)①

导言

日常生活行为的社会学概念试图从人的日常生活中抓住社会，这些人在其生活的不同领域中进行着行动。将社会学观点重新勾划为主体与社会的关系，与批判心理学家克劳斯·霍兹坎普(Holzkamp，2015，chap. 3)的理论非常相似。这一概念的基本前提是人们必须处理他们在日常生活的不同领域里遇到的不同——有些时候是矛盾——的需求。但是，这一**日常生活运作**(Jurczky & Rerrich，1993)不是自动发生的，而是变得越来越有挑战性的人们各自努力的结果。

这一分析路径出现在20世纪80年代早期并非偶然，西方工业国家现代性的重新涌动不再被忽视。描述这一涌动的术语各不相同："第二"现代性，"自反性"现代性或者"新"现代性，或者"晚期"现代性或者"流动"现代性(Bauman，2000；Beck，1992；Giddens，1986，1991)。每一个都是对随着社会工业化发展而建立起来，在20世纪60年代确立为"工作和生活"[1]的福特主义组织模式的结构和价值的侵蚀。日益全球化的服务和信

① 我们想要感谢沃尔夫冈·邓克尔(Wolfgang Dunkel)的支持以及简·迈克尔(Jane Michael)对一篇挑战性论文的出色翻译。

息社会，新的交通和信息技术以及个体化和解放的价值框架构成了这一转变的背景。工作、性别和家庭关系的边界根据私人和公共的二分来安排曾经是工业社会的核心，现在终于变得模糊且更有弹性。“工作和生活”的内部分野，还有它们相互之间的关系，因此前所未有地变得可协商。这是因 35
为这些侵蚀、模糊和不确定的过程直接作用于人们实际的日常生活，作用于他们的生活行为，他们对未来的个人计划以及他们对生活感知的很多细节方面。但是，还没有合适的理论或者经验框架可以完全理解和分析这些过程或是从社会理论的角度对其进行归类。

填补这些空白，是1986年成立于慕尼黑大学合作研究中心(Sonderforschungsbereich)333框架下的研究团队的研究出发点，他们研究工作的发展(参见Luze，2001)[2]。这一事业基于之前合作研究中心101的研究成果，他们独立地进行了三项研究：职业形式中的工作、女性的职业和家庭工作、国家管理框架中的工作(Bolte，1995，p. 16)。但是很显然，这种分离的观点不再能为晚期现代性背景中的“工作和生活”这样紧迫的当代问题给出充分的答案。因此，团队寻找整合性的路径以及对“整体”的可能视角。将日常生活作为研究主题的观点出现了。“所有东西都到了一起”：生活、爱与工作；资源和限制；新的自由程度和新的强制(Jurczyk & Rerrich，1993)。“人的劳动分工”概念(Jurczyk et al.，1985；Treutner & Voß，1982)——将个体看作整合不同工作领域的实体——成为起点。随后出现的问题是：人们如何能够组织他们的日常生活，人们如何能够将不同日常生活领域中必须完成的所有事情都置入充满开放和不确定状况的生活总体中去？

但是很显然，相应的实证研究所必需的概念框架是缺乏的，而发展这样一个框架必须依靠实证输入来发展改变了的日常生活的维度、更清晰地界定类别、以及区分不同的分析层次。因此，研究团队持连续归纳—演绎的取向，在螺旋上升的相互过程中将实证结果和历史分析理论与概念研究联系在一起。尽管这一项目的聚焦点最开始是经验的，但是发展相应的新概念被证明是至关重要的，而之后它也确实呈现了丰硕的成果。从马克斯·韦伯(特别是 Weber，1905/1950)的中心概念生活行为(Lebensfuhrung)出发，我们提出日常生活行为的概念。

这一项目受到了主体导向社会学研究视角的影响，在同样的慕尼黑研究背景中，其已经发展了很多年(Bolte，1983；Voß& Pongratz，1997)。这一对个体和社会之间关系的理论聚焦——同吉登斯(Giddens，1986)的结构化理论很相似——被认为是双向建构的过程。这里的焦点是社会和个人
36 行动，其提供并沟通结构，而不是结构和主体的二元对立。这使得其在概念层面有可能抓住以下事实：一方面，人们暴露在新装备以及过度的需求之中，在不确定的模糊框架所创造的状况中进行特定的行动；另一方面，他们创造新的生活和工作安排，这不仅仅是对前者的反应，而且也是各自进行创造的结果。除了行动和结构，或者说个体与社会的理论联结，日常生活行为——随着概念最终为人所知——聚焦于“流动”的现代性的需求和机会得到解决的矛盾方式(Bauman，2000)。

本章的结构如下。我们首先对日常生活行为研究小组进行的主要研究的核心经验结果进行描述，也表明其广泛的兴趣，这一研究项目直到今天仍然在被关注。我们以经验结果开始不仅仅是因为对具体的社会转型进行描述和解释正是我们研究的理由和目标，而且也因为概念的发展受到实证经历的显著影响，对理论问题进行讨论的迫切需要只可能出现在研究的执行过程中。这带来了在经验和理论两方面交替进行的行动过程。因此，日常生活行为的理论概念核心，在经验章节之后进行讨论。接下来的章节论述了重要的理论和概念发展，以及方法论的推进。对概念的潜力进行当代的时间诊断将在结论部分进行阐述。

现代化过程中的日常生活行为：主要的经验研究

在本节中，我们会介绍慕尼黑研究团队进行的研究，其为日常生活行为社会学奠定了基础。这些研究在 20 世纪 80 年代晚期和 90 年代早期进行。经验结果和时间诊断评估从那时起就从未中断过。

方法论和个案选择

在其经验研究中——也是被访者的选取中——**日常生活行为**研究团队主要从两个社会转型过程来着手：一方面，工作时间自 20 世纪 80 年代中期开始变得日益弹性化，就业条件去管制化；另一方面，女性生活观念和生活计划的转变，使得她们重新定义传统的性别角色。这两种发展都被假 37 设对日常生活的组织提出了特殊的要求。在 1986 年到 1991 年之间(包括一个初步的评估)，大约进行了 100 个叙事一生成指导的访谈，被访的男人和女人有孩子需要照顾，其工作领域受到了上述转型过程的不同影响。他们是记者、产业工人、销售助理、老年看护员、联合企业的雇员以及数据处理服务人员。城市和农村的对比构成了另一个标准：产业工人和销售助理生活在农村，而其他被研究群体住在城市或者城镇。

质性资料搜集过程是开放的，但同时集中于特定的主题：我们询问了他们在一天中进行的行动，进行这些行动的方式，以及与他人的协调、资源和限制，还有生活观念、生平经历以及对未来的计划(关于这一主题，参见 Projektgruppe，“Alltagliche Lebensfuhrung”，1995)。

东西德合并之后，东德也被整合进了日常生活行为的研究。原因有二：第一个目的是可以在影响整个社会的剧变情境下研究日常生活行为，第二是对东德的日常生活行为进行追溯性考察。研究团队与新近成立于莱比锡大学的兄弟项目合作，进行了大约 70 个访谈，访谈对象是之前在西德也进行过类似访谈的职业群体：记者、老年看护员、零售业和产业工人。但是，以前的记者在剧变的过程中变成了自由创业者，许多产业工人变成了所谓的“工作时间减少为 0”的雇员——陷入事实失业之中，老年看护员在与之前运行方式完全不一样的机构里工作，甚至是销售助理的工作状况也因为百货公司被西德的连锁公司所吞并而经历了激进的变迁。这使得在快速的社会转型过程中对生活行为的作用进行深入研究变得可能(关于这一主题，也参见 Hofmann & Dietzsch，1995；Kudera，1997；Weihrich，

1998)。因此，经验资料也为20世纪80年代晚期到90年代早期德国的工作和生活提供了具有历史价值的观点。

在接下来的讨论中，我们将对被研究的西德群体的生活行为模式提出经验的见解。我们会以其中两个群体为例进行详细讨论：记者和轮班产业工人。我们也将这些人与另两个被研究群体进行一定的对比：销售助理和老年看护员。之后，我们会对研究进行的时间进行时间诊断评估。最后我们会给出东德研究结果的简要概述[3]。

传统与现代之间的生活行为模式：经验见解

38 **记者的日常生活行为**的主要挑战来自他们对开放的应对方式[4]：工作时间不规则、基本不受到外部的限制；期待流动；收入状况不稳定；有很强的内在工作动机但是缺乏回报保证；期待性别角色平等；以及对传统家庭形式提出挑战。开放在这里第一指专业情境和视角；第二指时间管理；第三指家庭责任；第四指社会整合。这些因素为操控留下了大量的空间，同时也为限制留下了大量空间：决策不得不在不安全的状况下进行。记者的生活行为是被访样本群体中最为现代的，因此其以特殊的方式面对挑战：永远的平衡行为来确保连续性以及实现适应。这两个元素是生活行为的核心功能。毫无疑问的是，这些平衡行为在某些情况下很复杂，但是在某些情况下很脆弱。生活行为导向的方法和观点被认为对这类平衡的生产至关重要。四种亚型被重新建构，并进一步区分了性别。

“**控制**”型，根据格言“规则、仪式、领地”运行，主要由男性实现。在这里，规则和时间结构尽可能清晰地被建立，并尽可能长久地维持，消除方向上的歧义，阻止矛盾浮出水面。在这种方式中，开放再次被关闭。日常生活在很大程度上按照目的理性来组织。但是这要成为可能，通常就只能回到“女性作为社会资源”——当女性被要求这样做时，她们收拾男人的残局却不能提出太多的异议。“**规训**”型，相反，只计划必须进行计划的，其他的就争取尽可能多的自由。“计划”在这里主要指计划一个框架。其目标是在具体的执行过程中允许变化和弹性。这一较少僵硬，更多女性化的模式使其能够获得一定程度的可预见性和连续性，但它也更为注重家庭因素。中心点主要在平衡：家庭和工作的成功结合。对女性而言，这一偏重职业时间的安排有着明显的矛盾效果：她们必须捍卫自己的有薪工作，来满足家庭的需要。在某些情况下，她们因此渴望更为坚实的结构框架。“**杂技**”型，相比较而言，更显著地受到矛盾和犹豫的影响，其可能快速地转变为内部和外部冲突的情感。在没有外部限制条件下设计人的日常行程既是一种自由也是一种紧张。严密控制和情境行动交替出现，却没有获得成功的平衡。这一生活行为主要为女性所实践，在生活的艺术与混乱之间摇摆。最后，“**信任**”型，开放而几乎完全没有计划和规则，同时排斥传统价值。生活行为主要依靠自我信任来调控，信任伙伴、信任世界。生活行为的情境因素不被认为是威胁或者混乱；有常规，但是可以时时改变。这 39
也应用于劳动性别分工，各种细节得到了反复的讨论。伙伴双方相信当需求出现时他们会得到他们应得的。这也是为什么这一类型通常由男性来实践的原因。生活和工作领域并非是分离的，而是在某些情况下有目的地混合在一起。开放——尽管基于大量资源的获得——成为游戏的代名词。

整体来看，这表明只有基于核心资源(最重要的是：社会网络、技能和物质安全)的行动且反思的生活行为路线，才能防止工作和生活状况的开放变成不安全，或是让风险超过机遇。

农村工厂的轮班工人的生活行为在很多方面正好形成对比。其工厂基于时间可得性有组织地获得劳动力。因此，这一有偏的样本只有男性，从性别的视角来看，其实践着非常传统的劳动分工。此外，农村环境强化了这一与传统模型与常规资源的结盟。一方面，生活行为的这种平均和“封闭”，是应对夜班、晚班、日班轮班工作节奏变化极快的合适方法，并且，这些都是由他人决定的。另一方面，它也符合一种心态，在某些情况下接近于宿命论。“随遇而安”的格言也可以被视为对几乎不为人控制的环境以及之前艰难的人生经历进行适应的有效策略。工作是生活的自然目的，而家庭是生活行为的温床。然而，在完全传统的表面之下，有一些惊喜可以被找到。其中之一便是，农村环境中相互支持的崇高价值，不仅应用于邻里和亲属之间的社会网络，也应用于家庭中的劳动分工。公共性作为一种价值也支配着男女在家务方面的合作。总的来说，这意味着尽管他们有着更清晰的角色分工，男性轮班工人几乎像有着更为现代态度的男性记者那样帮助着他们的妻子。决定性的差别在于——和记者的生活不一样——这里没有对话或者协商。轮班工人就是以实际的方式在需要时，以及在他们可以时，进行帮助。这也表明常规的建立以及坚持效忠传统能够在多大程度上缓解生活行为的紧张。从另一个角度看，现代性的压力及其附加于个体性和自我实现、以及广泛选择上的价值，变得愈加明显。尽管如此，在这一群体中同样很清楚的是，生活行为并不是就“在那里”，其必须积极建立和维持，回应对立的工作时间节奏。只是方法是这一群体特有的：在这里，边界和分隔的建立是为了减少复杂性，而习惯与仪式决定着行为。

40 下面讨论的两个群体——销售助理和老年护理员——其工作被认为主要由女性来完成。这带来了典型女性生活处境中的日常生活组织问题。**女性销售助理**的生活行为，就算发生在农村环境，其决定因素也与轮班工人的完全不同。在女性销售助理这里，为他人提供服务是每天的核心任务。因此，她们主要是非全职工作，她们指望这可以让她们结合工作和家庭。原则上，工作时间表必须——或者可以——每周都进行更新，这意味着其有可能对家庭的需求做出灵活的反应。现实中，这导致没完没了的顺序调整：在同事之间，也在家庭成员以及其他帮助者之间。这些女性在很大程度上根据她们负有责任者的需求来结构化她们的日常生活。如果她们要保留某些行动自主性，她们就必须为自己的照管工作找到替代。通常，这些替代相应的也全都是女性：精神矍铄的祖母、邻居还有姑妈。照管他人是“不同群体和代际的女性相互合作的体制”(Rerrich，1995，p. 190)。但是这些女性也重视她们的有薪工作。这是因为对她们而言，自由(也)意味着能够承担有薪工作。她们基于“**技能平衡**”型或者“**顺从坚持**”型，以及“**反思重组**”型来实践相应的平衡行为。

而**老年看护员**的生活行为有以下特征：必须将这一具体的职业——有

着大量的生理和心理紧张，以及远超“正常工作时间”的无边界工作时间——整合进日常生活。这同样是主要由女性来承担的工作，但是也有着世代特征。基于方法、情感和认知，这些生活行为模式可以被分为几种类型：“修女”型，生活行为表现为一种意识形态和实践的单元；“工作中心常规”型，生活从属于有薪工作；“家庭中心常规”型，工作和职责的气质最初应用于家庭，被扩展应用于有薪工作。这三种类型主要在较老一代的看护员中看到，而下面则更多是年青一代的特征：“经验导向情境”型，有意识地建立职责和意愿之间的平衡。“价值导向计划”型，更加强调自我实现是生活行为的指导原则(Dunkel，1995，p. 243)。在持续依赖对他人“一心一意奉献”的服务职业中，年青一代社会化的条件也导致了更多现代价值的灌输，但是其实现却需要特殊的努力整合进生活行为[5]。

时间分析分类和理想类型

对研究群体的描述为研究团队在社会现代化讨论的背景中对日常生活 41
行为的发展进行时间分析评估提供了材料。为此，研究项目最初的现代化理论假设基于经验结果进行了重新检视。这强调了现代性、模糊性和非共时性带来的许多矛盾后果[6]。

现代化趋势的第一个假设聚焦于生活行为的不断理性化。经验结果表明，控制日常生活的新旧形式正在结合。一方面，个体行动和行动范围是有意识地安排，目的在于推进效率。此外，生活行为从整体上看正日益有目的地前行。另一方面，这并不必然发生于手段目的理性为特征的生活行为模式之下。相反，生活行为模式可以作为理想类型，如有必要就可以结合。

我们区分以下理想类型：传统生活行为、策略生活行为、情境生活行为。传统生活行为指的是基于传统进行生活行为，传统的支配不受挑战：一个人以他经常生活的方式生活，因为生活就是如此。稳定性和习惯是生活行为的核心。处理变迁被认为是一个问题但是在所考察的状况中，变迁是不可避免的。相反，**策略生活行为**包含自反性元素。其聚焦于效率：人的行动过程为计划和控制决定，日常生活从头到尾被组织，生活的私人领域是被分隔的。这一理想类型与马克斯·韦伯的“手段生活行为”概念很接近(尤其参看 Weber，1905/1950)，当遇到很难计划或控制的事件或参数时，它就会出现问题。这是晚期现代性非常常见的现象。**情境生活行为**也是自反性和理性的。这里，日常行动对不断变化的情境进行反应式或者期望式的适应，而决策则基于所遇到的情境。这一“摸着石头过河”的类型包含即兴创作元素，允许开放和弹性，尽管其也可能导致不稳定性、犹豫不决以及混乱。

在每一种生活行为的类型中，常规都是获得连续性和减少不必要决策数量的决定性机制。不同的仅仅是常规化的程度。此外，未经预期的类别出现了：信任。乍一看的话信任好像否定理性行动，但是信任是边界已经消解的现代性中核心的应对策略。它在应对不确定性中起着决定性作用。最重要的是，它使得避开对所有行动进行直接和整体的控制，同时维持日常生活行为，变得可能。

现代化趋势的第二个假设聚焦于生活行为不断增长的**个体化**。现代性是以个体自我实现以及自主决策为基础的。即便某些领域的行动范围有所
42 扩大，其在本质上仍然是不得不在有限决策权下做出决策。日常生活的积极结构化必然意味着全新的要求，尽管其并不一定意味着自由意义上的个人自决。自我控制和自我交往正日益成为重要的社会机制。人格相关的因素，如个人稳定性、风险准备以及自信，在这种情况下被认为比以往设想的更加重要。但是，行动者的新意义被社会不公正的普遍机制削弱。这些不公正伴随着性别、社会阶级以及种族，产生于个人可以进行的选择和可资利用的资源(收入、教育、社会网络)，也产生于其所涉及的限制和风险。

现代性趋势的第三个假设聚焦于随着生活行为中性别等级的不断瓦解**性别关系平等化**日益增加。其也呈现出矛盾的方式：旧的不平等还没有被消灭。在某些方面，不平等确实减少了，但是在其他方面，它们以新的伪

装出现了。就算女性越来越多地加入劳动力，就算有各种关于平等的花言巧语，通过将家庭工作归为女性的“自然”责任而形成的生活行为的男女性别两分仍然存在。指望随着女性参与劳动力增加，男性伴侣接管生育工作，并由此解决双方的责任问题是不现实的。这些工作主要还是由女性来完成——无薪或者低薪。男性最多把自己视为帮助者，仔细地区分家庭日常生活中的暂时责任和实际责任。然而，持有更平等主义角色的男性在他们的生活行为中也体验着和女性一样的限制。可是现代性别关系的复杂性只有生活行为实践性地“做”以及作为相互区隔的意义系统时，才变得可见：态度和实践不仅仅在男性中彼此出现明显的分歧，在女性中也是一样。女性希望她们的男性伴侣可以更多地参与，却不放弃她们自己的控制领域。自我定位和行动的不一致可能意味着劳动分工不过是表面，持平等主义的夫妇进行理性而双方一致的协商达成的结果实际上仍然是传统的。

现代化趋势的第四个假设聚焦于理论，关注 20 世纪 80 年代流行的“**工作导向社会的终结**”假设。我们的结果正相反，指向**日常生活**“**工作化**”(workification)的增加。社会差异以及选择的增加使得日常生活的复杂性增加。其结果是，行动领域的连接变得更加复杂也要求更多，每一个行动领域都是由其内部的逻辑支配，且社会性地相互分离。如果生活行为的目的是创造连贯性、秩序和一致性，那么这一目标随着传统、价值以及结构基准的侵蚀而成为要求更高的任务。个体不得不对那些结构上不再一致的部分进行单独补偿。他们建立边界作为日常生活的框架，例如在工作时间越来越侵蚀家庭生活的地方。“工作化过程”也在性别间的经常协商中看 43
到，在所有参与者不断增加同步、协调和计划中看到。女性加入劳动力不仅带来更多的有薪工作，带来为“自己”工作甚至(让自己)负担过重，而且将工作的逻辑渗透进其生活的世界。随着生活行为变得既有生产性又有自反性，工作的概念自相矛盾地在现代性的现代化过程中将自己从缩减为有薪工作中解放了出来。

东德的日常生活行为相关结果

日常生活行为研究团队对合并之后的东德进行的经验研究也带来了从现代化理论和概念的角度看非常有趣的结果。一方面，基于东德在1991到1993年转型过程中的日常生活行为的质性追踪研究（Weihrich，1993，1998，1999）——这一研究已经超出了慕尼黑大学文化研究中心333的框架——民主德国日常生活行为的特性可以回溯性地被确认。我们可以看到对官方模式的日常抗争，男性与女性的有薪就业，以及家务和家内工作、社会工作以及私人关系政治化中的劳动性别分工便是明证。另一方面，也是最重要的，日常生活行为在影响整个社会的激烈转型情境中被检视——现存的制度体系为全新的所替代，没有什么东西是安全的。日常生活行为在影响整个社会的激烈转型情境中发生了什么？什么像旋风般掠过日常生活？不断的追问使得其有可能表明，日常生活行为决不会在整个社会结构的转型中变得无效。其形式和逻辑可以跨越时间和社会系统进行重建。其表明，当人们面对新的选择和要求时，他们会使用其日常生活行为来定位自己，仿佛其是一座灯塔。当他们过去所面对的行动要求不再存在时，也是如此。日常生活行为随后在处理新的状况时，表现为既是限制又是资源。决定性的因素是经由已有的日常生活行为利用新系统的接触点进行定位，而不是对新的结构进行理性适应。日常生活行为找出可以在有关人员的关注下继续发挥作用的场所。这样，它成为与不平等相关的概念，与诸如年龄、性别、学历和职业等“硬性”因素并列。

44 事后发现，对20世纪90年代初期的关注，实际上考察了一段很有历史重要性的时间：介于“不再”和“尚未”之间的缓冲期，正是在这段时间，东德人在新的制度系统中会扮演什么角色被确定下来。对新秩序的市场抽象逻辑的适应，为政治所期待，为当时的转型研究所支持，在某种程度上也为行动者所遵循，却为人们根据其日常生活行为而进行的自我定位实践所抵制——通过某些在所有动荡中保有可能稳定性的深刻社会因素：人的稳定性和制度的稳定性。

理论概念“日常生活行为”：7个基本点[7]

最终以日常生活行为而闻名的这一概念，其理论指导原则早就以生活行为概念的形式出现在马克斯·韦伯的核心理论建构中(尤其是 Weber，1905/1950；也参见 Weber，1920/1993，1922/2013；这一主题的讨论 Abel & Cockerham，1993；Hennis，2000)。在这一概念的研究，是经验研究和理论相互借鉴的过程，其逐渐与 20 世纪 80 年代晚期的慕尼黑团队的研究相同步，并保有实质性联系。

基于相似的理论路径对“整体”的人的生活有广泛的兴趣，这些独立的理论工作发展成一种系统的理论路径(详细讨论见 Voß，1991)。但是这一路径就其核心意义而言决不与狭义的系统理论为伍。相反，在某些地方使用的、让人想起系统理论的语言只是用来一般化地澄清概念的各个方面，其几乎是理论中立的，不会明显地进入系统理论范式。比如说，可以用它将人在其不同的生活领域中的行动交往的后果描述成他们行动的突生效应，但是也可以从个人角度呈现出他们自己的生活。

在任何情况下都不会形成明确的范式联盟，因为以主体检视行为几乎与现有所有社会学(以及其他学科)的概念相悖。如果概念有“选择性亲和”(韦伯的这一著名用语来自歌德，尤其见 Weber，1905/1950)，那么最清楚的是，它参照了马克斯·韦伯的普遍历史讨论以及在此基础上的行动理论研究。但是，同样清楚的是，其与社会学的现象学概念相联系，尤其是对卡尔·马克思进行的主体理论解读，特别是他早期的研究(Marx，1844/2007)以及经济学作品中所引用的哲学人类学片断(尤其 Marx，1867/2012，chap. 5)。

这一路径对日常生活行为的界定包含了以下基本要点。

1. 日常生活行为作为行动的相互关系 45

日常生活行为指的是人们日常生活中行动的总体性，因而，其构成了人的生活。尽管意义和解释的结构在这里起着重要的规范作用，但是生活行为并不被界定为(至少不是主要是)意义的建构(例如，现象学概念生活世界[如 Grathoff，1989]或者日常生活[Schütz，1978])；或者事实上作为生活的个体文化程式化的框架，旨在进行社会区隔，比如生活方式研究(概述参见 Müller，1989，1992；Müller & Weihrich，1990)。相反，其主要被界定为实践。尽管日常生活的行动总是一成不变地一个接着一个，因而生活行为必然及时发生，但是，日常生活行为的概念主要关注的不是生活的历时性，比如传记或者生命历程研究(如 Kohli，1984)。相反，这一概念的兴趣在于行动的相互关系，其在某一特定时间或者在一特定时间段对人的生活有正式的影响。因此，生活的同步性是主题，一天又一天，构成了众所周知的“日常生活的单调性”。

2. 日常生活行为作为日常活动的相互关系和形式

尽管日常生活行为的概念潜在地考察了日常生活的所有活动，但是归根结底，其并不是对人们进行的数之不尽的不同活动进行简单加总或是详细排序(例如时间预算研究[Blass，1980]和时间地理学[Deinet，2009；Hägerstrand，1975])。相反，生活行为被界定为行动的结构，其在日常基础上是生活的一部分。因此，这一概念并不怎么被分析性拆解，而是走向整合：它是关于日常生活实践的相互关系及其形式，而并不关心元素的丰富性。它是关于人们在与他们相关的社会领域中(如工作、家庭、消费、政治)，在每一天的基础上进行的活动的形式，因此，它就是他们生活的领域。

对这种形式的观察可以分解成不同的维度：时间、空间、物质、社会、意义、媒体技术、情感以及身体等等。因此，一个人的生活行为的形式取决于其通常在其日常生活行为中进行行动时，在什么时候和在哪个时间点上以及以怎样的时间逻辑，在什么场所以及有怎样的流动形式，怎样的内容形式和方式，在怎样的社会语境下以及和怎样的社会规范和意义解释相关，还有使用怎样的技术手段或媒体资源，以及最后，在怎样的情感

状态和身体肉体配置下(包括他们的性别倾向)。 46

因此，日常生活行为以人们在所处的不同社会领域中定位自身的方式，以及其在上述维度中安排他们自己的方式为特征。此外，日常生活行为是一种途径一种形式，在这种形式中分离的社会安排联系在一起构成了运行良好的整体安排。它是特定个人个体安排的安排。

3. 日常生活行为作为个体的行动系统

日常行动的相互关系性可以用行动系统的理论来理解，其建立起了对特殊方面的理论关注。这一系统的基本功能是各个行动的整合交流。根据其中心假设，个体并非通过孤立的分散的行动，而是通过功能分化和整合的日常行动系统——日常生活行为系统框架下的行动，指向他们的环境。在这种方式中，分散的行动获得了更高程度的有效性(例如，通过专门化、协同和突生的作用)，因而生活在整体上根据个体必须回应的对社会环境的需求而获得潜在更高的自由程度。日常生活行为在个体层次上是一个系统，或者更具体地说，是一个个体系统，一个属于个体的行动系统，他们在其中受到约束，他们也对它进行支持。我们甚至可以将生活行为视为个体的行动系统，即人们整个日常行动谱系基本的交流和整合形式，通过它，个体根据其相关的社会系统定位他们自己，并对其需求进行回应。

4. 日常生活行为作为个体的行动建构和努力

一个人的行动体系并不是自行存在的。人不会简单有一个生活行为，它也不是对社会状况或者机会(如“环境”概念所指)的被动反应。相反，这里强调的是，生活行为系统总是由每个人根据其所处的个体社会情境或地位积极地建构，在日常层次上实践，并在变化的状况中进行维持，如果有必要也进行适应。换句话说，其必须随环境的要求而改变。不管人们关不关心都会意识到：他们“行为”着他们的生活。

这一建构作用也可以被分解为不同的维度，因此，可以研究一个人的生活行为是在什么时间、空间、物质等方法中被生产出来的(或者进行维持的，或者改变的）。也可以研究时间、空间、物质等资源（包括万能资源钱）在此过程中是怎样被利用的，它们来自怎样的社会领域，它们是怎样获得的——在某些情况下它们甚至是被主动创造的。

47 在生活行为中强调建构和努力的元素最终打开了一个视角，即对日常生活建立起来的方式持动态连续的观点。这应该被理解为对社会需求和机会进行日常协商的连续过程是一种弹性形式。因此，“日常生活行为”并不指向固定框架，而是指向结构化（以及正在结构化）的过程，日常行动在其中是每天进行协调和整合的，对个体在其日常生活领域中的行动进行相对稳定（时间、空间等）的调控。

5. 日常生活行为系统的独立逻辑（The Self-Contained Logic）

尽管生活行为是个体的（动态）产物，但是不应该像唯意志主观主义那样假设其仅仅依赖于个体的意志。生活行为往往只在有限的程度上是意识设计的结果。它也是（如果不是主要是的话）情境决策以及实用临时安排的结果，形成有限的自反性。尽管生活行为是个体的产物，但是其获得了与其生产者相关的功能和结构**自主性**。这是因为一旦生活行为被建立，成为日常生活的行动结构模式，它就不再能够随意地被个体改变，因为其基于大量具有约束性的社会相关领域和行动者的安排，这些不可能被简单废除。因而随着个体不再能够不假努力就退出他们的生活行为，也不再能够随意进行修改，他们以及他们的行动——不管他们是否喜欢——一直从属于他们自己建立的行动控制系统体制。日常生活行动的流动在很大程度上在这一框架中发生。尽管在某种程度上可以对其进行修改，但是这样做也在不断地强化它。已建立的生活行为对个人而言不再是任意可得的。人们可以说它实际上不再属于他们，它在和他们的关系中获得了某种独立的存在，基于这种独立存在个体变得多多少少有依赖性。这样，生活行为系统在个体“背后”（Karl Marx）形成其自己的逻辑。

6. 日常生活行为的非决定性社会交往

日常生活行为概念（社会学地）表明，尽管其对象是由个人建构和产生的，但是却是由社会状况系统性地决定的，这进一步消除了唯意志主观主义。不管我们多么强调生活行为的个人责任和建构，都无法抹去人并非独 48
自进行他的生活，而是被整合进多种多样的社会语境的事实，因此生活行为不可避免地以系统的方式具有**社会交往性**。有三个方面尤为重要：

第一，个体社会领域中的客观社会状况或多或少地给个体的生活行为带来硬性的限制和需求(但是也有机会和资源)。第二，多种多样的社会文化影响也对生活行为发生作用：解释模式、规范标准以及文化模式规定了在个体的特定环境中生活行为应该是怎样的或者可以是怎样的。但是客观状况和社会文化影响都不是决定性的因素。相反，它们通过生活行为被积极地分配。第三，很显然，人们通常不会孤立地实践生活行为，而是和其他人一起，实践在各种形式的直接社会联系中(如家庭、伙伴关系和社会网络)。这些社会模式是个体生活行为积极交错和合作的产物和呈现，因此，其通常也是联合(如家庭)生活行为。

7. 日常生活行为作为自成一格的系统

这一概念强调了生活行为中个人的建构和努力，但同时强调其不应该等同于心理—生理个体。相反，它代表了主体的动态出现，将他们自己的生活与它们相连，并因此反过来对它们有影响。社会状况和生活行为的形成都得到承认，但是其强调生活行为不是一个社会系统或社会实体。根据这一理论，生活行为是**自成一格**的系统，有其自己的形式和逻辑，将其自己嵌入在个体和社会之间，并有着重要的功能。对个体而言，需求可以更成功地掌握，资源可以更有效地利用，因而个体生活在社会中获得更多的相对自主性。就社会而言，日常生活行为对**社会整合**问题的解决有着重要的贡献。社会成员为日常生活良好运行而进行的不懈努力有助于社会分离的连接和统一。每天的常规也产生大量非常重要的连续性——在个人亲密社会圈或是生活环境的危机中，在公司的组织变迁的过程中，也在劳动力市场结构变迁的过程中。

因此，日常生活行为应该被视为个体和社会交流中的决定性元素，其

与其他经常被引用的实体(如惯习、角色/规范、环境/亚文化、制度/组
49 织)存在系统性的差异。这一概念强调人们并非通过孤立的个体行动在社会领域里定位自己，他们定位自身的具体方式也型塑和改变着这些社会领域，而他们正是在日常生活安排的系统框架中这样做的。通过在相关的生活领域里规范他们的行动，也由于他们是在日常生活行为的安排中协调这一规范，人们为他们的社会行动形成了整合的相互关系，在他们和相关的社会领域之间架起了桥梁。因此，生活行为是一个实体，通过它，人们与社会领域交流，也因此与整个社会交流。生活行为同时也会带来社会反响，其聚集在一起形成典型模式。以这种方式它可以(共同)建构社会，因此其含有潜在的转型维度。反过来，人也只有通过其日常生活行为系统才能体验社会。因此，个体和社会是怎样双向地相互联系在很大程度上受到了这一连接的影响：通过日常生活行为的个体形式和逻辑。

这种状态描述了现行社会学理论和实证研究中的一个系统盲点，这一盲点不仅存在于概念发展之时，也存在于今天。霍兹坎普清晰而有力地指出了这一点，并指出心理学中存在同样的紧迫问题(Holzkamp，2015，chap. 3，Holzkamp，2013)。这一盲点提出的问题绝不仅是某种形式的次要研究漏洞。日常生活行为的概念，相当有自信但是也有一点风险地提出，日常生活行为，如上所述，在“生活”个体(Karl Marx，如反复出现在1867/2012)具体的历史的日常生活和各种同样具体的历史的社会关系(Karl Marx)的互构关系中，建构起了非常基础(尽管之前总是为研究所忽视)的“连接”。

因此，日常生活行为是社会学中真正缺失的连接，而正如霍兹坎普所极力强调的，在心理学中也是如此。霍兹坎普还以令人印象深刻的移情，描述了生活行为研究团队成员所经历的重大学术惊奇(Holzkamp，2015，chap. 3)：人们真实的实践的日常生活经历，形成了社会成员“真实”的生活，却被研究大量忽视。甚至可以说，它们被否定或者——用心理学名词来说——被抑制。很多年来，各种振奋人心的对“日常生活”的研究，在最广泛的意义上，都是社会学的(例如 Garfinkel，1984；Goffmann，1959；

Schütz，1978，2011 等等；也参见 de Certeau，2011；Heller，1987；以及 Lefebvre，2008)。然而，我们和霍兹坎普有着相同的观点，这里的研究 50
路径是支离破碎的(这一点也非常重要)，或者说运用的视角是非常远距离的，而人们实际的——最重要的——生活的“整体性”并未在其多态的广度中以及直接的日常实践中(因此也在其表面的平常中)得到关注。但是恰恰正是这一点构成了人们的生活(如果有人问他们的话)：不多也不少。

为了对这一盲点进行研究，**日常生活行为**研究团队不仅冒着大肆鼓吹社会学新主题的风险，也冒着声称自己会解决社会科学大问题的风险；但这些理论讨论和经验研究处于，或者说应该处于，我们(的社会学)主流研究主题的边缘。这一概念定位自己(不仅在这一方面)在大量热点争论之间的无人之地，却发现自己陷入交叉火力之中：它明确地聚焦主体作为分析核心而实质性地放弃了社会，但是，却没有进入心理学(霍兹坎普相当正确地指出了这一点)。

日常生活行为研究中出现的是从社会学的角度对主体性甚至是个体性进行社会学概念化，并将之作为社会学的真正研究主题。但正如霍兹坎普指出的，它超越了对人关注很少的社会学形式，但是最后却落脚到了传统社会学上。这是否为心理学提供了从主体理论观点出发来考察社会的路径(实际上生活行为项目从其主体导向视角已经进行了尝试，尽管使用的是社会学的工具)，并不是由我们来决定的。霍兹坎普正是往这个方向努力的。

日常生活行为：不断繁荣的研究项目

大量其他研究为日常生活行为的经验证据和概念所激发。在接下来这一节的第一部分，我们会介绍一些重要的后续经验研究。第二部分将讨论概念和方法论的发展，如从个体转向家庭生活行为，以及重建日常生活行为和**员工**形象、日常生活行为和**工作客户**形象之间的联系。

进一步的研究

以下描述的后续经验研究在很大程度上借鉴原有概念和原始设计，但是也一直在拓展概念，于是现在有了独立的所谓**日常生活行为社会学**。我们更为具体地讨论四个研究领域来进行呈现。

第一个研究领域研究的是特定职业群体成员的日常生活行为。这些研究呈现了超越已有类型的概念创新。诺伯特·霍奇勒(Huchler，2012)以
51 从事商业飞行服务的航班飞行员为例研究个人和职业的日常生活。飞行员在模糊的边界(尤其是空间和时间)下工作，不得不对自己暴露其中的加速的变迁做出反应。霍奇勒对相应的安排进行分类，在之前建构的日常生活行为的理想类型中增加了第四种：**集体生活行为**。时间诊断的亮点在于，加诸飞行员生活行为的压力可以被视为一种范式，这一范式应对这样的生活状况：在我们时代的流动工作导向的社会中，大量的个体和职业生活的边界都是模糊的，我们都在成为飞行员[8]。

在第二个领域中，焦点是家庭，家庭作为生活行为发生的环境。这里尤尔奇克、希尔、西门德尔斯基、兰格和福斯(Jurczyk，Schier，Szymenderski，Lange and Voß，2009)也研究了工作和生活越来越弹性化的空间和时间状况，但是系统地聚焦于家庭以及性别关系中的生活行为研究。在此背景下，一项经验研究考察了从事电影业和零售业的父母们的日常生活行为，他们代表家庭和工作的“双重边界模糊”。在这些状况之下，联合家庭生活行为变成了一种**生产成就**(production effort)——也变成了不稳定的事业。父母经常太过劳累，他们只对实际的相处管理有所贡献，但是对团结和睦的建构毫无建树。自我照顾和照顾他人——越来越多地由父亲来完成——通常是在可能性的边界上进行实践。

第三，阿尔玛·德姆斯基·冯德哈根(von der Hagen，2006)的日常社会交往的研究发出了另一重音，因而提出了与社会学高度相关的问题：社会如何“从底层”发展——即从人们进行个体行动的角度。为此，她在工作场所和住所的语境中，尤其是在布达佩斯的一所房子里，研究了“小社会”，即家庭、朋友和亲戚；这为后共产主义社会的特殊性提供了新的见

解。作者将日常生活行为理解为一种社会交往的形式，并强调人们主动建构的努力，这些努力或多或少叠加到之前消极的社会交往上。

最后，我们指出虚构人物也有日常生活行为。韦里克和福斯（Weihrich and Voß，2004）研究了当代侦探小说中的侦探是怎样结合工作和生活，他们重构了唐娜·莱昂（Donna Leon）小说中圭多·布鲁内蒂（Guido Brunetti）、亨宁·曼凯尔（Henning Mankell）小说中库尔特·沃兰德（Kurt Wallander）以及萨拉·帕雷茨基（Sara Paretsky）小说中维克·沃肖斯基（Vic Warshawski）的日常生活行为。读者发现侦探的日常生活以及相关的组织问题，和他们的侦探工作一样多。这不仅使得重构各种各样的日常生活行为成为可能，而且——因为这些都是系列犯罪故事——使得研究它们随时间的稳定性成为可能。在他们日常生活的组织中，虚构人物用他们的日常生活行为来定位自己。同样，这些模式也与他们不同的社会框架状况相对应。虚构世界也是社会世界，相应的社会机制仍然在其中起作用。

研究项目的更多案例，在其他研究语境中对概念进行整合，以及概念进一步的发展，参见 Voß 和 Weihrich（2001）以及 Weihrich 和 Voß（2002）。

理论、方法以及时间诊断 52

日常生活行为和行动理论

G. 君特·福斯在提出受系统理论启发的日常生活行为概念之前，就已经揭示了日常生活行为概念与其他同样研究“生活整体”的理论之间的关系（1991）。玛吉特·韦里克（Weihrich，1998）有着不同的理论关注点：她给日常生活行为概念提供了行动理论的基础，并将它与当前对过程和结构的微观基础进行的社会理论讨论联系在了一起。根据这一模型，个体行动者基于不同的行动情境建立他们的日常生活行为，在这些情境中，行动决策必须基于日常基础。于是，日常生活行为可以被理解为日常情境中的一批决策规则，行动者在进行日常决策时可以用来作为参照体系。这一概念也可以用来批判决策的理性选择模型：日常挑战并不明晰，难以预测，充满矛盾，因此关于行动的决策不能建立在主体预期效用的基础上，这种主体预期效用应用于个体情境时只关注于未来。面对诸如此类的决策需求，自己承担义务，以自己的日常生活行为以及以过去为指导，更有意义。

这样的日常生活行为概念也可以与目前正在解释社会学的框架中进行的关于“社会机制”的社会理论讨论相联系——如果我们将日常生活行为放进“科尔曼的浴缸”(Weihrich，2001)。这一宏观—微观—宏观的模型和卡尔·马丁·博尔特(Bolte，1998)提出的主体导向社会学的概念有着很多的共同基础。这里，行动者的概念同样都是起始点，其关注于社会系统的解释，假设社会系统是个体行动的结果，而不能为了个体行动而轻视社会系统。然而，我们的行动者必须参与这些系统，以便进行行动决策。当我们把日常生活行动放入这个宏观—微观—宏观的模型时，很显然，在涉及情境定义时，日常生活行为是一种感知的工具；当进行行动选择时，日常生活行为是一种决策规则；最后，日常生活行为也决定着聚合逻辑。日常生活行为是不断加强的，可能正是通过这种方式，既有生活行为所完全适用的社会状况得以再生产。当然，作者对东德转型过程中的日常生活行为的研究表明，情况并非一定如此(Weihrich，1998)：日常生活行为被证实是一种资源，同时也是一种限制。但是，行动者必须参与进他们的日常生活行为，这是不争的事实。和其他限制和资源一样，其在行动者面前，是一种情境需求。

53

家庭日常生活行为

尽管日常生活行为从一开始就被认为是社会整合的，并与其他人纠缠在一起；经验研究也聚焦于在能动的家庭阶段中考察劳动力成员，但是单个的个体一直是概念和方法的关注点。然而，有必要区分生活行为框架中个体与不同社会行动领域日常而实用的联系(作为个人内部联系)，以及在“共享生活行为”(这一主题也参见艾尔德[Elder，1994]的概念“相互联系的生活”[linked lives])的意义上生活行为以私人生活的形式在人与人之间交织。因而，系统性地将这一概念从个体生活行为扩展为家庭生活行为在今天仍被视为理论的愿景，尽管第一步已经迈出(将在下文中讨论)，并且其目前正随着方法论的转型得到进一步的发展。

在研究团队主要研究的直接语境下，玛丽亚·里里希(Maria S. Rerrich，1994)以乡村地区的一群女性销售助理为对象，特别考察了女性怎样积极地“组合社会分歧”。她描述了诸如工作、家庭、公共服务和教育等社会领域的分割所带来的不可调和的需求，以及为了在家庭中照顾他人而将它们重新整合的努力。在其研究中，里里希强调要达至重新整合所需要的同意和协调绝不可能仅仅局限于核心家庭的范围。相反，很多无薪和有薪的帮助者，从祖母到清洁女工(她们每个人都有自己的生活行为)，是家庭生活行为必不可少的组成部分(Rerrich，2006)。

克斯廷·尤尔根斯(Kerstin Jürgens)更为具体地描述了日常同意的过程，以及个体的生活行为在家庭中的相互交织。她的研究与慕尼黑研究团队紧密关联，考察了产业工人的家庭日常生活行为(Jürgens，2001；Jürgens & Reinecke，1998)。她将家庭日常生活行为视为“所有”者和“共享”者之间的互动，并从物质、空间、时间、情感和社会层面上行动和利益协调的角度对此进行了详细深入的讨论(Jürgens，2001，p. 40)。资源、权力以及决策权威的性别分化对家庭日常生活行为的形式和过程尤其重要。

同时，其他一些作者(如 Rönkä & Korvela，2009)也将关注点转向人们如何在融入家庭的基础上进行和协调个人生活行为，以及人们如何融入共同的参照体系以便在一个家庭中并且作为一个家庭进行行为。库肖尔特
(Kousholt，2011)对家庭日常生活的研究特别强调家庭是一个“冲突的共同 54
体”，其协调的过程(有可能)引发摩擦。

目前，德国青年学院的一个研究团队[9]想要更好地推进对家庭中日常生活行为联结的理解，在更深入而广泛的基础上对相应的实践进行更为清晰而实证的研究(Keddi，2014)。近年来，家庭研究也出现了明显的行为学转向(Daly，2003；Lüscher，2012；Morgan，2011)。其因为双重边界模糊的晚期现代性状况下对私人生活日益增长的需求而变得必需(Hochschild，1997；Jurczyk et al.，2009）。由于“去传统化”、个体化以及边界模糊化，家庭不再是不言而喻的。其不再是有着固定形式的预先存在的资源，而是必须被积极地“生产”为“做家庭”（doing family）过程的共同生活纽带（Jurczyk，Lange & Thiessen，2014）。这在继亲家庭、收养家庭、寄养家庭和同性家庭的研究中尤为明显。在家庭生活行为语境中且通过家庭生活行为生产家庭的这一努力，将首属组织兼容管理的水平、“我们感”的生产以及“展示家庭”的行动区分为归愿感的外在呈现或是内在确认（Finch，2007；Galvin，2006；Schier & Jurczyk，2007）。对共享常规和共有仪式、对与其他家庭成员之间的“划界”、以及对有薪工作这样外在于家庭领域的“划界”进行研究，成了重要的关注点（Jurczky et al.，2009）。

但是这一领域的实证研究尚处于早期阶段，很多根本性的问题仍然没有答案：是否存在共同家庭生活行为？或者说其是否并不像个体融入其他社会领域那样仅仅是交互和共通？而作为家庭共同生活在同一屋檐下的人们的个体生活行为的总和是否（自动）就是家庭生活行为？暂时的结论是，其相互交织的作用必须始终在两个层面上进行理解：作为与社会行动领域的联结、以及作为与其他人的联结。此外，必须在两个层面上对家庭进行区分：共同体的层面（例如，当面对共同出现和联合行动的问题时，在行动上相互关联）以及团结的层面（例如，涉及共同信念和共有价值时，在理念上相互关联）。这些不同的面相使得个体生活行为向家庭生活行为的概念扩展成为持久而有趣的挑战。

研究团队也很有野心地想要在量化方法的帮助下进行家庭生活行为的研究，使得基于目标和现有参数对更大人口群体的行动分布和行动模式进行描述成为可能。为了达到这一目标，他们尝试着将家庭生活行为的概念
55 纳入 DJI 调查“AID：A”（《在德国长大：日常世界》*Growing up in Germany：Everyday Worlds*）。目前他们正在探讨将一个质性生成的概念“翻译”成量化的操作性概念有哪些可能性和限制。一方面，这带来了非常有意思的代表性成果，比如关于共享行动、家庭间照管劳动分工以及多重在地性的研究（Schier，2013；Zerle & Keddi，2011）。另一方面，其表明要将生

活行为安排量化地操作为行动的相互联结而不是单个的行动，是有着非常大的困难的。而当主体是家庭而不是个体时，情况就更为复杂了。

新的劳动形式

日常生活行为项目团队的工作刚完成时就有人猜测，20 世纪 80 年代以来有薪工作弹性化和去规则化的不断增加将导致将来的劳动者和雇员不得不日益富有创业精神。基于劳动和产业社会学正在进行的对有薪工作结构转型的讨论，其已经发展成为一种理论，对自我创业劳动者（创业员工 Entreployee）进行时间诊断研究（最先出现于 Voß& Pongratz，1998；也参见 Pongratz & Voß，2003a；2003b；Voß，1998 等）。对历史上全新的劳动力社会模型进行描述和解释是其核心。基于这一观点，先前占据主导地位的“职业员工”（其是“无产阶级工人”的历史继承者）类型——在劳动立法中他们被简明地界定为依赖工资收入，从事具体职业，受到社会保护，并主要依靠操作指南进行工作的人群——在向后福特主义资本主义的转型中，逐渐为创业员工所取代。创业员工有三大特征。

如果说在工作弹性化的过程中，对员工的直接管理控制趋向于减少并转为间接指导，那么劳动者就不得不比过去更为自主地制定具体的工作任务（“自我控制”）。对人类劳动潜能的全新剥削（尤其是通过“自我剥削”），伴随着完全获取人类潜能的危险趋势，成为其缺点。

其后果是，员工与其作为经济“商品”（卡尔·马克思）的自身能力间的关系正在发生转变。拥有劳动潜能者在过去很少从事经济活动，而且通常也是消极地进行经济行动，但是现在必须不断成为具有战略行为的行动者，他们系统地开发其劳动潜能，使其在日益由市场驱动的经济中有用，他们必须积极地利用它（“自我商品化”）。

一个值得注意的结果是，劳动者的整个生活关系正在发生结构性变迁。在传统方式下相对稳定的生活方式主要是指向休闲的，划分为“工作”和“闲暇”，现在正转变为利用所有个体资源对日益模糊的生活框架进行总体性组织（“自我理性化”）。生活行为正变得和经济导向、理性组织的商业 56

越来越相似，换句话说，其表明了马克斯·韦伯在西方理性主义研究中早已讨论过的“商业组织的特性”(Weber，1905/1950)。

当概念进一步发展时，不久之后在乍一看似乎完全没有关联的研究语境中出现的观点成了生活行为研究的继续。个体服务活动结构变迁的实证研究(例如 Dunkel & Voß，2004)表明，消费者日益被有意识地整合为“准员工”，在服务的提供中也被有效利用。与创业员工理论相比，这一理论聚焦于消费领域，关注于社会主导型消费者可能的结构变迁(最先 Voß & Rieder，2006；同时参见 Rieder & Voß，2013 等)。根据这一理论，福特主义典型的“购买型消费者”(buying customer)(前工业“自我生产者”消费者的继承人)现在正转变为“工作型消费者”(working customer)。其具有以下特征：

消费者现在不再仅仅是商品和服务的购买者或消极的使用者或客户。相反，消费者的劳动以一种生产性的方式为公司所系统利用，尽管其方式与正式的以工资为基础的雇佣截然不同。私人行动通过这种方式被系统地纳入到商品和服务生产的公司效用体制中。

在这一背景中，消费者日益(通常也不会收到经济补偿)成为公司价值的明确来源。个体不再仅仅以劳动者的角色成为公司附加价值的来源，同时也以消费者的角色。因此，人们的消费生产力从属于全新的商业“经济化”。

总之，消费者因为使用公司的资源(如自动售货机、软件工具)并服从其对公司利润产生贡献的有关组织规则，而以各种各样的方式有效地成为公司的员工。在日常生活行为框架下，他们的私人生产力是个人消费的一个要素，就这样受到了有目的的组织控制和管制。

消费者和客户与提供服务的不同公司进行互动，比较不同公司的不同服务报价，为此他们使用自己的私人资源、让自己专业化、并且与公司员工一起进行服务创建所必需的“互动工作”。检视消费者和客户在服务社会进行的工作，我们可以提出“消费者/客户生活行为”的概念将这些服务整合到一起(Hoffmann & Weihrich，2013)。

日常生活行为：现有挑战和机遇

在上述研究中，我们可以看到日常生活行为研究有着概念关联性、时 57
间诊断的敏锐性以及总是让人惊讶的及时性。这一概念表明，有薪工作领域的历史发展是与私人领域和消费领域相辅相成的变迁紧密联系在一起的。但最为重要的是，它使得我们关注以下事实：这些变迁汇集于个人的日常生活之中，且必须通过实践行动具体地进行处理和解决。

这一目标并不容易达成。回过头来再看日常生活行为研究团队总结的趋势，很明显，从那时起，没有任何事情得到了缓解，实际上，很多事情已经变本加厉——当一个人不再能够“把所有事情都安排好”，生活行为最终也会走向失败。

因此，生活行为的理性化不断增加，并且有了全新的特征(尤其是基于全新的个人化通信技术带来的机会)。在复杂的社会过程中，边界变得模糊，工作和生活的界限正在消失(Gottschall & Voß，2003；Voß，1998)，但是在“主体化”意义上的社会进入个体却主要在——尽管不是完全在——有薪工作领域达到了新的历史高度(Huchler，Voß& Weihrich，2007；Kleemann，Matuschek & Voß，2003)。在这样的背景下，个体的任务日益变成给自己的生活安排结构，日常生活行为的有效优化成为了目标。不仅生活逐渐变成工作，这一“生活的工作”现在还必须以商业化的方式来组织。每个人都是自己的企业家，进行着生活行为的“商业化”。

人们很早就意识到，生活行为的个体化对自主设计的意义不大，正相反，其以有限的权力限制着进行这一设计的决策；这种认识也以特定的方式适用于当今的生活行为。社会正经历着重要的转变，迈向个体自主处理事务：作为有薪工作者、市民、病人、消费者等对自己的事情负责。其结果是，相关的个体(几乎没有人不在其中)以前所未有的程度陷入自我消费和自我利用的旋涡。

性别关系平等化也以熟悉的矛盾方式快速发展。女性正在越来越多地加入有薪工作，对工作和生活兼顾的需求也不断增加(在越来越多的男性中也是如此)。但是，现实仍然大为不同：有薪工作的组织仍然站在兼顾的对立面上；因此并不让人吃惊，相对于双方进行全职工作带来的时间压力(或者，更为严重，单亲父母经受的压力)，传统的劳动性别分工反而被认为是“更轻松”的解决之道。因此，收入的性别差异仍然会存在，而家务和家庭协调工作也仍然在很大程度上会是各类女性的责任(关于这一主题，参见 Heiden & Jürgens，2013)。

因此，“工作导向社会的终结”比以往任何时候都更不可能实现。虽然有薪工作对自我组织的需求不断上升，但是互补而激进的“日常生活的工
58 作化”可以被观察到：将活动领域整合到一起已经成为复杂而艰巨的任务，每一个活动领域都受其自身逻辑支配且社会性地相互分离。个体不得不更积极地掌控自己的工作和生活状况，现在的他们比以往任何时候都更需要调动和发挥其全部的个人潜能。为了满足现代工作和生活世界的需求，他们必须消耗大量的技能。

其中的一项技能是照顾自己的能力。根据福斯和维斯(Voß & Weiß，2013)的研究，抑郁、焦虑和倦怠都是迈向 21 世纪的进程中重要的社会疾病。它们同时也可以被解读为社会生活行为的危机，在这个社会中，边界不断地模糊化，整合不再有用。福斯和维斯认为自我发展和对自我过分要求的危险结合正在形成：个体想要获得新的自由，在他们的工作和生活中体验满足，去享受他们的工作——因而个体充分地动员自己并表现出高度的内在动机。但是这也使得人们承受巨大的压力。他们不再知道如何建立边界来遏制过度的需求和压力，他们将每一次失败都视为自我诱导的，并因此投入更多的努力。

因此，“个人的自我再生产”(Heiden & Jürgens，2013)正受到威胁——为了维持他们在工作中的表现以及他们的社会整合人们必须每天持续进行的再生产努力增加了新的要求。用来进行“照顾”的资源——给自己和其他人的生理和情感支持——在越来越多的压力和劳累中不断减少(Jurczyk，2010)。但是，没有了这种日常照顾的实践，个体的生活质量以及

再生产和有薪工作的社会关系都会存在问题。于是，“再生产的危机”出现了(Jürgens，2010)，还有“疲惫的社会”(Voß，2010；Voß & Weiß，2013)。后者是对“疲惫自我”(Ehrenberg，2009)的理论扩展。

在这一背景下，“成功的生活行为”问题出现了。如果自我照顾意味着能够建立边界，已有的日常生活行为可以被认为是使边界建立得以可能的实践。作为相对稳定的行动系统、作为进行日常决策的指导原则、作为自我建构的框架并最终将个体整合在一起，日常生活行为可以避免上述优化选择。于是，主要目标并不是选择和实现个人自认为的美好生活；而是确保在考虑了生活不同领域的各种不同通常也是矛盾的需求之后所发展起来的实践可以维持。然而在这种情况下，日常生活行为本身也需要保护。其形式可以是思考“可以随意进行再生产实践的空间”何以创建以容忍“个体日常常规和生活实践中的异常”(Heiden & Jürgens，2010，p. 267)。这绝不意味着日常生活行为的战略优化。正相反：其目标是保留已有日常生活行为的独立逻辑。生活行为倾向于过个体自己的生活，它一点也不易改变，这一事实将提供良好的基础。

然而，如果日常生活的需求持续以上文所描述的方式发展，日常生活 59
行为就会达到极限，整合难以为继。个人努力想要达至的安排就会受工作和生活的社会组织的影响而被打破。这不仅给个人，也会给社会，带来灾难性的影响。

注释

[1]这里对“工作和生活”一词的使用应该被理解为是对常用公式的引用。我们充分意识到了其所暗示的窄化。对日常生活行为的研究项目和理论概念而言，其核心是由人在“工作”(指带薪工作)领域中“生活”以及人在“生活”(指所有生活领域，除了有薪“工作”)中以各种不同的方式“工作”这样的观念系统性地构成。其也指向了对“工作”界定的学术和社会争论(详细的讨论参见 Voß，2010)，这些争论一直延续到今天，是支撑日常生活行为研究的一个重要因素；其也指明系统性地对工作进行“宽泛”的界定是其核心，其包括了工作相关行动的所有社会形式。

[2]路易斯·贝林格(Luise Behringer)、沃尔夫冈·邓克尔、卡林·尤尔奇克、沃纳·

库德拉(Werner Kudera)、玛丽亚·里里希(Maria S. Rerrich)以及君特·福斯(早期伊丽莎白·雷德勒[Elisabeth Redler]和奥特鲁·泽特尔[Ortrud Zettel])都在日常生活行为研究组，后来又加入了西尔维娅·迪泰梅耶－杰巴拉(Sylvia Dietmaier-Jebara)和玛吉特·韦里克。卡尔·马丁·博尔特(Karl Martin Bolte)负责整个项目。

[3]直接在项目团队的研究基础上进行的重要后续研究，参见 Behringer(1998)、Dietmaier-Jebara(2005)以及 Dunkel(1994)等。

[4]由于我们研究的大多数记者都是自由职业记者，不安全感在这里尤为明显。

[5]讨论西德研究的另两个群体超出了本章的范围。他们由技术工人和企业集团雇员组成。一方面，他们在相对稳定的就业条件下组织他们的生活，有一定的弹性(弹性上班制，Voß，1995a)；另一方面，年轻的数据处理操作员在全球工作，仅就工作时间而言(二十四小时轮班制)他们条件艰苦但报酬很高，安排只对很少量的时间起作用(Dietmaier，1995)。

[6]接下来的讨论总结于 Jurczyk & Voß(1995)以及 Kudera(1995)。

60 [7]这一节基于对 Voß(1995)的修订。

[8]更多个体职业群体和工作形式的日常生活行为的研究，见 Egbringhoff(2007)和 Morgenroth & Schindler(2012)等。

[9]这一团队包括克里斯汀·恩特利纳(Christine Entleitner)、卡林·尤尔奇克(Karin Jurczyk)、米夏拉·希尔(Michaela Schier)以及克劳迪娅·泽尔－阿尔萨斯(Claudia Zerle-Elsäßer)。

参考文献

Abel, T. & Cockerham, W. C. (1993). Lifestyle or Lebensführung? Critical remarks on the mistranslation of Weber's "Class, status, party." *The Sociological Quarterly*, *34* (3), 551～556.

AID: A (2015). Growing up in Germany: Everyday Worlds. Retrived from www. dji. de/index. php? id=1419

Bauman, Z. (2000). *Liquid Modernity*. Cambridge: Polity Press.

Beck, U. (1992). *Risk Society: Towards a New Modernity*. London: Sage.

Behringer, L. (1998). *Lebensführung Als Identitätsarbeit: Der Mensch im Chaos Des Modernen Alltags*. Frankfurt/M.: Campus.

Blass, W. (1980). *Zeitbudget-Forschung: Eine Kritische Einführung in Grundlagen*

Und Methoden. Frankfurt/M. : Campus.

Bolte, K. M. (1983). Subjektorientierte Soziologie: Plädoyer für eine Forschungsperspektive. In K. M. Bolte & E. Treutner (Eds.), *Subjektorientierte Arbeits-und Berufssoziologie* (pp. 12~36). Frankfurt/M. : Campus.

Bolte, K. M. (1995). Zur Entstehungsgeschichte des Projekts im Rahmeneiner "subjektorientierten" Forschungsperspektive. In "Projektgruppe Alltägliche Lebensführung" (Eds.), *Alltägliche Lebensführung: Arrangements Zwischen Traditionalität und Modernisierung* (pp. 15~22). Opladen: Leske & Budrich.

Daly, K. (2003). Family theory versus the theories families live by. *Journal of Marriage and Family*, 65 (4), 771~784.

de Certeau, M. (2011). *Practice of Everday Life*. Berkeley, CA: University of California Press.

Deinet, U. (Ed.). (2009). *Methodenbuch Sozialraum*. Wiesbaden: VS Verlag für Sozialwissenschaften.

Demszky von der Hagen, A.-M. (2006). *Alltägliche Gesellschaft: Netzwerke Alltäglicher Lebensführung in Einer Großstädtischen Wohnsiedlung*. Munich: Rainer Hampp.

Dietmaier, S. (1995). Ein Arrangement auf Zeit. Die Lebensführung von EDV-OperatorInnen. In Projektgruppe "Allt ä gliche Lebensf ü hrung" (Eds.), *Alltägliche Lebensführung: Arrangements Zwischen Traditionalität und Modernisierung* (pp. 303~328). Opladen: Leske & Budrich.

Dietmaier-Jebara, S. (2005). *Gesellschaftsbild und Lebensführung: Gesellschaftspolitische Ordnungsvorstellungen im Ostdeutschen Transformationsprozess*. Munich: Rainer Hampp.

Dunkel, W. (1994). *Pflegearbeit-Alltagsarbeit: Eine Untersuchung der Lebensführung Von AltenpflegerInnen*. Freiburg: Lambertus.

Dunkel, W. (1995). Zur Integration des Berufs in das Alltagsleben: Das Beispiel der Altenpfl egekräfte. In Projektgruppe "Alltägliche Lebensführung" (Eds.), *Alltägliche Lebensführung: Arrangements Zwischen Traditionalität und Modernisierung* (pp. 213~251). Opladen: Leske & Budrich.

Dunkel, W. & Voß, G. G. (Eds.). (2004). *Dienstleistung als Interaktion: Beiträge aus Einem Forschungsprojekt-Altenpfl ege, Deutsche Bahn, Call Center*. Munich: Rainer Hampp.

Egbringhoff, J. (2007). *Ständig Selbst: Eine Untersuchung der Alltäglichen
61 Lebensführung von Ein-Personen-Selbständigen*. Munich: Rainer Hampp.

Ehrenberg, A. (2009). *The Weariness of the Self: Diagnosing the History of Depression in the Contemporary Age*. Montreal: McGill Queens University Press.

Elder, G. H., Jr. (1994). Time, human agency and social change: Perspectives on the life course. *Social Psychology Quarterly*, 57 (1), 4～15.

Finch, J. (2007). Displaying families. *Sociology*, 41 (1), 65～81.

Galvin, K. M. (2006). Diversity's impact on defining the family: Discourse-dependence and identity. In L. H. Turner & R. West (Eds.), *The Family Communication Sourcebook* (pp. 3～20). Thousand Oaks, CA: Sage.

Garfinkel, H. (1984). *Studies in Ethnomethodology*. Chichester: Wiley-Blackwell.

Giddens, A. (1986). *The Constitution of Society: Outline of the Theory of Structuration*. Chichester: Wiley-Blackwell.

Giddens, A. (1991). *The Consequences of Modernity*. Cambridge: Polity Press.

Goffman, E. (1959). *The Presentation of Self in Everyday Life*. New York: Anchor.

Gottschall, K. & Voß, G. G. (Eds.). (2003). *Entgrenzung Von Arbeit und Leben: Zum Wandel der Beziehung von Erwerbstätigkeit und Privatsphäre im Alltag*. Munich: Rainer Hampp.

Grathoff, R. (1989). *Milieu und Lebenswelt: Einführung in die Phänomenologische Soziologie und Sozialphänomenologische Forschung*. Frankfurt/M.: Suhrkamp.

Hägerstrand, T. (1975). Space, time and human conditions. In A. Karlqvist, L. Lundqvist & F. Snickars (Eds.), *Dynamic Allocation of Urban Space* (pp. 3-14). Lexington, MA: Saxon House.

Heiden, M. & Jürgens, K. (2013). *Kräftemessen: Betriebe und Beschäftigte Im Reproduktionskonflikt*. Berlin: Edition Sigma.

Heller, A. (1987). *Everyday Life*. London: Routledge.

Hennis, W. (2000). *Max Weber's Question*. Newbury: Threshold Press.

Hochschild, A. R. (1997). *Time Bind: When Work Becomes Home and Home Becomes Work*. New York: Henry Holt.

Hoffmann, A. & Weihrich, M. (2013). Interactions in service relationships: The customer's point of view. In W. Dunkel & F. Kleemann (Eds.), *Customers at Work: New Perspectives on Interactive Service Work* (pp. 100～123). Houndmills: Palgrave Macmillan.

Hofmann, M. & Dietzsch, I. (1995). Zwischen Lähmung und Karriere: Alltägliche Lebensführung bei Industriearbeitern und Berufsumsteigern in Ostdeutschland. In B. Lutz & H. Schröder (Eds.), *Entwicklungsperspektiven von Arbeit im Transformationsprozeß* (pp. 65～95). Munich: Hampp.

Holzkamp, K. (2013). Psychology: Social self-understanding on the reasons for action in the conduct of everyday life. In E. Schraube & U. Osterkamp (Eds.), *Psychology from the Standpoint of the Subject: Selected Writings of Klaus Holzkamp* (pp. 233～341). Basingstoke: Palgrave Macmillan.

Huchler, N. (2012). *Wir Piloten: Navigation Durch Die Fluide Arbeitswelt*. Berlin: edition sigma.

Huchler, N., Voß, G. G. & Weihrich, M. (2007). *Soziale Mechanismen im Betrieb: Theoretische und Empirische Analysen Zur Entgrenzung und Subjektivierung von Arbeit*. Munich: Hampp.

Jurczyk, K. (2010). Care in der Krise? Neue Fragen zu familialer Arbeit. In U. Apitzsch & M. Schmidbaur (Eds.), *Care und Migration: Die Ent-Sorgung Menschlicher Reproduktionsarbeit Entlang Von Geschlechter-und Armutsgrenzen* (pp. 59～76). Opladen: Budrich.

Jurczyk, K., Lange, A. & Thiessen, B. (Eds.). (2014). *Doing Family: Familienalltag Heute. Warum Familienleben Nicht Mehr Selbstverständlich Ist*. Weinheim: Beltz/Juventa.

Jurczyk, K. & Rerrich, M. S. (1993). Einführung: Alltägliche Lebensführung: der Ort, wo "alles zusammenkommt." In K. Jurczyk & M. S. Rerrich (Eds.), *Die Arbeit Des Alltags: Beiträge zu Einer Soziologie der Alltäglichen Lebensführung* (pp. 11～45). Freiburg: Lambertus.

Jurczyk, K., Schier, M., Szymenderski, P., Lange, A. & Voß, G. G. (2009). *Entgrenzte Arbeit-entgrenzte Familie: Grenzmanagement im Alltag Als Neue Herausforderung*. Berlin: edition sigma. 62

Jurczyk, K., Treutner, E., Voß, G. G. & Zettel, O. (1985). "Die Zeitenändern sich": Arbeitszeitpolitische Strategien und die Arbeitsteilung der Personen. In S. Hradil (Ed.), *Sozialstruktur im Umbruch: Karl Martin Bolte zum 60. Geburtstag* (pp. 147~164). Opladen: Leske & Budrich.

Jurczyk, K. & Voß, G. G. (1995). Zur gesellschaftsdiagnostischen Relevanz der Untersuchung von alltäglicher Lebensführung. In Projektgruppe "Alltägliche Lebensführung" (Eds.), *Alltägliche Lebensführung: Arrangements Zwischen Traditionalität und Modernisierung. Opladen* (pp. 371~407). Opladen: Leske & Budrich.

Jürgens, K. (2001). Familiale Lebensführung. In G. G. Voß & M. Weihrich (Eds.), *Tagaus Tagein: Neue Beiträge Zur Soziologie Alltäglicher Lebensführung 1* (pp. 33~60). Munich: Hampp.

Jürgens, K. (2010). Deutschland in der Reproduktionskrise. *Leviathan*, *38* (4), 559~587.

Jürgens, K. & Reinecke, K. (1998). *Zwischen Volks-und Kinderwagen: Auswirkungen Der 28, 8 -Stunden-Woche Bei Der VW AG auf Die Familiale Lebensführung Von Industriearbeitern*. Berlin: edition sigma.

Keddi, B. (2014). Familiale Lebensführung als alltägliche Herausforderung-von der mikrosoziologischen Nahaufnahme zur praxeologischen Repräsentativstudie. In K. Jurczyk, A. Lange & B. Thiessen (Eds.), *Doing Family: Familienalltag Heute. Warum Familienleben Nicht Mehr Selbstverständlich Ist*. Weinheim: Beltz/Juventa.

Kleemann, F., Matuschek, I. & Voß, G. G. (2003). Subjektivierung von Arbeit: Ein Überblick zum Stand der soziologischen Diskussion. In M. Moldaschl & G. G. Voß (Eds.), *Subjektivierung Von Arbeit* (pp. 57~114). Munich: Hampp.

Kohli, M. (Ed.). (1984). *Soziologie Des Lebenslaufs*. Darmstadt: Luchterhand.

Kousholt, D. (2011). Researching family through the everyday lives of children across home and day care in Denmark. *Ethos, Journal of the Society for Psychological Anthropology*, *39* (1), 98~114.

Kudera, W. (1995). Zusammenfassung der Ergebnisse. In Projektgruppe "Alltägliche Lebensführung" (Eds.), *Alltägliche Lebensführung: Arrangements Zwischen Traditionalität und Modernisierung* (pp. 331~370). Opladen: Leske & Budrich.

Kudera, W. (1997). Die Lebensführung von Arbeitern-ein gesamtdeutsches Phänomen.

In G. G. Voß & H. J. Pongratz (Eds.), *Subjektorientierte Soziologie* (pp. 183～200). Opladen: Leske & Budrich.

Lefebvre, H. (2008). *Critique of Everyday Life*. London: Verso.

Lüscher, K. (2012). Ambivalence and practice as emerging topics of contemporary family studies. In E. Scabini & G. Rossi (Eds.), *Family Transitions and Families in Transition* (pp. 93～108). Milan: Vita e Pensiero.

Lutz, B. (Ed.). (2001). *Entwicklungsperspektiven Von Arbeit. Ergebnisse Aus Dem Sonderforschungsbereich 333 Der Universität München*. Oldenburg: Akademie-Verlag.

Marx, K. (2007). *Economic And Philosophic Manuscripts of 1844*. New York: Dover. (Original work published 1844)

Marx, K. (2012). *Capital: A Critique of Political Economy* (Vol. 1). London: Penguin. (Original work published 1867)

Morgan, D. H. J. (2011). *Rethinking Family Practices*. Basingstoke: Palgrave Macmillan.

Morgenroth, S. & Schindler, S. (2012). *Feuerwehralltag: Eine Soziologische Untersuchung Zur Lebensführung Von Feuerwehrmännern im 24-Stunden-Wachalltag*. Munich: Rainer Hampp.

Müller, H. P. (1989). Lebensstile: Ein neues Paradigma der Diff erenzierungs-und Ungleichheitsforschung? *Kölner Zeitschrift für Soziologie und Sozialpsychologie*, 41 (1), 53～71.

Müller, H. P. (1992). *Sozialstruktur und Lebensstile: Der Neue Theoretische* 63
Diskursüber Soziale Ungleichheit. Frankfurt/M.: Suhrkamp.

Müller, H. & Weihrich, M. (1990). *Lebensweise-Lebensfü hrung-Lebensstile: Eine Kommentierte Bibliographie*. Neubiberg: Forschungsberichte der Fakultät für Pädagogik der Universität der Bundeswehr München.

Pongratz, H. J. & Voß, G. G. (2003a). From employee to "entreployee": Towards a "self-entrepreneurial" work force? *Concepts and Transformation*, 8 (3), 239～254.

Pongratz, H. J. & Voß, G. G. (2003b). *Arbeitskraftunternehmer: Erwerbsorientierungen in Entgrenzten Arbeitsformen*. Berlin: edition sigma.

Projektgruppe "Alltägliche Lebensführung" (Eds.). (1995). *Alltägliche Lebensführung*.

Arrangements Zwischen Traditionalität und Modernisierung. Opladen: Leske & Budrich.

Rerrich, M. S. (1994). Zusammenfügen, was auseinanderstrebt: Zur familialen Lebensführung von Berufstätigen. In U. Beck & E. Beck-Gernsheim (Eds.), *Riskante Freiheiten* (pp. 201～218). Frankfurt/M.: Suhrkamp.

Rerrich, M. S. (1995). Die Alltagsaufgabe der Sorge für andere: zur Lebensführung von Verkäuferinnen. In Projektgruppe "Alltägliche Lebensführung" (Eds.), *Alltägliche Lebensführung: Arrangements Zwischen Traditionalität und Modernisierung* (pp. 171～211). Opladen: Leske & Budrich.

Rerrich, M. S. (2006). *Die Ganze Welt Zu Hause: Cosmobile Putzfrauen in Privaten Haushalten*. Hamburg: Hamburger Edition.

Rieder, K. & Voß, G. G. (2013). Customers at work: A fundamental change in service work. In W. Dunkel & F. Kleemann (Eds.), *Customers at Work: New Perspectives on Interactive Service Work* (pp. 177～196). Basingstoke: Palgrave Macmillan.

Rönkä, A. & Korvela, P. (2009). Everyday family life: Dimensions, approaches, and current challenges. *Journal of Family Theory and Review*, *1* (2), 87～102.

Schier, M. (2013). Räumliche Entgrenzungen-Multilokales Familienleben: Spezifi sche Anforderungen einer mehrörtigen Alltagsgestaltung und die Rolle von Medien. In U. Wagner (Ed.), *Familienleben: Entgrenzt und Vernetzt?! Interdisziplinäre Diskurse 7* (pp. 39～55). Munich: Kopaed.

Schier, M. & Jurczyk, K. (2007). Familie als Herstellungsleistung in Zeiten der Entgrenzung. *Aus Politik und Zeitgeschichte*, *34*, 10～17.

Schütz, A. (1978). *Alfred Schütz und Die Idee Des Alltags in Den Sozialwissenschaften: Hrsg. Von Walter Sprondel und Richard Grathoff*. Stuttgart: Enke.

Schütz, A. (2011). *Collected Papers* (Vol. 1). Heidelberg: Springer.

Treutner, E. & Voß, G. G. (1982). Arbeitsmuster-Ein theoretisches Konzept zum Zusammenhang von gesellschaftlicher Arbeitsteilung und der Verteilung von Arbeiten auf Ebene der Subjekte. München. Überarbeitete Fassung. In W. Kudera & G. G. Voß (Eds.) (2000), *Lebensführung Und Gesellschaft. Beiträge Zu Konzept und Empirie Alltäglicher Lebensführung* (pp. 29～37). Opladen: Leske & Budrich.

Voß, G. G. (1991). *Lebensführung Als Arbeit: Über Die Autonomie Der Person im*

Alltag Der Gesellschaft. Stuttgart: Enke.

Voß, G. G. (1995a). Große Sicherheiten, kleine Karrieren: zur alltäglichen Lebensführung von FacharbeiterInnen und Angestellten eines Großkonzerns. In Projektgruppe "Alltägliche Lebensführung" (Eds.), *Alltägliche Lebensführung: Arrangements Zwischen Traditionalität und Modernisierung* (pp. 253～301). Opladen: Leske & Budrich.

Voß, G. G. (1995b). Entwicklung und Eckpunkte des theoretischen Konzepts. In Projektgruppe "Alltägliche Lebensführung" (Eds.), *Alltägliche Lebensführung: Arrangements Zwischen Traditionalität und Modernisierung* (pp. 232～243). Opladen: Leske & Budrich.

Voß, G. G. (1998). Die Entgrenzung von Arbeit und Arbeitskraft: Eine subjektorienti- 64
erte Interpretation des Wandels der Arbeit. *Mitteilungen Aus der Arbeitsmarkt-und Berufsforschung*, *31* (3), 473～487.

Voß, G. G. (2010). Auf dem Weg zu einer neuen Verelendung? Psychosoziale Folgen der Entgrenzung und Subjektivierung der Arbeit. *Vorgänge*, *49* (3), 15～22.

Voß, G. G. & Pongratz, H. J. (Eds.). (1997). *Subjektorientierte Soziologie*. Opladen: Leske & Budrich.

Voß, G. G. & Pongratz, H. J. (1998). Der Arbeitskraftunternehmer: Eine neue Grundform der "Ware Arbeitskraft"? *Kölner Zeitschrift für Soziologie und Sozialpsychologie*, *50* (1), 131～158.

Voß, G. G. & Rieder, K. (2006). *Der Arbeitende Kunde: Wenn Konsumenten Zu Unbezahlten Mitarbeitern Werden*. Frankfurt/M.: Campus.

Voß, G. G. & Weihrich, M. (Eds.). (2001). *Tagaus-tagein: Neue Beiträge Zur Soziologie Alltäglicher Lebensführung 1*. Munich: Rainer Hampp.

Voß, G. G. & Weiß, C. (2013). Burnout und Depression-Leiterkrankungendes subjektivierten Kapitalismus oder: Woran leidet der Arbeitskraftunternehmer? In S. Neckel & G. Wagner (Eds.), *Leistung und Erschöpfung: Burnout in Der Wettbewerbsgesellschaft* (pp. 29～57). Berlin: Suhrkamp.

Weber, M. (1950). *The Protestant Ethic and the Spirit of Capitalism*. London: Butler & Tanner. (Original work published 1905)

Weber, M. (1993). *The Sociology of Religion*. Boston, MA: Beacon Press. (Original

work published 1920)
Weber, M. (2013). *Economy and Society. An Outline of Interpretive Sociology*. New York: McGraw Hill. (Original work published 1922)
Weihrich, M. (1993). Lebensführung im Wartestand: Veränderung und Stabilität im ostdeutschen Alltag. In K. Jurczyk & M. S. Rerrich (Eds.), *Die Arbeit des Alltags: Beiträge Zu Einer Soziologie Der Alltäglichen Lebensführung* (pp. 210~234). Freiburg: Lambertus.
Weihrich, M. (1998). *Kursbestimmungen: Eine qualitative Paneluntersuchung Der Alltäglichen Lebensführung im Ostdeutschen Transformationsprozeß*. Pfaff enweiler: Centaurus.
Weihrich, M. (1999). Alltägliche Lebensführung im ostdeutschen Transformationsprozeß. Aus Politik und Zeitgeschichte. *Beilage Zur Wochenzeitung Das Parlament*, *B 12* (99), 15~26.
Weihrich, M. (2001). Alltägliche Lebensführung und institutionelle Selektion oder: Welche Vorteile hat es, die Alltägliche Lebensführung in die Colemansche Badewanne zu stecken? In G. G. Voß & M. Weihrich (Eds.), *Tagaus-tagein. Neue Beiträge Zur Soziologie Alltäglicher Lebensführung 1* (pp. 219~236). Munich: Rainer Hampp.
Weihrich, M. & Voß, G. G. (Eds.). (2002). *Tag für tag: Alltag Als Problem-Lebensführung Als Lösung? Neue Beiträge Zur Soziologie Alltäglicher Lebensführung 2*. Munich: Rainer Hampp.
Weihrich, M. & Voß, G. G. (2004). Alltägliche Lebensführung und soziale Ordnung im Kriminalroman. In T. Kron & U. Schimank (Eds.), *Die Gesellschaft Der Literatur* (pp. 313~340). Opladen: Barbara Budrich.
Zerle, C. & Keddi, B. (2011). "Doing care" im Alltag Vollzeit erwerbstätiger Mütter und Väter. *Aktuelle Befunde aus AID: A. Gender*, 3 (3), 55~72.

3　日常生活行为：批判心理学的基本概念 65

克劳斯·霍兹坎普(klaus Holzkamp)

背景

为什么我没有事先通知突然就开始关心所谓**生活行为**？不仅其他人觉得突然，我自己在某种意义上也很吃惊，尽管实际上我早就定下了下一步研究的其他计划，但我突然就开始研究“生活行为”，并且看起来我会在未来的几年内一直关注这一主题。因此，为了我和其他人都能更清楚地知道我对这一研究主题感兴趣的原因，我想多说一点我这样选择的理由来作为开始。

1. 我和学生一起研讨和做项目时，还有我准备考试时，我逐渐越来越清晰地看到某些不言自明的东西，那就是学生的学习过程往往来自**大学的学习状况与学生个人的学习意愿之间的关系**这一传统观念在某种程度上而言过于简单了(也许这一结论是我 1993 年在其他研究中关注的**教—学短路**的一种形式)。我已经意识到，这些学习过程实际上也肯定受到了学生的生活处境以及其在大学以外活动的**调节**，或者更精确地说，受到他们整个**日常生活行为**(这一术语是自然而来的)的调节，而他们的大学生活只是其中的一个方面或一个部分。我发现，学生在多大程度上能够按照以下的方 66
式组织他们的生活——即在大学，学习是中心的组织原则，在整体上结构化他们的日常生活——看起来严重依赖于他们是否能在生理上和心理上实际地**出现在**课堂以及大学的其他学习活动中，也严重依赖于他们是否能够抓住那里提供的学习机会(简单接受它们或者保留批评的可能)。

我自己搞清楚大学的学习受到学生对其生活的组织的调节这一事实，不过是走向洞见的一小步。教员和大学行政人员都不会“正式”地关注这一点，在咨询会或是研讨会上也很少有人会系统提出来与教员进行讨论。当然，学生确实会相互谈论他们是如何组织自己的生活的，但是对于教员而言，这或多或少是未知的领域，甚至通常还不被认可为“未知的”。以我的经验而言，个人最有可能在研究团队中，尤其是需要长期合作的团队项目中，遭遇其间接的表现。我们确实听到这样的话“本周的晚上我没空，轮到我照顾西尔克(Silke)”，或是“如果可以的话不要安排在周五，我答应了玛丽亚(Maria)那天要帮她搬家”，或是“我宁愿下周进行录音带转录，那时我的三个室友去度假了”。

当我开始更深入地思考这一点，我认识到对学生组织或行为其大学日常生活的方式“去公共化”不仅会导致行政和教学上的缺陷，而且必然会反映在对学生学习过程进行隐性的甚至是科学的理论建构上。例如，同一门课学生的不同成功率被(不假思索地)简单归因于个体学生在“学习动机”、“能力”等方面的差异(随后又被认为是因为“天资”或者“社会化”的不同)。我认识到，一方面，这种个体化的归因堵死了进一步的质疑：即学生组织其生活的方式中可能存在着混乱和矛盾，这些混乱和矛盾既源于特定资源的缺乏，也源于或多或少不为人知的很多其他状况。另一方面，正因为如此，个体责任和学生表现的“可评估性”假象才得以维持，而大学对学生生涯的行政和“教育”组织正是以此为基础。综上所述，我认为有必要将学生的表现和他们对自己日常生活的组织之间的关联作为主题与学生进行讨论。但是在这之前，我认为有必要对日常生活行为概念进行理论澄清——比如说在“大学学习”研究项目的语境中。

2. 当我认识到学生的学习活动可能与他们在日常基础上行为他们生活的方式联系在一起时，我就将这一点与我对大学里所谓的“成熟的”学术工作者进行的某些偶然观察联系起来。我开始发现，他们的学术工作也只有在以下假设基础上才能得到充分的理解：在学术工作中，他们总是在某种

程度上不得不将其学术需求与其生活其他领域的需求相“调和”。因此，有 67
些同事对其学术工作的投入明显受到了系统性限制，他们经常在晚上和周末不得不“照顾他们的家人”。在我看来，当同事离开家人搬进他们自己的公寓，最明显的理由不再是他们有了想要住到一起的女朋友。也许这些同事也想要获得真正能让他们不受干扰地投身学术工作的必要条件。我之前没能触及学术界的女性在这一领域所面临的更大问题，这很可能只是因为我的同事圈里几乎没有女教授。在这一背景下，我认识到我也可以以这种观点看待自己无数次想要逃离家庭承诺，我也认识到在这一过程中，我的生活方式逐渐改变使得对人生伴侣的承诺和对学术工作的承诺不再相互冲突。

从那时起我有了一个想法(当然是推测性的)，一名普通的男性学者怎样调和专业工作和家庭生活的问题，甚至可能反映**在心理学“科学共同体”组织学术活动和出版的性质**中。因此，主流心理学期刊——尤其是美国的心理学期刊——只接受基于实验研究的短论文而摒弃更为具体的理论讨论，以及放弃长篇专著转向往往基于会议发言汇集而成的论文集(等等)都是非常“家庭友好”的。毫无疑问，一个人可以很轻松就在履行家庭责任的间隙中生产出这样的“碎屑”，有效地避免了被科学问题纠缠和卷入程度太深的风险，其“有序”的家庭生活行为也就不会受到损害。因此，每年在标准杂志上发表四篇实验成果的普通学术生涯很容易达成，不需要忽视自己的妻子和孩子。我们可以更进一步，猜测心理学的主流认识论——即边缘化和轻视对学科的基本理论原则和方法论问题进行反思，而以迷你理论及其实验“检验”取而代之——很可能并非完全不受那些追求如此科学者的日常生活行为的整合需求的影响。美国中产阶级意识形态带有保守主义和以家庭为导向，而心理学研究的组织从根本而言是保守的，因此，它们在某些方面会相互影响。由此可见，科学的自我怀疑和批判，以及尝试走向全新的研究方向都是“投机的”、非科学的，可能是“不清洁的”、不道德的，因为它们不利于“正常”，不利于家庭为中心的生活方式。于是，心理学研究者所处的科学家类型中，不同于“意志柔弱的哲学家”，“意志坚定的科学家”才是成功的科学家，他们不会忽视自己的家庭。

现在读者也许已经开始明白，在注意到这些我之前视为枝节问题的印象和思考后，我逐渐认识到，为了检验和支撑这些印象和思考，我必须在68 更为根本的层面也更为具体地研究“生活行为”的概念。我意识到“生活行为”迄今为止都被传统心理学大大忽视了，这坚定了我的研究决心。尽管我们确实发现，在特定语境中，有些概念看起来与“生活行为”的概念有着或多或少的密切联系——例如，在发展心理学、人格研究、教育心理学、职业和组织心理学等等——但是自从冯特(Wundt)建立心理学学科以来，日常生活在整个心理学史上都没有被作为一个理论问题进行过任何系统而全面的分析或是概念化。我越来越想知道为什么会这样，在某种程度上我开始意识到生活行为概念对心理学的核心意义。但是，为了开始研究这一问题，我首先不得不——至少在某种程度上——将我之前对生活行为的理解转成科学的理解——最好不仅仅靠直觉，而要将心理学以外学科的贡献纳入其中。

主体导向社会学中的日常生活行为

然而，我对社会学和哲学的初步探索并不是特别有成果。有时我确实能发现“生活行为”一词，但是它与其他概念联系在一起，不能清楚地区分开来，尤其是与至今仍非常流行的“生活方式”概念；要将其与现在在(非心理学)社会科学中广为流传的生活史研究取向区分开来，也相对不容易。在最近发表的论述中，标题甚至已经实际包含了“生活行为”(Vetter，1999)，但是我再次发现“生活行为”与“生活方式”、“生活处境”、“生活背景”、“生活世界”等概念相互交叉或者等同。我只能猜想，可能真是因为这一概念不断扩展，才使得维特尔(Vetter)在其导言中将“生活行为”描述为包罗万象的术语(同上)。我也沮丧地发现，在所有这些概念化中，我在上文描述的思考过程中一直想要抓住的东西，并没有以清晰而具体的方式出现。

于是，我想要自己对这一概念进行冗长而初步的历史分析(这绝不是我对这一主题的热情所在)，但是在那个时候在机构同事的建议下，我发现了一个研究团队，我认为这个团队不仅已经做了必要的历史澄清和区分而将“生活行为”的概念界定得更为精确，而且他们还提出了自己的“日常生活行为”概念并进行了理论发展和经验证明。这一概念已经得到充分的区分和发展，我能够直接在上面建立我自己的观点。我指的是名为**弹性化** 69
雇用和个体生活行为的组织的研究项目。这一项目是慕尼黑大学合作研究中心 333 的项目之一，研究成员包括卡尔·马丁·博尔特、路易斯·贝林格、沃尔夫冈·邓克尔、卡林·尤尔奇克、沃纳·库德拉、玛丽亚·里里希以及君特·福斯[1]。项目的一些代表性论文(除了一些个人发表之外)已经出版于论文集《日常生活的运作：日常生活行为的社会学研究》(Jurczyk & Rerrich，1993a)，很多项目成员的论文都在其中。君特·福斯就这一主题还写了一本专著《生活行为的运作：社会日常生活中的个人自主性》(1991)。在书中，他对项目的基本理论和方法立场进行了进一步的阐明，并与其他取向进行了比较。在我看来，若是真的对“日常生活行为”的研究感兴趣，就必须要阅读该项目的著作。在下文中我仅仅根据我的需要简要勾勒其主要立场，只是为了让读者能够理解我对心理学为什么会排斥“日常生活行为”概念的讨论，以及我基于主体立场科学[2]所进行的分析(旨在弥补这一缺陷)。我将在后文中更为详细地对某些观点进行介绍——在有必要的地方。

也许**生活行为**概念(在本章的这一节中，其指的是上述合作研究中心 333 项目所理解的概念)最为简单的切入点是去理解“日常生活**行为**”和“生活**历程**”(从生活史或“生活”传记维度的意义上)之间的差异。当然，虽然**生活行为**在现实中是个人的生活史的一部分，也因此从属于其所有的变化(从出生到死亡)，但是在功能上，“日常生活行为”必须被认为是一个独立的过程，与个人的生活史有所不同。在某种意义上，这源于“日常生活”的具体给定性，其是由个体的“**生活行为**”或他/她的生活方式来组织的。个体活动通过每天的**重复**过程成为日常，例如(标准序列)早上 7 点起床，吃早饭，读报纸，8点30分去上班，下午5点回家，吃晚饭，看电视，上床睡觉。这一序列的常规化在某种意义上是至关重要的，其是生活不可或缺的，它安排一切好让“生活继续”。作为“日常性”，生活行为的日常特征可以说有其再生产或自我再生产的系统属性，不会在个人的生活史历程中减少或发生改变。相应地，福斯(Voß，1991，p. 99)强调日常生活活动的同步性，其有别于生活史的历时性规划。

如果想要更精确地抓住“日常生活行为”的系统属性，首先就必须认识到，尽管有常规化，但日常生活行为并不是自己发生的，它一直是个体的积极成就。这不仅适用于个人设计有很大空间之地，也适用于受外界严格“规定”的活动：假如我想按时上班或上学，我就不得不早上7点起床，是
70 我，必须起床，也是我，事实上可以待在床上。也就是说，个体和她或者他的“生活行为”总是有着某种“自由度”(如福斯所述)，即他/她对他/她的生活环境总是有着相对“自主性”，可能很小，但是——由于生活行为可以自我取消——永远不会下降为没有。这表明，日常生活行为所必须同时也是旨在达成的生活过程的常规化永远不可能最终获得“稳定状态”，而是必须不断重建并保护其不受各种干扰的动态平衡。

于是很清楚，我们并不是在单一维度过程中毫无矛盾地进行我们的日常生活，而是会遭遇来自不同“生活领域”的各种“外部需求”(根据福斯[Voß，1991，p. 261]的研究，这些生活领域包括一个人的“职业”、“家庭”、“朋友圈”等)，为此，个人必须进行某种“安排”，这使得其日常生活的总体安排可以被认为是“安排的安排”(同上，p. 262)。我们为进行自己的日常生活而不得不进行的积极努力因此具有以下特征：其是对以不同的方式在不同的需求层次上被生产出来的来自日常生活各个领域的不同“需求”的积极整合。在“日常生活的时间组织层面”进行同步化、协调和计划是这样，在“日常生活的劳动组织的功能分化层面”就诸如任务和资源分配这样的个体选择进行协调和协商是这样，在“日常生活的社会组织层面”为调控关系和社会契约进行协商和协调也是这样(Jurczyk & Rerrich，1993b，p. 27)。这一不断整合以处理各种不同“需求”的努力的一般背景是

生存潜力受制于资源“稀缺性”，即物质产品的稀缺、照顾和关注能力的稀缺——归根结底——生命的短暂，其最终根源于我们对生命有限性的个人经验。正是因为这一稀缺性，我们不能简单地一一满足生活“需求”，而是必须在对其整合的过程中发展生活行为的“经济学”，我们设置优先项、做出妥协、消除矛盾并解决冲突(或至少将它们搁置起来)。因此，我们进行生活的方式是一个整合性的过程，即我们对来自不同生活领域的需求进行“解释”使这些需求与我们的“日常生活”的维持相协调，这一过程在面对特定状况时有其自己的“自足逻辑”(福斯特别强调不同的语境)，这使得我们在面对不同状况时能坚定自己的立场，从而将我们每天必须做的“放到一起搞定”(Jurczyk & Rerrich，1993b，p. 12)。

慕尼黑研究团队提出的日常生活行为概念采取的基本理论立场是个体和社会关系这一根本社会学问题，其超越了上述内部差异。将“生活行为”视为主体积极的整合行动(有时也用更为明确的用词：建构行动)，研究团队就批判性地与已有的社会学思维模式划清了界限，在这些既有社会学思 71
维模式中，个体总是以某种方式被视为仅仅是“社会结构”的一个因变量或诸如此类。一方面，团队作者们承认个体的生活行为“绝不是也绝不可能被型塑为个人想要的样子，其是与社会结构和机制一同创造的”(Kudera & Voß，1990，p. 157)，因此，他们并不支持“每个人……锻造自己命运”(Jurczyk & Rerrich，1993b，p. 37)的“意识形态建构”。另一方面，他们强调“即使是那些只有很差选择的人，也是从错综复杂的选择中找出路”。他们将生活行为视为“主体和社会结构之间的中介概念，并且尤为关注主体应对这些结构时的行动范围”(同上：p. 37，强调是本文添加的)。这指向了慕尼黑团队研究取向的一个根本关注点，我们经常称之为“主体导向”。主体导向在理论社会学中本身就代表着批判或另类的立场(参见如Voß，1991，p. 10f；Bolte，1983)，它也出现在社会学和心理学的交叉领域中。

从“主体导向”取向出发，我们现在也可以理解这些作者所坚持的日常生活行为概念与其他看起来相似的社会学概念之间有着很大的不同。这一点在福斯(Voß，1991)的专著中得到了深刻的讨论。我将以现在广为流行的“**生活方式**”概念为例(正如上文已经提及)，简要地呈现这一讨论的概要。福斯(同上，p. 180)对概念的历史和意义进行了详尽的分析，他总结道，虽然在原则上人们可以使用“生活方式”一词来强调“**生活行为**”的**某一方面**——即其“表现”或者“审美呈现”的一面——但是该词的使用方式多多少少禁锢了它。因此，福斯举例说，当皮埃尔·布尔迪厄(Pierre Bourdieu)(“生活方式”概念在当前的普及和流行主要归功于他的研究；参见Mörth & Fröhlich，1994)将这一概念发展为符号地文化地“型塑”我们自己的生活或者我们所属群体的一种手段时，他的术语可以用来表达个体积极地、主体地塑造自己生活的可能性，比如“惯习”概念。然而，福斯补充说，经过仔细检查就会发现，布尔迪厄从未放弃过**个体由社会结构决定**的传统社会学基本立场，因而他将“惯习”和“生活方式”视为社会群体分化和阶级分化结构特性的因变量维度。在福斯看来，既然人们广泛地以这种方式来理解“生活方式”，其就不能被看作是“生活行为”。日常生活行为概念应该被认为是生活方式概念之外的又一理论路径：

> 与布尔迪厄不同，作者将**个人的建构**作为中介，个人基于此积极地与社会相连，通过努力适应她/他在社会中的状况，并组织它们，但也倾向于改变社会，而实际上(和其他人一起)创造社会。(Voß，1991，p. 170)

72 慕尼黑项目以其生活行为概念而呈现的批判和另类的立场在以下陈述中得到了明确地表达：日常生活行为一直是社会学的**一个系统“盲点”**——**尽管**包含“生活”的术语总是相对受欢迎，(正如我上文提到的Vetter，1991)“生活行为”一词总是与其他相似的概念混用。福斯在他的书的一开篇就提出了这一批评，标题为“个体和社会：第三者？日常生活作为社会学‘缺失的一环’”(Voß，1991，p. 7)。他继而在不同语境中展开他的讨论，即将个体“生活”或者放到“社会”一边(正如我们在“生活方式”例子中所见)

或者放到个体一边(如“认同”概念)。实际上忽视了社会状况和个体生活之间的**中介层**，而正是主体以积极整合和建构的努力来完成这一中介。这一点在其他研究中得到了进一步的解释(Kudera & Voß，1990)，“社会科学中人类生活实践的观点在概念上分解了它，基于劳动分工进一步处理了它，并将**构成这一实践的行动者主体**空了出来”(同上，p. 156，强调是本文所加)。作者认为，这也反映在社会学处理“工作和休闲”以及“工作和再生产”等二元对立的方式上，这些都是当前社会的重要特征：

> 有一系列的假设来说明这些领域是怎样被调和的，它们都很相似，主体他/她自身作为行动者整合他/她自己的生活实践让位于每一个领域对其他领域意义的功能观。(同上，p. 157)

到目前为止，我一直将自己限制在**系统地**发展慕尼黑研究团队的“生活行为”理论，而没有关心其知识旨趣和具体的研究实践。后面我会回到这些话题，但是相信我已经对上面提出的问题做好了充分的准备，即为什么“生活行为”极少在理论心理学中被讨论，并因此形成了一个“盲点”；这个盲点可能远远超过上述慕尼黑项目在社会学中提到的盲点。同时，这应该也阐明了从主体的角度系统地对“生活行为”进行概念化的出发点，这是我们进一步分析的视角。

传统心理学和精神分析对日常生活行为的否认/辩护

鉴于20世纪开始的劳动分工中社会学被认为是关于“社会”的经验科 73
学，我们就不应该惊讶个体“生活”在此过程中成为社会结构的一个因变量，它是“社会化”的过程，它是“生活方式”或诸如此类，或者它就是“生活行为”。因此可以理解，像慕尼黑“生活行为”概念这样的取向，聚焦于主体的相对自主性而不是社会，聚焦于塑造他/她自己的社会环境时他/她共享的潜能，已经陷入了与传统社会学相对立的立场。同时，有人可能会受到诱惑(假如他不那么仔细检视的话)而认为，在社会学的这种“逆流”过程中存在着向心理学的融合，因为心理学在上述科学的劳动分工中，相对应地被认为是研究个体的经验科学。有人也可能因此认为慕尼黑研究者所理解的个体的“生活行为”概念在社会学中必须首先迎击传统社会学对其主体问题的理解所产生的阻力，但是在心理学中早就应该和许多广为讨论的基本概念一样，拥有“居住权”。那么，我们该如何解释事实刚好相反呢?甚至在心理学的基本问题的讨论中，对“生活行为”的忽视要远甚于社会学。要回答这一问题(在我看来)就必须首先思考，在科学的劳动分工发展的过程中主流心理学形成的理解“科学性”和“严谨”科学研究的特有方式。时至今日，这些方式仍然在特征化或者污名化心理学(不管你以怎样的方式进行检视)，而心理学与其他社会科学的隔离已经如此之深，甚至其不再想称自己为社会科学。基于从心理学以外的“自然”科学或“精确”科学学科——如生理学、物理学、数学以及近期的计算科学——复杂的借用，心理学的“科学”程序最终成为了概念化和明晰化状况以“预测”人类行为的代名词。因此，方法论上复杂的日常生活情境被迫退到了研究课题的第二位，而第一位给了特定的标准情境，其目标则是以尽可能纯净的形式研究引入状况和要“预测”行为(“自变量”和“因变量”)之间的关系。这被认为是明确证明被研究“行为”事实上是否应归因于理论“状况”而不是某些干扰因素的唯一之路：心理学获取知识的“皇家道路”——心理学实验。由于在研究实践中，对状况进行纯粹的实验控制有其限制(这通常是因为心理学主体问题的复杂性)，于是对状况进行统计控制的技术——即推论统计——被发展起来，与心理学对“实验”的关注结合在一起。尽管实验效应中的副效应很少能够被充分分离，但是这使得我们至少可以在某种概率下进行评估，即“被预测”的行为在多大可能性上可以被归因于实验所确立的状况的影响。下文中提到传统心理学的基本实验统计模型时，指的就是这种互补
74 的关系。

高度复杂而难以捕捉的“日常现实”和研究者建立并操控并以此作为科学知识获取的指定方法的“实验现实”之间的二元对立，使得传统心理学置

身于两个“现实”的关系问题之中，也置身于如何将实验发现转化为日常现实的问题之中，从根本上看，这样的问题是无解的。因为实验发现来自“净化了”复杂性的状况，顾名思义，这样的状况在“日常现实”中并不存在，因此，同样顾名思义，这些发现也不可能被应用于日常现实。基于同样的理由，宣称“实验现实”和“日常现实”具有结构相似性因此在某种程度上可以这样做也没有更进一步(因为顾名思义，“日常生活”的结构不可能已知或者说出)。由于这里所包含的洞见(这也经常为传统心理学研究者所承认)，即从实验结果不可能获得非实验生活情境的实质性知识(例如从学习实验来研究在校学习)，因而许多领域开始转向在不同的生活情境中开展自己的经验研究，重新对“纯”实验研究已经讨论的问题进行有效研究。但是通常这些研究遵循着和实验研究一样的“状况分析”逻辑，只是放松了严格的标准——例如，用“准实验”设计替代实验设计，由此其在日常情境中仍然可能在某种程度上对状况进行统计和实验控制。然而很显然，这并没有解决上述应用问题，而仅仅是替换了它。其所做的仅仅是又一次为日常情境指定了实验和/或统计“调整”的现实以获取知识，但是这样的“准实验现实”中的发现是否比纯实验研究的发现“更接近”日常生活现实则只是在直观上是合理的，并不具有实际的正当性(除非情境本身和“实验现实”的结构非常相似，例如学校里的班级，参见 Holzkamp，1993，p. 444)。这一问题毫无疑问只能通过将上述状况、变量模型和两个“现实”的相关建构完全抛在脑后并选择其他模型来加以补救。简单指向“质的方法”很显然是不够的，因为心理学的变量模型(以改变和弱化的形式)就算在这些状况下仍然有其影响。很难确定实际上(已经)有多少心理学研究领域已经超越了对变量的思考，但这也不是我们讨论的主题。无论如何，到目前为止这些发展尚没有对心理学的主要概念产生任何影响(心理学的“实验—统计”认同持续存在的原因实际上不仅根源于科学哲学，而且也源自科学社会学，并且/或者具有意识形态性质)。科学观点来自对指定情境的建构不仅仅是传统的强调“实验现实”而不是“日常现实”的学院式心理学所特有的。(在这方面)相似的建构，即对现实进行相应复制，也被发现于另一门学 75

科，即精神分析。尽管通常认为精神分析不属于心理学(在德国)，但是它对心理学和公众意识有着很强的影响，其强调“治疗设置”是首选的——如果不是唯一的——精神分析洞见的产生点。在其经典形式中，这一设置也指“治疗情境”，是由弗洛伊德(Freud)亲自引入的特殊的座位安排：病人躺在沙发上而医生坐在后面的扶手椅上。这一安排不是简单的次要问题或者可有可无的问题，而是治疗情境建构的一部分。因此，弗洛伊德给出了明确的指示：

> 相当多的病人反对自己躺下，而医生却坐在后面看不到的地方。他们要求在其他位置接受治疗，最大的理由是他们不想看不到医生。通常这一要求会被拒绝。(Freud，1955a/1973，p. 139)

弗洛伊德还进一步指示了双方在这种设置中的心理状态，他建议医生：

> 把自己交给自己的无意识心理活动，处于平静地暂停注意力的状态，尽可能避免对有意识期待进行反思和建构，不要试着修复他听到的东西，尤其是在他的记忆中，而通过这些手段，用他自己的无意识去抓住病人的无意识。(Freud，1955/1973，p. 239)

弗洛伊德对想要参加其治疗的病人也有要求：

> 我们要求病人进入平静而非反思性观察的状态，按照它们在他脑海中出现的顺序向我们报告所有他能够进行的内部感知——感觉、思考、记忆。同时，我们明确警告他不能向任何动机妥协，这将导致他在关系中做出选择或进行排除，不论理由是说出来太不愉快或太轻率，还是太不重要或太不相关，或者没有意义而没有必要说出来。
> 76 (Freud，1963/1973，p. 287)

此外，弗洛伊德还指示他的病人在治疗之外的日常生活中该如何行动，这样它们就不会干扰治疗，而是支持和支撑其治疗功效。因此他要求：“分析治疗应该尽可能地在贫乏中进行——在节欲的状态下。”(Freud，1955b/1973，p. 162)这一节欲规则是想要确保病人在最初的成功之后仍能继续保持治疗，不会因为各种过早满足而失去动力。弗洛伊德甚至要求病人“答应不在治疗期间进行任何影响生活的重大决策——如不要选择任何职业或是确定爱人——把所有这些计划都推迟到康复以后”(Freud，1958b/1973，p. 153)。这样，为了不受干扰的治疗，病人的日常生活尽可能完全“暂停”了。弗洛伊德也提出并概念化了关于特殊“机制”的明确观点，这些“机制”形成了进一步治疗过程的特征，也因此受到了精神分析设置(在空间上以及心理先决条件上)的影响。因此，除了病人在治疗中产生的“抵抗”以及医生的分析之外，治疗的决定性驱动力是“移情”机制，即某种爱上医生的“错觉”尽管病人觉得其爱意是真诚的；弗洛伊德认为病人在此过程中实际上是将其本能的婴儿般的愿望“转移”给医生。医生既要利用这种状态，同时又要在某种意义上搁置它，于是，其不会发展为他和病人之间的真实爱情关系，而这就要求医生管理并监控自己的“反移情”。弗洛伊德相信，通过“移情”这一精神分析情境特有的现象，“我们常常成功地赋予所有疾病症状以新的移情的含义，并以‘移情—神经症’替代[病人的]普通神经症，而‘移情—神经症’可以通过治疗工作治愈”(Freud，1958b/1973，p. 154)。

经典的精神分析设置安排——尤其是空间安排——在某些较新的精神分析版本中已经进行了极大的调整。但是在我看来，洛伦泽(Lorenzer)(Lorenzer，1974，p. 105)已经简洁地将问题说清楚了，他写道：

> 即便随着精神分析实践的发展，设置已经不再强制要求，但就算精神分析理论建构的最新水平得到充分发展，环境还是按照原样而不是其他方式被结构化，这清晰地表明这一制度至今仍然与执行程序和实施对象相称。

77 换句话说，精神分析的设置不用被简化为仅仅是用来促成精神分析实践的安排，它必须被认为(即它渴望成为)是一个特殊的地方，治疗实践和科学洞见的获得在此真正重合，如果没有它——因为只有在这里上述组成治疗过程的状况才能得以实现——基本的精神分析概念从一开始就不可能发展起来。因此——正如洛伦泽(Lorenzer，1974)让人信服地指出——根据基本的精神分析理论，分析者完全不需要为了进行研究而放弃分析设置。正相反，在洛伦泽看来，正是这里，也只有这里，真正的精神分析研究才会发生。因此，从内在的角度来看，比如说弗洛伊德事实上从未见过“小汉斯”(Little Hans)——“小汉斯”的“案例”对精神分析的理论建构产生了非常显著的影响——他仅仅通过与他父亲的治疗过程获得了他的知识，这不是一个缺陷，而是精神分析知识获得逻辑的直接结果。因此，与这种思想相一致的是，洛伦泽相当激进地认为没有设置的直接经验走到了精神分析知识获得过程的边缘，比如当他讨论针对儿童的精神分析研究时，他写道：“实际上，直接观察的领域很多，尤其是在婴儿研究中。当然，它们最多不过是精神分析的附属品。”(Lorenzer，1974，p. 284)我在这里无意讨论指定治疗情境作为获取知识或者洞见的手段在多大程度上也是精神分析以外的心理学治疗模型的特征，我也无意讨论这些案例中是否形成了获得洞见的独立“治疗”过程(Meehl，1954；Cronbach & Meel，1955)。无论如何，精神分析思维的模型功能在我看来也可以在非分析临床心理学的很多领域中看到。

综上所述，我们可以说在包括精神分析在内的广义传统心理学中，知识获取的过程基本上必须被认为是本质性地与研究者所创造的特定标准情境捆绑在一起的，即“实验”或者“治疗设置”，包括将现实区分为不同的两类，“实验”或者“治疗现实”是实际的经验研究的发生地，而“日常现实”的科学地位和预测能力都较低。因此，心理学知识获取的方法论规划从根本上指向尽可能清晰地分离两个不同的“现实”，即确保“实验”或者“设置”中的“纯净”的科学研究状况不受日常现实的渗透污染。上述对“科学”和“日常”现实的关系缺乏澄清以及对实验和设置中获得的洞见向个体日常生活的可转移性未加说明，包含于心理学历史中的“双重现实”之中，因而在某种意义上也在整体上**构成**了对心理学主体问题的界定；即它们类似于一种“先天性缺陷”，跟社会学和社会人类学这些兄弟学科相比，心理学在一开始就处于认识论的劣势。这一不清晰的关系无药可救，只能以从根本上看无效的手段进行掩饰或者辩解。我不想在这里进行详细的讨论——因为那 78
会超出我的主题范围——我只是简单地关注心理学和精神分析系统固有的模糊和压制所表现出的一大症状(但是在我看来，是非常有启发性的一点)。换句话说，我的目的是强调上述**心理学和精神分析对于其主体或者病人的日常生活行为及其科学概念化故意视而不见**。

有人可能会认为这一盲点可以由以下事实充分解释：心理学可以说是提供洞见的特定“标准情境”的替罪羔羊，它不得不贬低和边缘化其实验主体或病人的日常生活，还有他们的日常生活**行为**。但是我认为只有反转这一论点我们才能找到问题的根源，我们应该认识到——如果我们能正式将“日常生活行为”认可为一个基本的科学问题——上述“标准情境”，即实验和设置，就会不可避免地丧失其作为**洞见来源的唯一性**。现在我会更为详细地解释这一点。

如果我们理解“生活行为”(如慕尼黑研究团队那样)为主体积极地进行整合和建构的努力——由此她或者他“安排好”来自不同生活领域的需求，并且在整体安排中(“安排的安排”)协调好这些安排——那么我也必须将“实验”和“设置”视为服从于这些安排。但是这就意味着承认，在他或者她的日常生活行为的个体整体安排中，附加在实验/设置上的意义不是由实验者或者医生来决定的。我们也必须认识到，不是实验者/医生垄断着对实验或者设置的功能和意义进行解释——将其视为他/她理论偏差的结果——而是实验主体或病人。因此，主体和病人以他们自己的方式基于他们自己的日常生活语境对实验/设置赋予意义，他们也可以对**实验/医生的指导/陈述**进行重新解读，以适应他们日常生活的语境；而正是这些指导/陈述保证了其“**知识获得的来源”具有特殊的认识论地位**。也就是说，他们可以一直“追赶”。这一事实显而易见却受到意识形态原因的压制，其已

(众所周知)带来了实验心理学的一整个分支学科的建立，即“实验的社会心理学”。主体对实验情境中发生了什么有他们自己的理解并且能够也确实暗中/潜在地相应行动，他们对指示进行任性的回应，这确实是事实，但是，他们仍然服从于实验控制(参见如 Markard，1984，p. 142)。精神分析(也许还有临床心理学的其他领域)对以下问题基本上毫无兴趣：病人从
79 治疗以外的立场是怎样来感知和/或理解治疗过程以及医生的作用？或者这会对他们在治疗中的行为带来哪些后果？(只有奥尔·德雷尔启动的一个哥本哈根的大型研究项目对这一事实进行了系统的思考，其成果很快就会出版[3]。不仅家庭在治疗对话中被讲述，医生也成为病人家庭的晚餐桌上被谈论的主题，“阅读”(readings)就这样发展起来了，而医生通常对此一无所知)例如，弗洛伊德指示医生不仅要求他们的病人遵守“节欲”的规则，并且在治疗期间多多少少要暂停他们的生活(由于他们很难遵守这一指示——或是想要遵守它——这就形成了新的可供治疗利用的罪恶感)，在我看来，这是企图通过在病人的日常生活中制造避难所来防止他们逃脱医生的掌控。因此，我们仍然可以争议性地将这一指示看作是精神分析对今天日常生活实践立场的表征。

从主体立场概念化生活行为

根据心理学和精神分析的基本方法论和理论准则，实验和精神分析设置的标准情境是实验主体和病人的生活情境得以解释的语境，但是其本身却没有语境为一切事物提供绝对标准，即它们扮演着“无语境特权”的特殊角色(使用 Lave，Smith & Butler，1989 提出的恰当术语)。因此，它们不能允许使用“日常生活行为”的理论概念，因为这一概念会将实验或者设置贬低为依赖于语境的日常生活情境中的仅仅一种，由个体进行整合。于是，心理学和精神分析不仅忽视对“日常生活行为”的概念的关注——这一概念将使得心理学不再局限于特定领域，而成为从主体视角结构化日常生活所有领域(包括实验和治疗设置)的总体维度——并且它们还视之为对自

己基本方法论要求的一种威胁，必须积极地将其排除或者边缘化。因此，心理学和精神分析也必须系统化地否定这些主体性的“面相”，而正是这些主体性面相使得个体能够行为他或者她自己的生活行为，能够积极地相对自主地基于她或者他引领自己生活方式的“自足逻辑”对她/他的各种环境状况进行回应，在必要和合适的时候，也对其施加影响。如果主体能够基于自己的方式行为其生活的自足逻辑自由地对已建立的生活“科学”状况进行积极地回应，并因此进入主要的洞见构建行动者的特殊角色，那么我们可以怎样质疑实验或者设置的“逻辑”呢？

以一般化的立场来看，这其中至少有一个主要原因可以解释为什么在 80
基本的心理学和精神分析概念中——哪怕目的就是将主体置于最中间作为研究对象——主体以他/她的解释活动赶上和整合科学努力的能力仍然不是议程的一部分。即即使只可能出现在最后一步，科学的“外部观点/立场”也被认为是客观研究可以相信的唯一立足点，被认为是不可达至的超级立场——或者更精确地说，可能不能为作为研究对象的主体所达至，否则的话心理科学——只有单一形式的心理科学——就不可能发生。

毫无疑问，假如我们继续这一争论，我们的想法会不可避免地进入多年来一直在进行的根本争论：“主体科学”还是“控制科学”，或者“关于人的理论”还是“为了人的理论”，我们在此不进行完整的重述。

然而，到现在应该很清楚，对于我们所提出的“日常生活行为”(概念的)理论含义和后果的心理学“盲点”，不可能在传统心理学或者精神分析的框架下得以克服，鉴于它们所宣称的实验或者设置的特殊认识论地位，以及它们认为有必要因此进行的所有安排以减少主体或者病人进入研究“主题”——它们没有办法回应病人是怎样将科学/科学家纳入其日常生活行为的。在我看来，打破这一困境的唯一可能出路是研究者将实验主体、病人等拉到他们一边，即将他们从研究主题这一虚构角色中解放出来，让他们成为“共同研究者”——就科学方法论而言，以主体为立场。只有以这种方式将人们怎样进行他们的日常生活纳入一起进行分析，我们才能以一般化主体的立场把科学过程本身作为“日常生活行为”的一个领域进行研究，而不打破心理学知识获得的原则。很显然，由于“盲点”，“生活行为”的心理学概念化不可能基于传统的心理学立场获得，但是其可以从作为主体立场科学的心理学解决。因此在下文中，我将以主体立场科学的角度对上述慕尼黑研究团队所提出的“日常生活行为”的社会学取向进行详细的心理学说明。而这使我们不可避免地要从整体上对主体立场科学的取向进行讨论，即使只限于特定的焦点。

81 慕尼黑“日常生活行为”概念再理解：以主体立场科学的视角

社会学家的知识兴趣和生活行为中的主体立场科学：“时间诊断”和“自我理解”

从主体立场对慕尼黑的生活行为概念进行详细说明是什么意思？为什么作为主体立场科学的心理学不可能保留心理学原样并简单使用它，尤其是其已经明确地“以主体为导向”？为了找到这些问题的答案，我们将从“知识兴趣”的一般方面开始，首先对主体立场科学（正如批判心理学所理解的）和慕尼黑项目的知识兴趣进行比较。

尽管慕尼黑大学合作研究中心 333 所提出的“生活行为”概念被认为是主体导向的，但是如果有人认为这意味着其指向心理学观点和研究问题的某种融合，那就大错特错了。正相反，这一取向明确而唯一地将自己定位于社会学语境，作为社会结构实证分析的成果。因此，历史地看，其生活行为的概念被视为来源于经典社会学，即来自马克斯·韦伯（Max Weber），其《新教伦理与资本主义精神》一书的关注点很显然是现代资本主义的发展和进行禁欲生活的清教徒或虔信派的需求之间的关系：

> 现代资本主义精神的一个根本元素，也是所有现代文化的根本元素之一：天职观念基础上的理性行为，来源于——这正是本研究想要证明的——基督教禁欲主义精神。（1958/2003，p. 180）

因此，当尤尔奇克和里里希(Jurczyk & Rerrich，1993b，p. 33)将慕尼黑的研究定位于在“社会科学讨论联邦德国现代社会发展的宏观背景中”论述生活行为时，在我看来，他们是将其项目的一般知识兴趣直接置入韦伯思考和研究现代生活行为的一般传统中(但是有不同的历史和理论参考点)。

尤尔奇克和里里希(Jurczyk & Rerrich，1993b)在很多不同的语境中以“**现代化**”、“**理性化**”以及“**个体化**”(例如35页，强调是本文加的)等标题讨论社会发展的各个维度(比如说联邦德国的)。福斯(Voß，1991，p. 359) 82
将社会状况的相关“转型”描述为“**态度和定位**的转型”、“**共存形式**的转型”以及“**劳动和雇用状况**的转型”(强调是本文加的)。

首先，从这一明显历史的并且时间诊断的观点出发，即使“生活行为”是社会科学的一个独立问题或者概念，其**演变**也必须被历史化。

> 在我们看来，生活行为字面上强调的“行为”某人自己的生活，即为生活指明方向，只有在**向现代性的转型中**才成为了有意义的概念。虽然人们在前现代社会也“行为”他们的生活并且决不会仅仅被动地受制于权力结构的摆布，但是作为规则的社会结构的限制性更强，并且更重要的是他们更多地接受固化，而不是超越已有边界——比如奴隶制或社会阶层——的机会。(Jurczyk & Rerrich，1993b，p. 35，强调是本文加的)

第二，我们明白“生活行为”主要以其在个体的新需求压力之下**强化和分化**的视角来进行研究，这些需求来自在现代化中如何独立地组织日常生活，包括社会的理性化和个体化。库德拉和福斯(Kudera & Voß，1990)甚至在他们的标题中就把“生活行为”描述为“**变迁压力**下的个体劳动分配”(强调是本文加的)，福斯(Voß，1991)从先前诊断出的社会现代化过程的不同维度中提出研究问题，来分析生活行为因此而来的变迁，他的标题是“生活行为的复杂性、差异性和自主性不断增加？生活行为层次的可能回应”(同上，p. 363)。福斯也对生活行为相对社会生活状况的自主程度进行了历史化，他(正如上文已经提及)视之为一般定义特征(作为“自由度”)，即对不断推进的现代化进程的一种“回应”，他在下面的“论文”中进行了总结：“‘生活行为’的形式可能不断独立于社会状况。这可能导致两个领域之间问题或者新问题的增加(自主性不断增加的论文)”(同上，p. 369)。

慕尼黑研究团队明确的社会学为主的经验研究问题也来自于他们想要获得关于社会结构的洞见并建立“时间诊断”。他们希望以尽可能不同的方
83 式证明个体在“现代化的压力”之下行为其生活的方式是与各种社会结构特征联系在一起的。为此，他们使用经典的社会学程序对不同人口学特征的个体进行“社会调查”。尤尔奇克和里里希这样描述：

> 参与者是中年夫妇，至少有一个孩子。夫妇双方都要求在职工作……我们认为这很重要，因为女性参加有薪工作的百分比不断增加以及对自决生活的期待的日益清晰超越了传统的性别角色，使我们猜想人们进行他们日常生活的方式会出现特定的变迁和潜在的冲突。由于这些过程在城市和农村地区的发生程度并不相同，某些调查参与者来自城市环境，而另一些则来自农村环境。样本也根据以下职业群体进行了系统分层：
>
> a 体力劳动者以及中等收入产业工人，有着弹性时间安排；
>
> b 销售助理，在百货商店从事兼职工作；
>
> c 工厂产业工人，实行二十四小时轮班制度；
>
> d 高技术计算机职员，来自一家国际数据处理中心，实行二十四小时轮班制度；
>
> e 老年护理人员，有着不同的轮班；
>
> f 最后是自由记者，来自大众媒体行业，其时间结构有着广泛的自由，但是职业安全性有限。(1993b, p. 15)

慕尼黑研究团队的方法论取向(报告于 Jurczyk & Rerrich, 1993b, p. 6)是“质性”的。他们使用主题为中心的访谈，有访谈提纲，每次访谈 2

～3 小时。其原因在于，特有的“生活行为模式不可能被标准化社会调查捕捉到”。

> 程序是首先深入探讨各个被访者行为他/她的生活的特点，接着对大量的个案进行详细分析，以获得更为广阔的差异性的图景。(同上，p. 17)

因此，被访者并非是基于统计代表性的要求来选取的。但是这并不是说他们是随意选取的。研究样本的选择是根据某些标准以理论导向的选取程序来获得。这一程序的理论基础是斯特劳斯(Strauss)的“理论抽样”概念(同上，p. 17)。这种质性程序公正地对待每一个被访者个体的独特性，其公正性也体现在研究报告中，他们被当作**个体的人**，即不是简化为“A 先生”或者“B 先生”，而是通常使用全名：“莫德斯先生(Modes)”和“温克尔曼先生(Winkelmann)”(Dunkel，1993，p. 203)，“霍尔韦格女士(Hollweg)”和“希勒梅尔女士(Hillermeier)”(Jurczyk & Rerrich，1993c)。这大概是想以一种特殊的方式来表现慕尼黑项目所理解的“主体导向”。

如上所述我们已经描述了慕尼黑团队的社会学知识兴趣，下一步—— 84
正如上文已经提及——是分析我们作为主体立场科学的知识兴趣的具体特征，在此基础上，我们可以为进一步阐述该团队提出来的生活行为概念的必要性提供依据。在此过程中我们必须澄清，我们所理解的**主体立场科学**实际上与慕尼黑项目的**主体导向**并不相同。接着我们就可以着手解决到底有哪些差异的问题。当然我们也在原则上解决了主体立场科学相对于传统**心理学**有哪些特殊性的问题。然而，这不会是我们讨论的关注点，因为我们已经证明传统心理学没有能力以系统的方式解决“生活行为”的问题。我们正在进行的思考在多大程度上是令人信服的，或者它们在多大程度上会使我们误入歧途——结果正变得越来越明显(例如 Holzkamp，1993，p. 177)——取决于是否找到了正确的**起点**。所以我们从哪里开始？或者更精确地说，**核心概念**是什么？其作为类“生殖细胞”可以成为基础，尽可能无缝而严格地发展出(生活行为中)主体立场科学的所有知识兴趣的后续特征，并因此将其与其他相关取向区分开来。

然而正如我们已经表明，慕尼黑的“主体导向”的生活行为概念是以社会为中心的，其将社会结构的现代化过程作为分析“生活行为”的参照点，而接下来要阐述的心理学的主体立场科学在某种程度上是以个体为中心的。这一对个体的关注是在社会科学间的劳动分配过程中算给主体立场科学心理学的，因此这是与传统心理学相同的。但是，这对于主体立场科学的心理学(相对于传统心理学)的特殊含义是什么？我们先前已经在其他地方说明过我们的目标(XX)[4]。我们的入手点是传统心理学(包括精神分析)的公分母归根到底是基于外部科学立场的，放弃这一立场就等于放弃了科学的立场——其结果是，“个体”不可避免的被降级到“另一面”的位置，即研究的对象。在精神分析的“解释学”中，“解释者”和“被解释者”的对立位置是固定的，不可更改的。而在主体立场科学中，相关个体(实验主体、病人等等)从他们作为研究对象的虚构角色中被解放出来，而被视为站在研究者一边。为了追求这些目标，我们可以(正如我们之前尝试的那样)从“一般化主体立场心理学”的概念开始，赋予科学的“共同研究者”的角色，认定主体立场心理学为“‘理由话语’心理学”等。

85 当我思考现在这节时，我突然想到，如果我从另外一个概念出发那么这些概念也许都会更容易理解，这个概念之前就一直包含在我们的思考中只是很少明确地提出，它就是自我理解(最初由马克思提出)，自我理解是主体立场科学知识兴趣的中心意图，我尝试性地将其作为我们正找寻的“生殖细胞”，来进一步发展我们的思想。首先，“自我理解”意味着就我思考的某事“与自己达成共识”，在生活行为的例子中，是试图通过反思使某些我已经“在某种程度上知道”的东西变得可理解，让内隐变清晰，让不清楚的变得清楚，即(使用休·梅恩[Hugh Mehan，1979，p. 176]的不错表达)将我的“隐性知识”转变为“已知知识”。因此，他人也潜在地包含在获得自我理解的过程中——只要是之前没有说过(或许不能言说)，就可以说出来。他人面对的挑战是——或是他/她被建议应该——在我试着用言语表达我自己之后，来看看他/她是否对，比如说他/她的“生活行为”，有了更为清晰的认识。在这个意义上，也只有在这个意义上，获得“自我理解”的兴趣也成为了与他人“达成理解”的兴趣，为通常只为我们每个个体所用，或者只“给予”我们每个个体的事物找到共同语言。这就是我们所说的“一般化主体的立场”作为每个个体特殊视角的合并（如参见 Holzkamp，1991）。因而，在（相互）“自我理解”的知识兴趣的语境下，一个重要的后果是没有人可以视他人为对象，因为在此过程中，她/他会将她/他自己排除在自我理解的联合过程之外。如果想要获得自我理解，我所提出的主体间框架就必须被遵守。这也意味着，在主体立场科学的参照框架中进行研究，不可能定义一个外在于被研究者的立足点就可以将科学立场或者“科学家”立场的独特性质移除出达至理解的主体间框架，我们只能视它们为在其中——这是“共同研究者关系”，我们后面还会回到这一点。

如果我对“自我理解”感兴趣，这暗示实际上任何要“理解”的事物都不会是简单自明的，即看似不成问题和“单一维度”的事情之中和背后，例如日常生活行为（毕竟每个人都有经验），都隐藏着问题和复杂——如果它们 86
要变得可见和“可说”——需要（联合）自我理解的努力。我们可以将尝试着为事实和环境都确实没有问题（如果这样的事实和环境存在的话）的知识兴趣提供基础留给其他研究取向。它们无论如何也不会落进主体立场心理学的知识范围之内。在批判心理学中，看起来“自明”之物和更加全面或者“深层”的结构关系之间的差异（甚至可能是矛盾）只能通过自我理解的过程揭示出来，这带来了一套双重基本概念，它总是以某种方式连接两个配对的概念：保持在直接表面的水平，以及超越这一水平。由于这种二元性，个体经验的每一个方面都可以被概念化为两个版本，对“自明”的再生产和复制，以及穿透显见层次的概念工具（例如，在认知层面，是“解释”对“理解”，在社会层面，是“工具关系”对“主体关系”等等，Holzkamp，1983，chap. 7. 5）。

同时可以肯定的是，这些两选一绝不可能仅仅存在于“想法”中，而是或多或少地涉及权力和利益的真正冲突；即我想要穿透直接显在以对我自己的生活状况获得更多的影响，并因此通过超越“自明”改善我的主体生活质量，但是统治利益要阻止这一过程以保护现存权力关系。因此，当我穿透自明，我可能会扩大我对自己生活状况的影响，但是也可能冒险使其在事实上出现恶化。于是我的兴趣似乎——尽管狭隘而保守——就满足于直接可见了(“有限行动者”对“一般行动者”，参见 Holzkamp，1990)。这或许可以解释这种自我辩解和防御的说服力，否认自我限制而忍受显见似乎符合自己的利益(正是在这一语境中批判心理学重新解释了精神分析的概念，如“压抑”、“防御”和“无意识”，Holzkamp，1983)。但是，对“自我理解”的知识拥有(个人和学术的)兴趣往往也意味着有兴趣发现我们能够理解到什么程度，例如，我们的“超脱”是对冲突的避免，我们的“合理的妥协意愿”也是屈服，我们“因挫折而最终持有的现实态度”也是对生活合法宣称的否定，以及我们在哪里出于什么原因“欺骗自己”“玩笑自己”“低下自己的头”或者“推卸自己的责任”等。总之，其表明我们必须在所有必要的地方，看穿我们自己的诡计(毫无疑问，与“日常生活行为”联系在一起的很多例子会马上在我们所有人身上发生)。在此重要的是强调，我们关注自我理解的获得，但是这并不意味着看穿相互的诡计，或者看穿我们为此目的而选择的其他人的诡计。病人—医生关系不会因此否定，诸如相互指责的政治格局也不会被否定；我认为自己有权怀疑他人并期待他们为自己辩护，可以被认为是向他人提供了理解/自我理解的途径。虽然我们可以在获得自我理解的努力中相互支持，但是正如上文解释的那样，这些努力不可避免地与我们自己的主体立场联系在一起，因此当其他人试图在不考虑我们观点的基础上就对我们进行理解和评判时，他们实际上已经把我们排除在了获得主体间理解的工程之外了，即拒绝给予我们人类同伴的地位，将我们当作是他们利益的“对象”(尽管他们可能会合法化)。

87 将“自我理解”界定为一个工程，之前没有被明确表达或没有清楚表达的经验在其中可以进行共同“讨论”，这就提出了一个问题：适合自我理解工程的科学语言必须满足哪些标准？这样提出问题表明，所有的科学语言——人们希望从外部立场对他人做出陈述(哪怕是关于他们的“主体性”)——必须从一开始就被认为是不合适的，因为自我理解的共同活动所要求的视角的相互性被排除在外。这尤其适用于传统心理学的科学语言，其对“预期”行为的估计来自预先设定的状况(由于没有语言，实验主体或病人对实验者或者医生的可能“估计”在这一系统中没有位置)。获得自我理解的工程中隐含的相互性只能用一种语言来表达，相关人员的视角可以在他们的相互关联中实际表现出来，即每个个人基于他或者她的视角的立场可以与他人相关，他或者她的视角可以被表达和交流。尽管如此，我们已经提出“行动主体理由的话语层次”作为对主体立场的“语言”的一种解答(例如 Holzkamp，1993，p. 21)。“理由”本身总是“第一人称”的，也就是说，它们在逻辑上必须是我的理由，在此语境下，当我说其他人的“理由”时，我承认这些是他们的理由，只能由他们从他们的立场和他们的视角来进入，我不能化约为我自己的立场和我的视角。没有人是他人观点的“对象”，没有人有特权成为演讲者而其他人必须保持沉默听着——双方都需要允许他人在语言交流过程中表达他/她自己以及他/她的理由。上述科学语言作为相互自我理解的媒介的先决条件因此得以满足。

“理由话语”因此被认为是(我们所理解的)主体立场心理学科学的语言，其在传统心理学状况话语的对立面全面地在理论和方法上进行合法化和概念化。但是，我们相信我们已经非常充分地描述了主体立场科学的心 88
理学的知识兴趣核心，即自我理解工程和上述慕尼黑团队的社会学知识兴趣的特殊差异，所以接下来，我将不再用“抽象”而系统的术语来进行呈现，而是(在有必要的地方)在我们阐述我们的“生活行为”概念的语境中提出它。接下来我们的目标是以“自我理解”的术语，或是在那语境中发展的概念来重新解释之前由慕尼黑研究团队所建立的“生活行为”的基本定义。在此过程中我们应该很清楚在何种程度上或者在什么问题领域我们的主体立场科学的知识兴趣要求我们超越慕尼黑取向进行概念化或提出研究问题。我们从主体立场提出我们的生活行为概念的经验可实现性的问题，也使我们必须回顾上述慕尼黑项目所使用的方法程序，并用之前发展的主体立场科学心理学的方法对其进行重新解释。

理由话语中生活行为的“相对自主”

众所周知，“日常生活行为”概念还没有在主体立场科学的心理学中被提出过。因此接下来，我会将其作为一个全新的概念引入(这很可能对我们的整个取向产生影响)。为了让这一新问题(对我们而言)易于进入和发展，我们必须首先试着以我们已经发展的主体立场科学的术语来重新阐释上述慕尼黑团队的基本概念，但同时我也以问题中心的形式表达它们——它们尚未完成。这样做是必需的，只有这样做我们才可以表明在何种程度上我们可以“无缝”对接，以及/或者在何种程度上我们必须发展出检视相关问题的全新方式。

如上所述[5]，慕尼黑的生活行为概念主要想要通过引入生活行为作为“主体和社会结构之间的中介概念”来呈现出不同于传统社会学概念的“个体和社会关系”的新提法。这些研究者视“生活行为”为个体的一种“积极的努力”，个体因此获得了某种“自由度”，即对当时环境的“相对自主性”，并因此不仅“通过努力适应她/他在社会中找到的状况并组织它们”，而且“改变它，而实际(和其他人一起)创造它”。我们用主体立场科学的语言可以怎样重新表达这种中介关系?

我们不将“社会状况”局限于传统社会学或者关于社会的社会学理论所进行的界定，而是在“主体”导向的意义上将它们理解为意义，意义格局，
89 意义构造等。它们在非常特殊的意义上(不是说特质)被抓取，它们是社会建构的缩影，主体能够——但是绝不是必须——在他们自己的生活实践利益的语境中付诸实施的行动的一般化可能性及其限制。根据我们的理论，在这样的“可能关系”中，作为行动选择向主体开放的哪些意义层面会被主体实际付诸行动取决于(正如我已经说明)他们所拥有的理由——根据他们各自的生活利益(即他们想要增加自己对社会状况的影响力，并因此改善他们的生活质量)。更准确地说：主体从其所面对的意义格局中可以提取出他们认为是他们自己的某种行动的前提，通过暗示或者推论，某种行动

的意愿于是从中产生，对他们而言是合理的，是从他们的利益出发的，于是，只要在偶然现实中没有阻力或者障碍进行反对(即所有其他条件相同)，他们就会最终行动(对上述章节更详细的介绍参见如 Holzkamp，1983，chap. 7. 4；1993，p. 21)。

从这一概述中可以清楚地看到，在主体立场科学的概念语境下——即在科学的“理由话语”中——我们的日常生活行为必须被认为是“相对自主”的(与慕尼黑团队的理解完全相同)，因为它和其他人类行动一样，并非为社会结构所“制约”，而是扎根其间，将其作为行动的可能性。面对现存状况的“相对自主”的度或者“自由度”需要更为准确地在两个方面进行界定。第一，现存意义格局的哪些一般方面可以被我抽取为我个人行动的前提——即我实际还有哪些其他选择——取决于在历史中发展起来的行动本身的一般化可能性和/或者限制，其在各自的具体的意义格局中被“客观化”。我不可能使并不(尚未)存在的可能性作为我行动的前提。第二，它也取决于我生活中的利益，我行动的理由根植其间。这也表明，我没有无限的选择，因为其他行动与我维持或者增加我对社会状况以及/或者我的生活质量的影响力的利益并不一致，出于“心理学”的理由，它们一开始就被排除在外了。

> 我的行动可以与我在生活中的客观利益不一致，但是不会与……我的生活利益不一致，因为我将其视为我的情境。人类不能有意识地伤害自己的说法包含了“主体立场科学”可以说唯一的先验材料。(Holzkamp，1986，p. 350，强调进行了改变)

但是，我的主体“自主”绝不会因为与我的生活利益相联系而以某种方法被“决定”或是被限制——即使原则上可想象的其他行动实际上也并非随我自由处置。毕竟，我自己的行动选择是基于我的兴趣，如果我有意识地违背我的生活利益，这不会被看作是行使我的“自由”，通常只会被看成是 90
“由外界”强加于我(不管以何种形式)。

但是我们用我们的理论术语可以怎样重新表述在“日常生活行为”过程中仅仅适应现行状况和创造/修正——慕尼黑团队视之为主体的“相对自主”——之间的关系？我们已经在我们的基本概念中有了所谓“槽”，只要我们将上述“可能性关系”区分为“两种可能性”套进去就可以很合适，即区分为社会状况“之下”的行动选择和“扩大我们影响范围”的行动选择(Holzkamp，1993，p. 368)。如果我们认为通过扩大我的影响力并改善我的生活质量来改变现有状况直接符合我的生活利益，那么问题马上就来了，出于什么样的理由我会满足于按照现行状况行动的“第一选择”并因此放弃对自己生活质量的改善？而这一问题又一次与我们之前的讨论联系在一起——停留在表面显见的范围内(我们需要通过自我理解过程来克服)还是超越它。由此可见，选择不改变现存意义结构以及我的生活行为的行动可能性只有在以下情况下被认为是有理或者是明智的：假如我预料到想要改变状况而进行的任何超越“自明”的努力都会同时让我自己陷入对我的生活行为的现有稳定性带来威胁。因此，我冒着引发冲突的危险——可能会对我现有的可能性造成损害——才能对现有状况和我的日常生活产生影响。在这里，我们上文谈到的权力关系开始发挥作用，但是不是以清晰划分的“有权力”和“无权力”的形式，而是在日常强制和防御战略中的权力关系分配，如福柯(Foucault)反复提到的那些(其与我们进一步的讨论有很大关系)。或者改变我日复一日组织自己生活的状况，或者接受(有限的)状况，这种两选一介于两极之间：一方面是改善我的生活质量，另一方面如上所述是防御性地抵御威胁。因此，自我辩护和防御策略，无意识地自我伤害等风险，以及相应地承认我们自欺欺人的必要性，都被证明并且将来还会被证明它们也与上述“两种可能性”相关，也可以用于我的“生活行为”的相对自主。理论上总是在意义格局中向我开放的行动选择，以及我实际从中抽取出来的行动前提之间的上述关系，现在也可以换一种视角来看。首先，(遵循这一逻辑)我只可能意识到(改善我的生活质量的)行动的现有可能性到以下程度：我不是必须预料到，如果我对这些可能性采取行动，我组织自己生活的方式中获得的稳定性会受到直接威胁。第二，我只可能考虑改变或者扩展有问题的意义格局到以下程度：我已经能够将他们固有的行动可能性最大限度地、“极限”地转化为我预期行动或者我实际进行行动的前提——我只有改变进行自己生活的状况(包括其中的权力关系)我才能够克服这一点。当我们通过重新解释来扩充我们的“生活行为”概念并作出一些重要的补充后，这里所暗示的日常生活行为的动态性后果才会变得可理解。

由此可见，我们的主体立场科学的知识兴趣绝不会让我们忽视慕尼黑团队在他们社会学知识兴趣的语境下发展的概念，实际上，我们也不会允许自己这样做。正相反，他们在整体发生于社会的“现代化”、“理性化”以及“个体化”等过程中分析“生活行为”的历史发展并对这一概念不断强调， 91
在我们的基本概念中占有明确的一席之地。在这里它们可以被解读为“转向主体”的社会过程或状况的某些方面，可以成为意义格局，或者换句话说，行动的一般化可能性。但是，我们接下来必须将问题指向什么社会决定因素可以以更为精确的术语进入个体和社会之间的中介，因为用于描述社会结构及其历史的诸如“生产模式”“封建主义”“个体化”等概念，其本身都不能被重新描述为主体行动的一般化可能性，在此都不合格。(从主体立场科学的观点来看)其可以说是对方法论“错误”的追问，比如说，二话不说就讨论“资产阶级关系”或者社会不断增长的“现代化或理性化”对个人主体产生的影响，而不去考虑这些都是社会学家和社会理论家发明的概念，因此对于其可能潜在影响的个体而言，未必就是现实。于是，为了能够对行动的可能性和限制提出假设——其对于具体的主体而言甚至只是半合理的，我们就必须首先进行理论的努力，详细地阐释存在于所论结构和/或者整体社会过程与个体具体的日常世界之间的各式各样的中介层次。当然，如果我们不管这些中介层次，我们仍然可以在全球社会学范畴和个体变量之间的关系中找到某种统计规律，比如说“生活行为”，但是这些仍然是(在主体立场科学的参照体系中)完全无法解释的。回溯式的事后解释不能被视为一种补救措施，因为其不能弥补理论上的不足。

这一切意味着，在原则上，生活行为的社会学研究和基于主体立场科

92 学的研究之间不可能存在明确的劳动分工，至少在这一点上是这样。人们(正如我在上文指出的)在主体科学中不能像社会学视角那样简单地将导致生活行为重要性增加以及生活行为改变的社会结构的先决条件抽取出来，但是也不能就这样简单地接受这些先决条件。相反，在主体立场科学的理论建构中，我们需要使用问题为中心的取向来充分分析社会结构特征和意义格局以及个体生活世界中的行动可能性之间的每一个中介层次，最终能够以有意义的方式提出以下问题：它们是怎样从行动前提到预期行动再到行动得以依次实现的？这些是“意义—理由分析”，我们将之作为我们理论的中心目标——并且(至少)在对在校学习的制度先决条件进行的分析中进行了尝试(Holzkamp，1993，chap. 4)——其也是在主体科学框架中进行生活行为研究所不可或缺的。

这就是我尝试重新解释的第一步，即以主体立场科学的术语将慕尼黑的“生活行为”概念描述为个体和社会之间的中介连接(福斯有时也称为“缺失连接”)——基于主体组织或者“行为”他的生活时相对于社会所具有的“相对自主”。我们在这一努力中得到两点。第一，很清楚，这一重新表述在很大程度上是相对易于达成的；第二，通过引入我们的“理由分析”概念超越仅仅对主体的“自由度”进行消极界定，我们同时也获得了实质性的信息：关于社会行动机会实现于个体行动的方式，关于积极改变现有社会状况的必要先决条件，以及关于在此过程中必须考虑到的矛盾和冲突。

但是必须承认，我这里所写的内容必须保持相对不具体性，即其或多或少地在一般意义上与人类行动相关，且只应用于“生活行为”的某些案例。在我们开始利用上述与“相对自主”相关联的主体问题的积极定义来理解我们的生活行为概念之前，我们必须首先——在重新解释的第二步——将慕尼黑团队界定的“生活行为”的独特性包含在我们的讨论中。正是“生活行为”每天以这样的方式组织、整合和建构日常生活，个体在他们的每日生活中所面临的各种不同并且矛盾的需求得以相互协调，并得以“处理”。这一概念化可以怎样进行重新解释来与主体立场科学相一致呢？

日常生活行为基本周期的主体基础

在某种意义上，“日常生活行为”最为基本的特性便是上文提及的：它是组织“日常性”的“自我再生产体系”；即它有自己的进程，独立于个人的整体生活进程，并遵循着不同的轨迹。这一进程不能为传统的“刺激—反应”线性链或是手段—目标等级的行动调节理论充分呈现。行动序列的“自动化”概念也不过是对生活行为的具体性进行不充分地描述，尽管其看上去好像挺合适。公平地看，我们必须考虑以行动组织的同期模式超越线性模式。尽管我们上床睡觉的常规（从洗漱到脱衣服——首先脱掉我们的鞋子——直到滑进被子里）本身是线性行动序列（于是可以或多或少以“自动化”的方式运行），但是它们能成为我们日常生活行为的元素仅仅是因为我们每晚都重复它们；即我们将线性行动结构整合进周期结构，它在我们同样重复的其他常规中获得自己的位置——早上（又一次）起床，吃早饭，上班等。这些周期为许多不同的、外部强加的周期所调节（从使用卫生间的家庭规矩到商店的营业时间以及工作时间的制度规定）。这里周期性的不同层次与宇宙的日夜循环联系在一起，社会重复系统只是松散地适应其中。尽管如此，我组织自己生活的周期并不是自己运行的，而是（正如我在上文所述）必须由我来让我自己的生活“运行起来”：我必须定闹钟（我也可以“忘记”定——或多或少故意地），我必须在早上去上学（我也可以不去——假装生病或“逃学”）等。事实上我可以（暂时性地？）完全摆脱周期性的生活组织，“日夜颠倒”“逃跑”“退学”等。但是，之后我也（我们将在后面更清楚地看到）不得不承担后果，担起这样做的责任——并且，我会无可避免地很快就进入其他（无论是旧的还是新的）组织我生活的周期模式中去。 93

当我问自己：我生活的周期性组织对我有什么样的功能？我有什么理由（考虑我的生活利益）不断进行这样的重复结构？我发现——甚至当我从全球视角来检视这一问题时——我从中得到了应对努力的大大缓解。当我通过生物或者生理调节系统得到缓解时，我意识不到这些系统的运行，它们通过积极调节身体功能（呼吸、消化等）防止潜在的过度劳累，非人类生物也是主要通过生物禀赋来缓解大部分的这类任务，但是与它们不同的是，在行动的层次上，我自己负责如何再生产我自己的日常生活。我也必须自己确保这不会让我系统负担过重，使我不能过我“真正的生活”（见下文）；这正是我接受我的日常生活行为的基本周期组织的功能。正是这缓解了我在给定的意义格局中反复重新抽取前提以合理化我的行动的任务，也缓解了我在其基础上建立行动意图的任务。我也没有必要每次都澄清我
94 的行动意图在多大程度上和我的生活利益相一致。相反，对我而言，由于这些常规的周期性质，我“总是”进行它们，且我能够以此再生产我生活的基础，所以最显而易见的事情就是继续依赖它们。我认为它们是理所当然的，它们是“自明”的，或者说它们本身就是可理解的，或者更精确地说，它们是正当的因为我之前就已经进行过相同的行动序列；也就是说，它们是“常规”，在某种程度上我将它们纳入我的日常生活行为而“没有重新反思其正当性的前提是否充分”（Holzkamp，1993，p. 315）。同时，线性行动序列也不需要正当性——如果它们是这种行动周期的一部分，或者说只要它们是行动周期的一部分。然而，这并不意味着日常生活行为的周期性常规是以某种形式排除在主体间理由话语之外的（即比如它们可能被认为是“状况性的”）。相反，它们在某种意义上是消极正当化的，因为人们觉得“没有理由每次都特地重新检查前提”（Holzkamp，1993，p. 315）。

当我们思考我的日常生活周期性被（暂时地）摧毁，例如因为严重的疾病、亲戚的死亡、战争等，我们就能更清楚地发现，我的日常生活行为的周期性组织是怎样根植于我的生活利益。在这些极端的情境中，我们真的不知道（首先）做什么。我们对自己的生活状况失去了控制，我们发现自己的生存从根本上受到了威胁。因此，为了克服这些危机（或者至少是朝这个方向迈出第一步），我们需要恢复我们的“日常生活”，即我们日常生活行为的周期性常规。我们只有成功做到这一点，我们才能再一次知道“生活应该怎样继续”或者“事情仍然会继续”。由此也可以理解，在最初的绝

望和无助的情境中，它有助于重建我的日常常规。假如我刚从医院回到家，我做了手术，预计很快就会死去，而事情看起来会不会“不再那么糟糕”，就看我在多大程度上能用熟悉的周期活动恢复我的每日常规。它会让糟糕和不可思议的事情看起来不那么真实。如果一个人从空袭后的废墟里安然无恙地爬出来，不知道他的朋友和亲人是否仍然健在，或者不知道 95
生活要怎样继续，作为他第一或者最后的手段，他会尽可能开始重建他的日常周期的片段。或许另一个幸存者不久后会说，“我想找一些热水和茶叶，我要泡杯茶。”——那么他就会明白。假如我被拘禁，比如说在监狱里，那么除了我的自由被剥夺之外，或许最有压力的事情之一就是我自己每天的周期被外部强加的严格制度手段从我手里夺走了——上床睡觉和到院子里活动都有信号，我的食物是通过舱口递送给我，无论去哪里都有人接送和跟着。因此，我几乎完全受到环境的摆布。如果我甚至无法适应强加的周期，这就会变得更糟，因为最后一点点自主的幻象也被摧毁了——和大量不同的人共同居住、拒绝告诉我被抓进监狱的理由以及何时会被释放、频繁而任意地转移等。我因此被剥夺了生存的基础(哪怕我有足够的食物)。于是自杀常常成为事实上仅存的最后逃跑手段——在目前德国政府对非德国难民进行的拘留候审等待驱逐出境的实践中，自杀越来越常见(参见 XX)[4]。

在我刚才的论述中，我已经在周期性的日常常规的层次发现生活行为特有的**时间结构**(time structuring)。由于这里线性变化包含于或多或少会回到自身的周期性运动，时间性在某种意义上是假的，周期本身似乎超越时间：明天我会再一次起床，后天也是，大后天也是——**它会这样继续下去**。或许正是日常性的这一时间特性，使得日常平凡有了提供舒适的特殊力量。只要事情以相同的方式发展，或者说因为事情以相同的方式进行，实际上就没有太多变化会发生。分离、失去和死亡被否定了(我当然会在某天死去，但是还没有死，实际上一点也没有发生)。这很可能是我的日常周期被摧毁之后我迫切想要重建的原因之一。没有死亡幻影般地包围，或者更准确地说，不可能解决必须解决的死亡问题，我没有办法生活下去，因为我现在的生存是“根据终点”准相对化的，它被分解，被摧毁。事实上，永远不可能完全否认我对周期性日常生活中“永恒”的信任的脆弱性，被压抑的死亡在背景中“隆隆作响”，时不时地像闪电般进入意识，这在某些情况下会成为情绪低落和绝望状态的原因——当其严重程度已不能基于当前的情境作出令人满意的解释。

由于日常周期性是我们生活中基本安全的载体，因此我的日常生活常规**不可能是“我的整个生活”**。尽管它们是其他一切的基础，它们减少我们的存在焦虑并守卫我，但是所谓“真正的生活”——生产力、兴奋、幸福、满足感、共同奋斗——仍然与生活行为的周期性相垂直，尽管也许在某种程度上被其包围。这使得每天一成不变重复常规的考验和磨难变得可忍受；实际上它们或许会因为“真正的生活”的有意识扩展而被推入到背景中去。这可能需要一种真正突破日常生活限制的动力，破坏其规则，忽视其日常需求——所冒的风险是我们永远找不到回头的路，并因此丧失了“真正的生活”可以独立发展的根本基础。相反，即使对我而言，“日常琐事”本身的单调性也令人无所适从——在某种程度上我会因为贫困、疾病、年龄和孤立被阻止参与“真正的生活”——并因此放弃或是绝望，我开始问自己：(正如一个著名的测试题项所述)“生活于我就是压力”，那为什么我就应该每天早晨都起床？

96 与此同时，我们必须考虑到“日常生活行为”和“真正的生活”之间的界限可能永远都不能清晰地描绘，我们找不到任何客观特征是属于其中一个或者另一个，其实际上依赖于我如何体验或者“解释”“日常生活”和“真正的生活”之间关系的各自语境。因此，比如说当我住了很长一段时间院之后回到家，我日常生活中的适度自主的恢复可能让我很高兴(一段时间?)；当我和我亲近的某人一起变老，我们共享的日常生活本身愈发带有时光流逝的喜悦。相反，众所周知摇头丸可以保障，比如说性满足，但是重复周期性地使用(每周六晚上)，其很快就会下降为日常常规，并因此丧失了它们与日常常规相反的“真正的生活”的特性。但是在我看来，在概念上对日常生活常规和真正的生活进行区分是必需的，因为否则的话我们就不能抓住日常周期性的特殊性，抓住其特有的“空”以及补充它的必要性；因为否则的话我们就不会有参照体系来认识到日常生活行为认知局限性的本质——其一再地陷入在“显见”之中——这正是限制(我在之后会更详细地回到这个问题)。

在上文中，为了突出日常生活周期性的具体特征，我最初提出的论点就好像“生活行为”仅仅是个体的事情。为此在有些地方我不得不使用了高度抽象的表达。例如，我不得不忽视这样一个事实——比如说，“上学”或“上班”被假定为日常周期的一部分——日常生活行为总是从属于社会需求。但是，因此的遗漏意味着，我们尚没有将慕尼黑研究团队的研究中心——即日常生活行为是持续而积极地“整合”或“建构”的努力，日常生活正是基于这种努力在多种要求中被组织起来——包括进我们的重新解释中来。现在我们在进一步的讨论中关注这一点——因此扭转上文提到的抽象(XX)[4]。

究竟是什么需要日常生活行为来“整合”？

致谢

本章原始的德文版本发表于1995年，Alltä gliche Lebensf ührung als subjektwissenschaftliches Grundkonzept. *Das Argument*，212，817-846. 我们感谢论点出版社(Argument Press)允许我们翻译成英文并进行出版。

注释

[1] 编者注：对这一研究取向更为详细的介绍可参见Jurczyk et al.，2015，本书第2章。

[2] 我们在社会科学和心理学当前的论述中能够找到大量包含“主体”一词的搭配——例如除了“主体立场科学”(*Subjektwissenschaft*)之外，还有“主体理论”(*subjektive Theorie*)、“主体的批判理论”(*Kritische Theorie des Subjekts*)、以及“主体导向”(*Subjektorientierung*)——为清晰起见，当我在下文中使用“主体立场科学”等用语

时，我指的都是主体立场科学的研究取向，其从20世纪70年代早期以来，和批判心理学一起发展起来。它的发展不仅与我有关，也和乌特·欧斯特坎普、沃尔克·舒里格(Volker Schurig)、奥尔·德雷尔、沃尔夫冈·迈尔斯(Wolfgang Maiers)以及莫鲁斯·马卡德(Morus Markard)等人联系在一起。

[3] 编者注：Dreier，2008。

97 [4] 编者注：XX是手稿中要添加内容的标记。导言章节已经提到，这一文本是克劳斯·霍兹坎普未完成的手稿，他在1995年11月去世前不久正在进行撰写。

[5] 为了简化，下文中当我引用已经引用过的慕尼黑团队的作品段落时，我不再重复给出参考文献。如果你觉得有需要，这些都可以很容易地在我之前的小结中找到，其(我得说)相对较短。我在本章中没有标出我自己添加的强调。

参考文献

Bolte，K. M. (1983). Subjektorientierte Soziologie：Plädoyer für eine Forschungsperspektive. In K. M. Bolte & E. Treutner (Eds.)，*Subjektorientierte Arbeits-und Berufssoziologie*(pp. 12～36). Frankfurt/M.：Campus.

Cronbach，L. J. & Meehl，P. E. (1955). Construct validity in psychological tests. *Psychological Bulletin Vol. 52.* No 4 (pp. 281～302).

Dreier，O. (2008). *Psychotherapy in everyday life.* Cambridge：Cambridge University Press.

Dunkel，W. (1993). Kontrolle und Vertrauen：Die Herstellung von Stabilität in der alltä glichenLebensf ü hrung. In K. Jurczyk & M. S. Rerrich (Eds.)，*Die Arbeit des Alltags. Beiträge zu einer Soziologie der allt ä glichen Lebensf ü hrung* (pp. 195～209). Freiburg：Lambertus.

Freud，S. (1955a/1973). Lines of advance in psycho-analytic therapy. In J. Strachey (Ed. &Trans.)，*The standard edition of the complete psychological works of Sigmund Freud* (Vol. 17，pp. 159～168). London：Hogarth. (Original work published 1919)

Freud，S. (1955b/1973). Two encyclopedia articles：(A) Psychoanalysis and libido theory. InJ. Strachey (Ed. & Trans.)，*The standard edition of the complete psychological works of Sigmund Freud* (Vol. 18，pp. 235～254). London：Hogarth. (Original work published 1922)

Freud, S. (1958a/1973). On beginning the treatment. In J. Strachey (Ed. & Trans.), *The standard edition of the complete psychological works of Sigmund Freud* (Vol. 12, pp. 121～144). London: Hogarth Press. (Original work published 1913)

Freud, S. (1958b/1973). Remembering, repeating and working-through. (Further recommendations on the technique of psycho-analysis.) In J. Strachey (Ed. & Trans.), *The standard edition of complete psychological works of Sigmund Freud* (Vol. 12, pp. 145～156). London: Hogarth. (Original work published 1913)

Freud, S. (1963/1973). Introductory lectures on Psycho-Analysis: Resistance and repression (Lecture XIX). In *The standard edition of the complete psychological works of Sigmund Freud* (Vol. 16, pp. 286～302). London: Hogarth. (Original work published 1915-1916)

Holzkamp, K. (1983). *Grundlegung der Psychologie*. Frankfurt/M.: Campus.

Holzkamp, K. (1990). Worauf bezieht sich das Begriffspaar "restriktive/verallgemeinerte Handlungsf ä higkeit"? *Forum Kritische Psychologie*, *26*, 35～45.

Holzkamp, K. (1991). Was heißt Psychologie vom Subjektstandpunkt? *Forum Kritische Psychologie*, *28*, 5～19.

Holzkamp, K. (1993). *Lernen: Subjektwissenschaftliche Grundlegung*. Frankfurt/M.: Campus.

Jurczyk, K. & Rerrich, M. S. (Eds.). (1993a). *Die Arbeit des Alltags: Beiträge zu* 98
einer Soziologieder alltäglichen Lebensführung. Freiburg: Lambertus.

Jurczyk, K. & Rerrich, M. S. (1993b). Einführung: Alltägliche Lebensführung-derOrt, wo "alles zusammenkommt." In K. Jurczyk & M. S. Rerrich (Eds.), *Die Arbeitdes Alltags: Beiträge zu einer Soziologie der alltäglichen Lebensführung* (pp. 11～45). Freiburg: Lambertus.

Jurczyk, K. & Rerrich, M. S. (1993c). Lebensf ührung, soziale Einbindung und dieStrukturkategorie "Geschlecht." In K. Jurczyk & M. S. Rerrich (Eds.), *Die Arbeit des Alltags: Beiträge zu einer Soziologie der alltäglichen Lebensführung* (pp. 262～278). Freiburg: Lambertus.

Kudera, W. &Voß, G. G. (1990). Lebensführung zwischen Routinisierung und Aushandlung. Die Arbeitsteilung der Person unter Verä nderungsdruck. In E.-H. Hoff

(Ed.), *Die doppelte Sozialisation Erwachsener: Zum Verhältnis von beruflichem und privatem Lebensstrang*(pp. 155～176). Munich: Deutsches Jugendinstitut.

Lave, J., Smith, S. & Butler, M. (1989). Problem solving as everyday practice. In R. Charles & E. Silver (Eds.), *The teaching and assessing of mathematical problem solving* (pp. 61～81). Reston, VA: National Council of Teachers of Mathematics.

Lorenzer, A. (1974). *Die Wahrheit der psychoanalytischen Erkenntnis: Ein historisch-materialistischer Entwurf*. Frankfurt/M.: Suhrkamp.

Markard, M. (1984). *Einstellung: Kritik eines sozialpsychologischen Grundkonzeptes*. Frankfurt/M.: Campus.

Meehl, P. E. (1954). *Clinical vs. statistical prediction*. Minneapolis: University of Minnesota.

Mehan, H. (1979). *Learning lessons: Social organization in the classroom*. Cambridge, MA: Harvard University Press.

Mörth, I. & Fröhlich, G. (Eds.). (1994). *Das symbolische Kapital der Lebensstile: Zur Kultursoziologieder Moderne nach Pierre Bourdieu*. Frankfurt/M.: Campus.

Vetter, H.-R. (Ed.). (1991). *Muster moderner Lebensführung: Ansätze und Perspektiven*. Munich: Deutsches Jugendinstitut.

Voß, G. G. (1991). *Lebensführung als Arbeit: Über die Autonomie der Person im Alltag der Gesellschaft*. Stuttgart: Enke.

Weber, M. (2003). *The Protestant ethic and the spirit of capitalism* (D. Winter and U. Osterkamp, Trans.). New York: Routledge. (Original work published 1958).

4 迷宫和迷阵：行走、想象和注意力的教育

99

蒂姆·英戈尔德(Tim Ingold)

如果你接受教育知道很多事情，那么有可能会出现一种危险：你看到你自己的知识，但是看不到事物本身。这里我提出，行走提供了另一种教育模式：不是将知识塞进学生的大脑，而是引导他们走出来，进入世界。我以迷宫(maze)和迷阵(labyrinth)的差异对比这两种不同的模式。迷宫，提供了一系列的选择，但是预先决定了每个人的行动，把所有重点放在旅行者的意图上。而在迷阵中，正相反，选择不是问题，但是坚持走下去需要持续不断地关注。沿着迷阵路径的教育并不为学生提供立场或观点，反而会不断地将他们从可能的立场中拉出来。这是一种暴露的实践。这一实践要求的注意力是等待事物出现，其呈现于事物的出现。在内在生活的层面，让"事物出现"无异于他们的想象。人类生活在想象和感知间暂时性地延伸，而教育——在希腊语scholè 的原初意义上——填补了它们之间的空白。我的结论是，"贫乏教育学"——没有内容需要传输，也没有这样做的方法的教育模式——却提供了通往真理的理解。

一

诗人安德鲁·格雷格(Andrew Greig)在他最近出版的《在格林科里湖(*At the Loch of the Green Corrie*)》一书中谈到了他的朋友和老师诺曼·迈克凯格(Norman MacCaig)。格雷格写道，他的眼睛和心灵都被动物所吸

引，但是他却并不特别了解关于它们的知识。

> 100 他可以叫出最常见鸟的名字，仅此而已。我认为他并不想知道更多，他相信它们的拉丁名、习性、喂养和交配模式、换羽季节等知识会掩盖它们的现实。有时候知道得越多你就会看到越少。你遇到的是你的知识，而不是事物本身。(Greig，2010，p. 88)

我认为格雷格在这一点上触及了非常深刻的东西，其指向我们所谓教育的意义和目的的核心。知识真的带来智慧？它让我们看到和听到就在那里的真理？或者它只是把我们囚禁在我们自己创造的纲要里，就像装满镜子的大厅，让我们看不到它的另一面？或许知道得越少，我们可以看到更多，体验到更多，理解更多？而或许正是因为我们知道太多，所以我们似乎无法参与发生在身边的事情，无法以关心、判断和敏感进行回应？谁更智慧，鸟类学家还是诗人？——一个知道所有种类鸟的名字但是将它们很好地排列在头脑中；另一个不知道鸟的名字但是对他看到的一切充满惊奇、惊讶和困惑。

我想说，这两者对应两种截然不同的教育意义(关于这一区分，参见Craft，1984)。第一种我们所有人都非常熟悉，无论对于坐在学校课堂里的学生，还是站在教室前的老师。这是拉丁动词educare 的意义，意思是去培育或去教养，去灌输被认可的行为模式以及支持它的知识。然而，变体词源学可以将这个词追溯到educere，ex(out 出)加上ducere(to lead 去引导)。在这种意义上，教育是引导学生出来，进入世界，而不是——如今天通常认为的那样——将知识灌输进他们的头脑。从字面上讲，就是邀请学习者出来走一走。这是一种怎样的教育，通过行走能获得什么？而在这种意义上，是什么让行走成为一种有效的教育实践？

二

行走有很多种方式，但是并不是所有的方式都引导走出。有一种方式就不会，你可以回想你的童年，这种方式就是“鳄鱼”。它是老师用来让一个班不出意外地从一个点到另一个点的方法。孩子们被要求两个两个并排走，排成整齐的一列。如果他们完全关注周围的环境，那么从安全的角度来说，其可以避免与车辆或行人发生碰撞。但是鳄鱼的路径，并不是学习的方式；只有在它的目的地，老师才会再一次站到班级面前并进行讲话。 101
但是当同样这些孩子——有父母或者监护人陪伴，和朋友一起，或者自己单独一人——以他们自己的方式从家里到学校再返回，他们会走得完全不同。有时匆匆忙忙，有时磨磨蹭蹭，时而蹦蹦跳跳，时而步履蹒跚，孩子的注意力**被抓住了**——或者以同行大人的观点来看，**被分散了**——因为一切，从光和影的游戏到鸟儿的飞翔和狗的吠叫，到花香，到水坑和落叶，还有无数的小事：从蜗牛到七叶树，从掉落的硬币到泄露秘密的垃圾。正是这些小事让街道成为深深吸引小侦探注意力的地方，他们的眼睛一直紧盯着地面(Ingold & Vergunst，2008，p. 4)。

对于上学路上的孩子来说，街道就是一个迷阵。像眼睛总盯着指尖的抄写员、誊写员或者绘图员一样，孩子跟随着它的曲折和转向，永远好奇，但是没有居高临下的观点，也看不到尽头。其面临的挑战是不能迷失方向，因为他必须保持头脑清醒。沃尔特·本雅明(Walter Benjamin)深情回忆了19世纪晚期他在柏林的童年岁月，生动描述了他在蒂尔加藤及周围可以跟着走的阿里阿德涅之线，有它的桥梁、花坛、雕像的基座(它更靠近眼睛，比安在它们之上的雕像更让人感兴趣)，以及隐藏在灌木丛中的亭子。本雅明说，他在这里第一次体验到了他之后才发现的那个词。那个词是“爱”(Benjamin，2006，p. 54)。

但是随着长大，人们学会摒弃这些幼稚的愚蠢行为。鳄鱼吞噬了侦探，规训吞噬了好奇。为了找回丢失的东西，人们必须走出城市，到森林里、田野中或者高山上去走一走，这些地方还被未驯服的力量控制。本雅明认为，对于成年人而言，需要付出一些努力，才能重新以乡村之路的敏锐性来理解城市的街道。要做到这一点——重新获得迷阵并让自己迷失其中——“街道名称必须让城市闲逛者听来就像干树枝的噼啪声，城市中央的小街道必须反映一天的时间……就像山谷那样清晰。”本雅明承认，这种艺术在童年时代就消失了，他只有到了晚年才又重获(2006，pp. 53－54)。

三

我们大多数人为教育所规训并在城市里面忙我们的事业，街道对我们来说不是一个迷阵。我们在其中行走不是因为其在路途中展示了什么，而是因为它们负责将我们从一个点带到另一个点。我们仍然可能在其中迷失，但是这一迷失不会被体验为无目的地的路途中的发现，而是实现预定目标中间的挫折。我们想要从这里到那里，因为错误的转弯和死胡同而感到沮丧。因此，对于城市购物者或者通勤者而言，街道不那么像迷阵，而是像迷宫。从技术上来说，迷宫不同于迷阵之处在于，它提供了不是一条道路而是很多选择，其每一种都可以自由选择，但是大多数会通向死路(Kern，1982，p. 13)。而迷宫的不同也在于，它的道路是用障碍来划分的，阻碍了除前方道路之外的所有视野。于是，迷宫并不像迷阵那样向世界开放。正相反，它封闭起来，将它的囚徒困在自由和必然的虚假矛盾之中。

不管地上还是地下，不管走在街道上还是地铁里，城市行人必须穿过
102 围墙和高层建筑围在两侧的通道迷宫。一旦走上特定的大道，他们就没有选择，只能继续沿着它走下去，因为大道的两侧都是围墙[1]。然而，这些墙通常不是裸露的。相反，它们充满了广告、橱窗展示等，这都告诉行人，当机会来时，他们可以选择哪边的侧道来满足他们的欲望。每次道路上出现了分叉，都必须进行决策：向左走，向右走，还是一直向前。因此，穿越迷宫之旅被呈现为由决策点不时打断的随机移动序列，每一步都取决于之前的决定。它本质上是一个类似游戏的战略企业。这不是要去否认行人甚至是司机在繁忙的街道或者相互拥挤地铁中找出他们道路时的战术策略。只是在人群中找出道路是一回事，而在迷宫中找到出路是另一回事[2]。

正相反，在迷阵中步行，选择不是一个问题。道路引导着，而步行者势在必行地走向道路带着他去的地方。只是道路并不总是很容易走。就像猎人追踪猎物或是徒步旅行者在路上，重要的是留意细微的痕迹——脚印、石堆、树干上的刻痕——这些都指示着前方的路。因此，痕迹让我一直走在路上；它们不像广告那样诱使我离开。危险不在于走到了死路，而在于偏离轨道。死亡是一种偏差，而不是终点。在迷阵中没有任何点会让你突然停下来。没有缓冲区或是墙壁阻挡你的前行。你是注定要沿着一条路走下去，但是，如果你不小心的话，它也可能会使你远离生活，到你永远回不来的地方。在迷阵中你确实可能转错了弯，但是不是做错了选择。因为在当时，你没有注意到道路分叉了。你在梦游，或者做梦。土著猎人经常会讲，那些被自己所追逐的猎物诱惑的人会陷入猎物的世界，在那里动物看起来就是人类。在那里他们会继续自己的生活，但是对他们的自己人而言，他们失踪了，被假定已经死亡了。

四

迷宫将所有的重点放在旅行者的意图上。他头脑里有一个目标，一个预定的终点或者期待的视野，一个想要获得的视角，并下决心要实现它。当然这一总的目标可以细分为若干次要目标。而其也会因其他竞争性的目标而变得复杂，这些目标会从各方面攻击它。选择从来都不是明确的，而且也很少有足够的信息，留下大量的不确定性。尽管如此，在迷宫中，外
在的行动来自内在的思想。当我们说行动是有意图的，我们是指头脑在工 103
作，在行动者内部运作，提供单纯物理运动规律之外的目的和方向。意图将迷宫中的旅行者和反弹桌球(bagatelle)游戏中的球区分开来——我们假定——这些球不知道它们走向哪里也没有办法考虑该走哪条路。在迷宫中，意图是原因和行动效果。

但是有意图的旅行者，包裹在他自己思考的空间中，却因为同样的理由，从世界本身缺席了。他必须决定走哪条路，但是在决定了路程之后，

就没有必要再关心他往哪里去了。正相反，在迷阵中，走在路径上的人没有明确的目标要执行，只是不停走。但是要这样做，他的行动必须与他的知觉紧密而持续地结合在一起——即对道路的延伸一直进行小心的监控。简单来说，你必须注意你的脚步，同时不断倾听和感受。总之，路径行走与其说是有意图的，不如说是有注意力的。它将行走者吸引到现实面前。因此，正如意图变成了注意，缺席也变成了在场。这也是徒步旅行和导航之间的差别(Ingold，2007，pp. 15－16)。当然，在迷阵的注意力行走中，头脑在工作，这和迷宫中的有意识导航一样。但这是一种运动本身内在的头脑运作，而不是运动的效果来源。

五

现在，迷宫的导航和迷阵的徒步之间包含了我在开头提到的教育的两种意义的所有不同：一方面是将学习者引入(纳入)文化的规范和表征，或者说“有意图的世界”；另一方面则是将学习者带出(拉出)到世界本身，让他自己去体验。当然，知识与其文化环境相关，这一说法没啥新意也并不激进。每一个世界都只是对世界的一种看法，而这些看法或者解释是多元的甚至可能是冲突的，这已经成为现代——甚至是后现代——教育哲学实际默认的立场。学生们不仅熟悉知识是由表征组成的这一观点，而且他们很聪明地意识到，表征不应该与“真实的事物”相混淆。正如教育哲学家简·马斯切林(Jan Masschelein)看到的，这并不是问题所在。

问题在于这样一种方式，即一个世界只能通过其表征来了解；在过多的图景中，它就在我们试图将其保持在视线里的过程中，从我们身边溜走了。我们对事物的抓取总是让我们空手而归，仅仅抓住倒影。我们不再能对世界开放，世界也不再对我们开放。马斯切林问：怎样

> 我们才能将世界转变为某种“真实”，怎样才能让世界“在场”，重新给予真实，摒弃看起来越来越多地将我们困在自我反思和解释中，

无休止地对“立场”、“视角”和“观点”进行回应的盾牌或者镜子？

简言之，我们怎样逃离迷宫？马斯切林的回答很清楚，“通过暴露”（Masschelein，2010a，p. 276）。而这正是**带出**意义上的教育能实现的——即在迷阵中行走。

在这个意义上，教育与“获得批判性距离”或形成看事物的“视角”等常 104
规目标毫无关系。它不是要获得一种观点。迷阵中没有要达到的点，没有最终目的地，因为每一个地方都已经在通往其他地方的路上了。行走并不是从这一立场或者那一立场形成观点或视角，而是将我们不断地从**所有**立场拉下来——从我们可能采取的所有立场。马斯切林解释道，“行走是将立场置于危机之中，它关于前立场，关于走出立场”（2010a，p. 278）。这就是他所指的通过暴露。这种暴露不是提供不同的视角或者多个视角，比如说从地面就会与从高处或者从空中获得的有所不同，它根本就不从任何视角来揭露世界。行走者的注意力不是来自于到达一个位置，而是来自从中被拉出，来自移动。

六

乍一看这一结论似乎与心理学家詹姆斯·吉布森（James Gibson）的结论非常接近（1979）。吉布森开创了视觉感知的生态学理论，他提出我们不是通过一系列固定的点来感知我们的周遭；他指出，也不是我们的大脑将记忆中从每个点获得的部分视角汇集成整体的全面图景。相反，知觉沿着他所谓的**观察的路径**进行。当观察者走在路上，从环境中的反射面（即“光学阵列”）到达眼睛的光的模式经历了不断的调制，而在这一调制的基本不变量中，事物自己呈现了它们的样子。或者更确切地说，只要它们帮助或者阻碍观察者继续前进，或是沿某一路线继续行动，它们就会显露它们**所承担的东西**。根据吉布森，我们在这些观察之路上行走得越老练，我们就越能对我们环境中的重要方面进行关注并进行熟练的回应。也就是说，我们经历了“关注的教育”(Gibson，1979，p. 254；也参见 Ingold，2001)。

然而，尽管有表面的相似性，但是在马斯切林看来，行走者通过暴露让自己进行的教育与吉布森的想法正好相反。这不是一个选取并转向自己优势，而世界的承担都已经安排好了的问题。在法语中，动词attendre 意思是“去等待”，就算在英语中，关注事物或者人也意味着照顾他们，服从他们的命令，跟随他们的行动。这样看，注意力等待一个非现成的世界，它始终处于初期，处于不断涌现的尖端。简言之，对吉布森而言，世界等
105 待观察者，但是对于马斯切林而言，行走者等待世界。在道路的召唤下行走者前行，任由所发生的一切摆布。在马斯切林看来，去行走，是由尚未给定的东西指挥的，但是*在路上*会给定(Masschelein，2010b，p. 46)。

亨利·波尔托夫(Henri Bortoft)在他对歌德科学原则的倡导中，提出了大致相同的观点，他巧妙地将“它出现了”一词倒过来。在传统语法正确的词语顺序中，“它”在“出现了”之前：事物的存在先于它的被发现，准备好并等待着被移动的观察者察觉，观察者的注意力集中在它所承担的东西。但是，行走在迷阵中，注意力被转移到上游，转移到“出现事物的出现”。人们关注——等待——“它”出现。一个事物的出现就相当于它暴露，看到它的出现等于它的诞生。波尔托夫评论道，“出现了它可能在语法上是错误的，但是在哲学上却更好了”，因为它解决了难题，否则的话会使我们认为事物的存在先于它们的诞生过程(Bortoft，2012，pp. 95—96)。

七

现在我提出，*出现事物*，等同于想象它们。去想象某物是出现它，帮助它孕育，出席它的诞生。因此，想象的力量不在于心理表征，也不在于在材料发布之前就有能力建构图景。想象是开放的运动，而不是排斥，它所带来的不是结束，而是开始。通俗地说，想象的倾向是漫游，寻找前方的路；它不是按照一系列的步骤达成预定的目标。从这个意义上，想象是生活生成的冲动，它不断被希望、承诺以及延续的期望所驱使。正如哲学

家吉尔·德勒兹(Gilles Deleuze)所断言，这种生活中没有实际，只有虚拟——事物正在走向实际化或者被给予的路上(Deleuze，2001，p. 31)。这样一种生活不能在成就记录本中找到，也不能像简历那样，通过列出已经走过的路上的里程碑，进行重构。它在里程碑间穿梭，就像两岸之间的河流，掠过时也就远离了它们。这就是德勒兹所指的一个生活(而不是生活)，在他所谓的“内在性层面”(同上，p. 28)上进行。就我目前为止所述的一切看来，很清楚，这一层面——虚拟层面，出现事物的出现层面——也是迷阵的层面。简言之，内在生活，是迷阵型的。

为了进行解释，德勒兹从查尔斯·狄更斯(Charles Dickens)的小说《我们共同的朋友》(*Our Mutual Friend*)中引用了一个例子。赖德胡德(Riderhood)先生是一个不讨人喜欢的声名狼藉的人，他在泰晤士河上的一次事故中被旁观者救起。他的划艇被一艘轮船撞翻了。快要淹死时，他被救起到附近的一个住所，医生也被叫来了。当他的生命危在旦夕时，医生并不确定的调查受到了健壮的救援者和房子女主人的欢迎，他们怀着敬畏和肃然起敬的心情。但是最终病人醒过来了，当他恢复意识时，魔咒解除了。赖德胡德先生恢复了他平常的粗暴和坏脾气，他责骂了聚在一起的这群人，甚至包括他的女儿，他之前的救星们都立刻退缩了——他们对生命的尊重被他们对这一特殊样本的蔑视所掩盖。就像狄更斯讽刺的，不论赖德胡德在这个世界还是那个世界，都不会引起任何人的同情，“但是在这两 106
个世界之间斗争求活的人类灵魂却可以很容易做到这一点”(Dickens，1963，p. 444)。

正如狄更斯的故事所揭示的，内在性层面在生命与死亡，或者意识和昏迷的生平特性之间危险地悬停了：悬停中这些特性——决策进行、课程选择、目标达成、犯罪进行——被解散或暂时搁置了。正如我们已经看到，在土著猎人的故事中，他们在追逐猎物时，同样会发现自己的存在处于不确定的区域，生命和死亡的天平，正如猎人和猎物的天平，会倒向任意一边(Willerslev，2007)。因此在迷阵中行走就像在蜘蛛网上找平衡，地面本身不过是一层面纱。像蜘蛛一样，我们吊在那里。在这个意义上，生活并不局限于危急情境。正如德勒兹特别强调的，“一个生活是一个特定的生活主体所经历的所有地方和所有时刻”(2001，p. 29)。那么，以迷阵的方式进行的内在生活的虚拟时刻和迷宫中以决策点标记的实际时刻之间是怎样的关系？难道不是我们所有人，在所有时刻，都同时涉足这两方面吗？

八

似乎人类生命的运动——也许与非人动物的生活相反——是暂时性拉伸的。可以说，我们在本质上领先我们自己。上游，与事物的出现同时发生，是想象；落后的下游是我们对一个已经设定的世界的感知理解，事物在那里出现。这就是为什么在每一次冒险中，在每一个时刻，我们都对事物的出现既全副准备，也完全没有准备。那么这带来什么，什么又会接着发生？通常的答案是宣称作为有意图的个体——即作为**行动者**——人们在行动之前都会深思熟虑。当然，这是首先将他们定位在迷宫中。在这里，大脑发出命令，而身体多少机械地服从它的指令。在这种意图性的考量中，掌握是认知性的：如果人类能引领他们的生活，而不是仅仅过他们的生活，那么这完全得感谢他们有能力对他们的行动做出提前的设计构想，这对于动物而言——至少对于以笛卡尔原则建立的心灵科学而言——是无能为力的。

但是，给迷阵以优先权，就是颠倒了掌握和服从之间的现有关系。这里，**服从引导而掌握跟随**。不是下命令的头脑已经知道其意志之下服从的
107 身体就跟在后面，而是想象在正前方，它感觉向前的道路，在一个尚未形成的世界中走出一条道路，尽管后方崛起的是知觉是已经在世界的各种方式下接受教育，能熟练地对承担的东西进行观察和回应。于是，一种生活存在于服从和掌握之间，想象和知觉之间，在我们经历的生活和我们做的事情之间的张力中。而正是前者设定了后者的存在状况，而不是相反。生活并不服从于行动者，但是行动者服从于生活。而两者之间的空白，在虚

拟和实际之间——通过想象总是超越知觉而暂时延伸——恰好就是学校(school)，在其原初的意义上(来自希腊语scholè)，指自由时间。

由此，我们回到教育的话题，回到马斯切林的哲学。马斯切林认为，“教育在scholè 意义上建立‘学校’”。而作为scholè 的建筑师，教育者或者老师“是开放或者废止时间分配以及时间目标的人”(Masschelein，2011，530)。他或者她不是终点的守护者，而是开端的催化剂，其任务是释放想象，并赋予它没有目标或者目的的自由漫游。

当然，我们不应该将这种意义上的学校和西方社会很常见，通常被称为“学校”的机构混为一谈。因为在学校的历史中，这一机构一直致力于圈养想象，将其转化为在成就达成之前就能看到目标的能力。该机构的目标在很大程度上是预定时间，而不是消除预定；是向学生头脑灌输知识，而不是解开它(Masschelein，2011，p. 531)。它一直坚持迷宫高于迷阵，掌握高于服从。因此，学校机构和scholè 的自由时间各自分别致力于educare和educere，引入和带出，灌输和暴露，意图和注意之间相反的职责。前者占用的，后者就会搁置。它推迟了终点导向的活动。在这一内在性层面，没有东西会是它原来的样子或是将会成为的样子——正如俗话说的——一切都要发挥作用。未完成，从终点和目标中解放出来，对于所有人而言，世界又一次恢复存在。它触动我们，所以我们——一起暴露于它的触动(同上，p. 533)——能够生活其中，在它的陪伴下。或者换一个词，我们可以与它对应[3]。

九

但是如果scholè 是一起暴露的时间，那么它也是传统的时间。迷阵中的行走者——就像澳大利亚土著青年，他们跟随他们在世界初起的黄金时代的祖先足迹——追溯前人的脚印，成为曾经的他们。在这种意义上，所有想象都是记忆。中世纪欧洲的修道院学者也是完全一样。用笔墨抄写礼拜文，或者在阅读中用手指追溯字母的线条，同时低声发出相应的声音， 108

这都是在传统(traditio)原初的意义上追随传统。传统一词来自拉丁文tradere，指“去移交”，当时的含义与今天人们通常理解的有非常大的不同。与其说它是代代相传的知识体系，不如说它是一种表演，借此，传递时尚，其得以继续下去。经文中的每一个故事，就像景观中的每一条小路，都会铺设可以继续前进的道路，而每一条小道——每一个故事——都会将读者带到目前为止，然后交给下一个(Ingold，2013b，p.741)。

无论是行走在小路还是抄写文字，行人或者抄写员都会提交一条线，永久性地将他从位置拉出。没有目标，没有尽头，总是在等待，永远在场，暴露于但是也震惊于他所经历的世界，他没有什么东西要学，也没有什么东西可教。他的行程是一种生活方式，但是这种方式中没有内容可传递。没有知识需要传递。而因为没有东西要传递，也就没有传递的方法。因此，在传统的教育定义即灌输知识，与我们这里所讨论的教育意义即带出去进入世界之间，存在着丰富的方法论和马斯切林(2010b，p.49)称为“贫乏教育学”的差异。

方法论的概念属于迷宫。在它的部署中，它将手段转化为目标，将作为内容的知识和获取知识的手段相分离，并因此形成了一种封闭，而这正是贫乏教育学所提供的向在场开放的对立面。如果说丰富的方法论为我们提供现成的知识，那么贫乏教育学让我们对经验智慧敞开心扉：它适用于scholè的时间，而不是学校的机构；适用于迷阵而不是迷宫。抄写的艺术就是很好的例子。抄写员的虔诚生活在他所抄写的线条的曲折迷阵中展开。但是，迷宫的逻辑已经将抄写——在我们的当代评估下——贬为抄袭，对另一个行动者的非法篡夺，就好像写作只不过是语词的选择及其机械地复制。而同样的逻辑应用于行走，就将孩子在他或者她的上学路上的探索闲逛转变为鳄鱼的纪律队伍，从一个出发点到一个预先设定的目的地。在鳄鱼的尽头，老师转过身面对她的学生，进行回顾，从其最后的优势位置阐述观点。也许，早在出发之前她就已经以语言和图形，展现过预期的结果。她的做法实际上是一种丰富的方法论。

然而，正是方法论设置了行动障碍。面对面，没有向前的道路。知识从头脑飞向头脑，但是头脑本身——以及头脑所属的身体——却固定在原地。去行走，不是要去面对或者回应那些站在你面前的人，而是跟随那些背对着你的人。去抄写也是类似：加入钢笔的运动，不要反思或者立足于完成的作品。迷阵中的行走者，与世界同在并回应它的召唤，追随其他人曾经的足迹，一直行走，没有开始或者结束，将自己推进事物的变化之 109
中。马斯切林会说，他在当下真正在场。这种在场的代价是脆弱性，而它的回报是理解，基于直接经验超越了知识的理解。它是通往真理之路的理解。正如格雷格在诗中写道：对世界所知甚少，他看到了事物本身。

致谢

本章修改自 2013 年 6—8 月在桑德兰大学举办的展览“行走：从理查德·朗(Richard Long)到珍妮特·卡迪夫(Janet Cardiff)——40 年的艺术行走”的专项会议上提交的论文。它于同一年发表于辛西娅·莫里森—贝尔(Cynthia Morrison-Bell)、迈克·科利尔(Mike Collier)和阿利斯泰尔·罗宾逊(Alistair Robinson)等编辑的同名丛书，由桑德兰大学北方艺术版(Arts Edition North)出版，第 6－11 页。为了我的书《线条的生命》(2015 年 4 月由劳特利奇出版)，我继续对其进行了大量修改。对于我文中提出的观点，我要特别感谢简·马斯切林和里卡多·内米洛夫斯基(Ricardo Nemirovsky)。

注释

[1] 最近对巴黎郊外凡尔赛宫花园的参观也提供了相同的体验。在每个方形花园中，笔直的人行大道的两边是高高的树墙，通往有着雕塑或者喷泉的封闭小树林。在这些花园中，我感到强烈的幽闭恐惧。

[2] 关于战略导航和战术策略的区别，参见 de Certeau(1998，xviii 页)。

[3] 我已经更为详细地讨论了对应(correspondence)的概念(Ingold，2013a，pp. 105－108)。

参考文献

Benjamin, W. (2006). *Berlin Childhood Around 1900* (H. Eiland, Trans.). Cambridge, MA: Belknap Press of Harvard University Press.

Bortoft, H. (2012). *Taking Appearance Seriously*. Edinburgh: Floris Books.

Craft, M. (1984). Education for diversity. In M. Craft (Ed.), *Education and Cultural Pluralism* (pp. 5~26). Philadelphia: Falmer Press.

de Certeau, M. (1984). *The Practice of Everyday Life* (S. Rendall, Trans.). Berkeley, CA: University of California Press.

Deleuze, G. (2001). *Pure Immanence: Essays on a Life* (A. Boyman, Trans.). New York: Urzone.

Dickens, C. (1963). *Our Mutual Friend*. London: Oxford University Press. (Original work published 1865)

Gibson, J. J. (1979). *The Ecological Approach to Visual Perception*. Boston, MA: Houghton Mifflin.

Greig, A. (2010). *At the Loch of the Green Corrie*. London: Quercus.

Ingold, T. (2001). From the transmission of representations to the education of attention. In H. Whitehouse (Ed.), *The Debated Mind: Evolutionary Psychology Versus Ethnography* (pp. 113~153). Oxford: Berg.

Ingold, T. (2007). *Lines: A Brief History*. Abingdon: Routledge.

Ingold, T. (2013a). *Making: Anthropology, Archaeology, Art and Architecture*. Abingdon: Routledge.

110 Ingold, T. (2013b). Dreaming of dragons: On the imagination of real life. *Journal of the Royal Anthropological Institute*, *19* (4), 734~752.

Ingold, T. & Vergunst, J. L. (2008). Introduction. In T. Ingold & J. L. Vergunst (Eds.), *Ways of Walking: Ethnography and Practice on Foot* (pp. 1~19). Aldershot: Ashgate.

Kern, H. (1982). *Labyrinthe*. Munich: Prestel.

Masschelein, J. (2010a). The idea of critical educational research: educating the gaze and inviting to go walking. In I. Gur-Ze'ev (Ed.), *The Possibility/Impossibility of A New Critical Language of Education* (pp. 275~21). Rotterdam: Sense Publishers.

Masschelein, J. (2010b). Educating the gaze: The idea of a poor pedagogy. *Ethics and Education*, *5* (1), 43～53.

Masschelein, J. (2011). Experimentum scholae: The world once more… but not (yet) finished. *Studies in Philosophy and Education*, *30*, 529～535.

Willerslev, R. (2007). *Soul Hunters: Hunting, Animism, and Personhood Among the Siberian Yukaghirs*. Berkeley, CA: University of California Press.

111 5 具身化日常生活行为：从主体理由到特权

托马斯·梯欧(Thomas Teo)

导言

在这一章中，我认为霍兹坎普(Holzkamp，2013，2015，chap. 3)对日常生活行为以及围绕这一概念的概念网络进行的反思，对批判心理学家和具有社会意识的心理学家必须要解决的以下基本核心问题提供了心理学的解决方案：(a)社会和个体之间的关系，以及源于这一关系，(b)关注生活中的人类主体性的心理学，其基于语境但不由语境决定。但是，我认为霍兹坎普仅仅对社会和个体的关系提出了一阶解决方案，更重要的是，他也仅仅对批判性心理学应该如何思考社会结构和日常生活行为之间的中介这一问题提出了部分解决方案。

我指的部分解决是项目利用了嵌入在意识哲学中的地方传统，却对关注身体的批判传统缺乏意识。我建议引入基于身体的批判概念，霍兹坎普(Holzkamp，1983)的批判心理学是一个进步的研究项目，能够吸收和适应西方以及西方以外的批判传统，而心理学家必须“以霍兹坎普超越霍兹坎普”。特别是，我认为生活行为的概念必须引入具身性概念，如惯习、表演和特权，从而在意识哲学中超越主体理由。惯习概念指向一个社会中的生活行为，表演可以用于具身化社会建构的理解，而特权概念可以以一个特定社会内部，以及特定社会以外的他者来进行理解。

社会和主体 112

批判心理学家认为，人类精神生活是文化的、历史的以及社会嵌入的。人类社会性的概念可以追溯到西方世界的詹巴蒂斯塔·维科(Giambattista Vico)(1668—1744)，格奥尔格·威廉·弗里德里希·黑格尔(Georg Wilhelm Friedrich Hegel)(1770—1831)以及卡尔·马克思(1818—1883)。在心理学中，霍兹坎普(Holzkamp，1983)最为清晰地阐述了社会和个体生活之间的关系。在这一问题上的争论表明，人类作为个体只是历史和社会使他们成为的个体，因为人类意识包含于历史、文化以及他们所生活的世界。精神生活是嵌入社会的，并不存在非社会化的自我。因此，批判理论家认为社会不是外部环境或者外部变量，而是构成自我和精神生活的历史变迁结构，尽管人类并不是由社会结构决定的(Holzkamp，1983)。

霍兹坎普(Holzkamp，1983)通过在进化辩证模式中重新建构人类的**社会性**解决了这一一阶问题。他也证明了想要理解人类主体性，心理学家需要社会理论。但是霍兹坎普并没有将解决方案推进到二阶问题：当社会变迁时我们应该优先考虑哪种社会理论？为什么我们应该用意识哲学而不是身体哲学？为什么我们应该给主体理由特权？确实，自19世纪以来，社会科学已经积累了大量关于社会、文化和历史的不同理论。问题就在于，当我们可以将发达的、工业化的、世俗的、民主的、自由的、新自由主义的、多元文化的、先进的、父权制的、新殖民主义的、消费主义的、休闲导向的、沟通的、基于信息的、技术的、现代的、后现代的、电子的等以及它们的组合引入描述，仅仅将社会建构为资本主义的或资产阶级的，是否充分？

资本主义的描述不足以理解影响人的主体性的社会、历史以及文化特性。例如，技术发展和技术安排影响人的主体性(参见 Chimirri，2014；Schraube，2013)。甚至在批判传统中，也出现了与经典的马克思主义描述相背离的复杂社会理论(例如 Boltanski，2012；Hardt & Negri，2009；Harvey，2005)。心理学家的经验和理解可能会因不同的理论选择而有所不同，这对于特定社会中精神生活、意识、动机、认知和情感的理解也是一样。事实上，一个社会理论不仅会影响到对精神生活的理解，而且会影响到对人的抵抗提出的建议。不仅心理学概念会有循环的影响(Hacking，1994)，社会概念也是一样。

更一般地说，自后结构主义理论兴起以来，宏大理论，包括宏大的社
113 会理论(如马克思主义理论)广受批评，且这些攻击并非没有充分的理由。在这一思潮中有人认为学者应该着力于小的地方理论，而不是宏大理论。例如，资本主义社会产生了异化的人或者新自由主义的认同的分析可以用人的关系描述的概念加以补充(Gergen，2009)。对批判思想家而言，在认识论上显而易见的是，当今的社会概念需要将世界各地的社会科学在近期的批判性争论纳入其中。如果批判心理学家想要对特定世界的人类主体性形成当前的理解，那么他们需要跟进这些理论。我想霍兹坎普也会同意这一点。

个人的生活行为

批判理论(法兰克福学派)旨在通过在其研究项目中加入精神分析来解决人在社会中的嵌入性问题。批判心理学，尤其是在其后期的发展中(Holzkamp，1984，2013)，依靠现象学和解释学思维来解决传统心理学的**无世界性**。事实上，直到今天，主流心理学仍然是一种没有“存在”的心理学，因为它尚未能充分地解决以下现实：我们“是”在这个世界中的。在我看来，霍兹坎普承认现象学时迈出了重要的一步：他意识到马克思主义的框架对人(或者是他所说的主体)的心理学而言是不充分的，因此，他将自己思想史中的解释学传统纳入其中(参见 Teo，2013)。

马克思主义、现象学和解释学比表面看起来有着更多的共同之处。马克思教导我们，人类科学必须和真正的人打交道，他们吃饭，生产，生育

等——简言之，他们过他们的生活(Marx & Engels，1932/1958)。在狄尔泰(Dilthey，1957)看来，心理功能必须以心理内容为补充，心理内容是通过人类赋予其生活的意义而形成的(参见 Teo，2001)。这些基本见解只在主流心理学中略有表现。但是马克思的思想已经进入行动理论或者文化历史心理学，而狄尔泰的思想也已经影响到了解释学、现象学和存在主义思想家。不可否认，我们不应该过分强调共性，它们是有差异的：马克思可能与加缪(Camus，1955)的思想——唯一有意义的哲学问题是回答生活是否值得去活以及是否应该自杀的问题——相处地并不好。而狄尔泰没有办法想象在极端不平等的现实之下过贫困的生活意味着什么。但是，这两种传统之间的张力使得理论的可能发展有了辩证性(Teo，2001)。

霍兹坎普回到了生命哲学，这在传统的马克思主义思想看来，是资产阶级的。但是，我认为尽管包含了情境这样的概念，他的主体性概念仍然是意识哲学的一部分，它并不与马克思主义的理论相对立的，而是它的一
部分。正如霍兹坎普指出，生活行为的概念在社会学话语中是有传统的， 114
但是同样也嵌入于生活哲学之中。生活行为的概念对心理学很重要，因为它将心理学家和本来应该处于核心地位的心理学主体连接在了一起：在具体的环境中生活和体验的主体性。

自反性和人的种类

主体性以及试图把握它的概念和行动有着时间性、文化和社会。丹奇格(Danziger，1997)证明心理学概念是有历史的，它们是为社会目的而建构的。哈金(Hacking，1994)指出主体和概念之间具有循环效应，这是指人们通过心理学概念而开始理解他们自己，这反过来又再一次强化了科学家对这些概念的研究。马丁和舒格曼(Martin& Sugarman，2009)总结了文献，指出心理学概念是社会性构成的，有着价值承载，并指向概念和主体之间的反应。作为一个批判心理学家，我们需要加上一点，这种反应需要在控制、监控和权力的背景下进行理解。

概念的历史现实要求对概念进行自反，这一做法用于心理学研究，包括批判心理学(自反性的兴起参见如 Finlay，2002；Gao，2012)。即使有人认为自然历史重建中发展出来的概念可能有代表自然心理世界的基础，但同样明显的是，在更高层次上发展起来的大多数概念确实反映了心理学中的特定传统。独特的德国、美国或者丹麦的心理学概念，无论在全球化进程中成功与否，都是理解的来源同时也是理解的局限。霍兹坎普(Holzkamp，2013)谈到了传统心理学的无世界性，他指出这是主流研究以及非主流理论所使用的研究设计的结果。但是，将世界包含进心理学研究也意味着在自反性的过程中将自己的理论语境化嵌入特定的世界，包含文化和历史的偶然。

这一批判已经在后殖民主义理论、本土心理学和社会认识论中发展起来。这些理论帮助我们理解"日常生活行为"以及围绕着它的概念在哪些方面也需要批判性地反思。实际上，正如霍兹坎普和丹奇格都看到的，心理学概念并不仅仅描述经验的形式，它们也规定我们的经验，在自反性过程之后，我们在有了其他批判项目、其他时间或其他文化的经验时，它们允许我们提出自己经验的局限性。在现在广为使用的例子中，丹奇格(Danziger，1997)报告了在印度尼西亚教授课程是怎样让他挑战他的欧洲概念，并认识到西方心理学和印度尼西亚心理学之间不可通约，后者是基于印度和爪哇传统。

印度后殖民主义历史学家查克拉巴蒂(Chakrabarty，2000)在他名为
115 《地方化欧洲》(*Provincializing Europe*)的书中挑战了欧洲历史就是世界历史的假设，但是同时也指出一个后殖民主义学者撰写非欧洲历史的困难在于总是需要参照中心(欧洲)，而不是相反。尽管心理学的情况并不相同，但是现实是，欧洲，尤其是美国的心理学仍然占据主导地位，其也需要地方化。霍兹坎普明白美国心理学反映了美国人的存在，而与此同时，正如我就德国批判心理学的特征指出的(Teo，2013)，本土性也同样适用于德国批判心理学。因此，自反性成为批判工作的重要组成部分。

霍兹坎普(Holzkamp，2013)意识到生活行为的概念对主体性理论非常

重要。他将社会结构放在一边，他意识到了这一概念的复杂性，他将日常生活行为放到了另一边，并以“意义结构”和“理由话语”作为两者之间的中介。主体理由的概念指的是人的行动以及行动观念，如果人没有理由，就不会存在(或者不会成为行动)。我认为这个论点，或者提出问题的这种方式，过分依赖于意识哲学了。

霍兹坎普(Holzkamp，2013)相信社会学理论并不能够充分地处理日常生活行为的概念，因为“主体理由”没有得到系统的研究。这也许是对的，但是“主体理由”并不是社会和人之间的最终中介。“主体理由”的概念聚焦于头脑(在某种程度上，概念的定义也是如此)，所以也许社会和个体之间的核心中介不是意识或者主体理由，而是身体。惯习、表演和特权等概念说明了这一点(见下文)。

要求自反性的社会认识论可以追溯到马克思，但是已经扩展到许多其他概念，如性别、种族、“民族”、性偏好、文化、残疾等。社会认识论认为，社会特征不仅影响研究问题，而且影响研究方法、解释以及应用。社会特征影响我们做研究的方式以及我们偏好的用语。并不让人吃惊，一个女同性恋发展了性偏好的理论(Butler，1989)，重要的残疾研究是由残疾人来推进的(Linton，1998)，而霍兹坎普不会关心身体或特权。社会认识论很重要，其并不适用于日常，但是却能应用于学术生活。实际上，学术生活是怎样进行的？日常学术生活行为怎样影响研究？边际生活行为怎样影响理论取向和研究计划？这些问题的回答可以被总结为：主体性是嵌入于历史、社会、文化以及本土的。

主流在某种程度上对这一问题持开放态度。阿奈特(Arnett，2008)在《美国心理学家》杂志发表了题为《为什么美国心理学必须减少美国》的论文，指出了美国心理学的本土特性。亨利克、海涅和诺伦扎扬(Henrich，Heine & Norenzayan，2010)在《行为和脑科学》杂志上发表了《世界上最怪异的人?》一文。作者的“怪异”指的是来自西方(western)，有教养(educat- 116
ed)，工业化(industralized)，富有(rich)和民主(democratic)社会的人(WEIRD怪异)，“更具体地说，是美国本科生形成了实验心理学，认知科学以及经济学，还有相关领域数据库的主体”(p. 61)。这些反思表明，主流的美国心理学也是当地心理学。

社会认识论的观点不仅涉及抽样问题，而且也表明了一种本土的视角在多大程度上指导了霍兹坎普的日常生活行为研究，以及其他研究。全球化使得我们能够遭遇其他语境下的传统，包括中国、印度、菲律宾、非洲、拉丁美洲等，世界上大多数人生活其中，而若干本土心理学也已经发展起来。从来自外围的他者的视角来看，日常生活行为研究的概念网络并不包括对白人或者欧洲人，德国人或者丹麦人的惯习、表演或者特权进行研究。从欧洲或者北美以外的批判视角来看，特权是比主体理由更为重要的概念(Martin-Baro，1994)。

惯习和表演

我并不认为有必要抛弃意识或者实践哲学，而是说必须对其进行补充。批判理论已经为心理学提供了概念，这些概念有效地调和了社会结构和个体的日常生活行为，并受到了具身哲学的影响。这些概念非常重要，因为人通过他们的身体进行生活和他们通过大脑进行生活一样多。现象学家理解身体的重要性(例如 Merleau-Ponty，1945/1962)，但是大多数现象学对这一主题的处理都并不包含批判的社会视角(其由惯习概念，表演的女权主义理论——更一般地说是身体的女权主义哲学——以及特权概念来提供的)。社会生产主体性的形式是基于惯习、表演和特权，而这必须加以考虑。

霍兹坎普(Holzkamp，2013)设想了一个一般化的普遍人，他指出“‘行动的主体理由’概念是……人类互动中的普遍性质”(p. 294)，暗示如果没有理由，行动就不会存在。我认为我们进行阶级、性别以及特权行动时可能没有什么理由。我们只是习惯于这样做，我们可能意识不到我们的理由。一旦其他人加入我们进行对话，或者我们遭遇到完全不同的经历使我们意识到了自己的习惯，理由才会起作用。

比如说，我每天都使用一定量的水，丝毫意识不到这是一种特权行为。这个行为可能是我主体性的一部分，但是只有当有人向我指出这是一个特权，或者我不再拥有这个特权时，它才成为一个问题。除非我进行了 117
批判性自反的过程，否则我甚至不会标记它为一个特权。尽管如此，我具身于这一特权是在我试图提供理由、对话或者自反性之前的。这也意味着普遍人类需要从边际化他人的视角进行语境化。并且，其开启了在生活行为中引入批判的具身分析的研究。

为了论证这一观点，我想举出中介于社会结构和个人生活行为之间而无须诉诸理由的具身性案例。布尔迪厄(Bourdieu，1979/1984)提出了惯习的观念来表明，日常生活行为可能是基于对具身化区隔的建构或者占据。社会结构和个体性之间的中介不是理由话语，而是人的惯习。20 世纪 60 年代和 70 年代的法国上层阶级不单单依靠经济资本，也依靠文化资本。比如说，“高级教师”以不看电视为荣并非偶然，因为电视被认为是大众的娱乐方式。观看歌剧、展览、参加晚会和参观画廊也被实践为展示和体验上流社会的成员资格。日常生活行为中也进行着具身化假设，例如，尽管参观博物馆并不是受过教育阶级的特权，但是博物馆还是为受教育或者上层阶级设计和组织。关注文化资本和惯习的权力理论在本质上是心理学的。

布尔迪厄最初把惯习的概念与上层阶级的生活行为联系在一起。惯习包含阶级，但是并不必然包括认知，或者意识部分，或者理由话语部分。惯习不仅是一个社会学概念，而且也是一个心理学范畴。实际上，习惯在心理学中有很长的传统：威廉·詹姆斯(William James)(1890/1983)在他的《心理学原理》中用了整整一章来讨论习惯的性质。对詹姆斯来说，习惯是“社会的巨大飞轮，最为宝贵的保守主义行动者。它独力将我们限制于法令范围之内，让富人的孩子免受穷人嫉妒的起义”(p. 125)。对于詹姆斯来说，习惯是某种具身性的东西(尽管他没有使用这个词)，某种生理的东西。他建议，人应该与他们的神经系统结盟，尽早让有用的行动自动化和习惯化(同上，p. 126)。当然，詹姆斯没有问在一个特定社会里，有用指的是什么，因此，与布尔迪厄相反，他缺乏批判维度，即缺乏对权力和可能抵抗的分析。尽管习惯或者惯习的批判性概念不应指望詹姆斯，但是这一概念能够在社会结构和主体性之间进行调和，并因此是日常生活行为分析的一个候选项。

布尔迪厄(Bourdieu，1984 / 1988)之后将惯习的概念应用于他描述为“客观精心策划”(p. 149)的学术人，教授实践的形式既不能用主观的也不能用客观的学术角色目的论来进行解释。心理学家意识到并强调，惯习的
118 概念不仅使得对身体和社会建构的身体进行社会学研究成为可能，也使得对社会化的主体性(Stam，2009)的研究成为可能。利用布尔迪厄和华康德(Wacquant)，利萨尔多(Lizardo，2009)将社会化概念化为实践的和具身的，是运动原理镜像(指镜像神经元概念的过度拉伸)，是模仿学徒，是跨模式映射。这里的观点不是要展示我们可以用惯习的概念做什么，而是指出像惯习这样的具身概念可以中介于社会和主体，并因此克服集体和个体之间的分野(Roth，2014)。“我”在“我的”西方中产阶级生活的行为中表现出一种惯习，而心理学研究应该描述并分析这个惯习。

巴特勒(Butler，1989，1993)的性别表演理论是社会学的、文化的、女权主义的、酷儿的、伦理的，同时也是心理学的；它是跨学科的，基于情境知识。巴特勒(Butler，1989)关于日常生活中的性别表演的主要观点是性别既不是天生的也不是后天的，而是身体表演使然。她借鉴弗洛伊德、福柯(Foucault)和拉康(Lacan)的观点认为，表演无关性别的内在化或印刻，而是性别的积极的具身化。她指出，性别既不是幻象也不是意识形态，而是通过身体和语言不断生产和表演出来的：“这些行动、身体语言、表现通常被解释为表演性的，因为它们原本想要表达的认同的本质是虚构，通过身体符号以及其他话语手段生产和维持。”(p. 136)表演意味着性别化的身体除了组成其现实的行为之外没有本体论地位。在生活的日常行为中，性别是表演的，其他认同也是一样，比如说加拿大人、德国人或者丹麦人究竟意味着什么。“我”在我的生活行为中表演我的性别，也表演其他认同，而主体心理学必须研究这一现实。

霍兹坎普的批判心理学并不是要把主体性下降到头脑，而是对世界有

更多的需求，包括出现在世界各地的批判理论。巴特勒使我们将生活行为看作具身实践，表演的主体理由在其中可能是次要的。我对概念建构的自反同样根源于意识哲学。也许自反性并不比不同的**实践和具身化**(doing and embodying)重要。实际上，巴特勒明白这一点，她的表演理论允许颠覆和抵抗行为。我们可以想象性别颠覆看起来多么具有表演性，而且我们已经看到了它们(例如，挑战性别二元性)。巴特勒的性别表演理论是权力的批判理论，可以很容易就推广到其他社会范畴。

例如，守时可能在日常生活行为中发挥作用。但是守时不仅是一种文化价值，而且也参与进个体的**主体化**。守时的重要性反映的权力可能不会压迫自己人(从主体的视角看)，但是其可能反映建构或者形成认同的权力，甚至是积极的认同。主体可以对守时的重要性提供各种各样的理由，也可以进行守时的具身实践，不需要任何理由。重点是，只要“**他者**”并没有对守时表现出同样的欣赏，作为日常生活一部分的守时就会变成现代西方表演性的能指。“他们总是迟到”这一充满价值的描述，只有在守时文化 119
中才有意义。最后，在一个守时文化中，**迟到**这一表演性可能被理解为抵抗的一种形式。

守时似乎只是微不足道的例子，但是在很多方面，国家或者文化的表演性都是围绕**他者**建立起来的，主导地位在日常生活行为中维持和再生产。局内人可能不容易接受这一点，甚至存在对西方表演性概念的拒绝。我自己的生活行为可能是“文明压迫”(参见 Fine，2006)的象征，但是“对我而言”可能很难理解我的生活怎么就变成了特权生活，我的习惯、在场和身体怎么就参与了压迫，即使我的语言和我的理由可能指向相反。我可能没有办法不加理由就有特权，但是我可以以我的具身实践直接享有特权。

特权

表演将我导向特权研究，这明确地将权力概念加入到表演中。白种人研究已经挑战了很多国家的已有种族关系。在美国(还有其他国家)，法律赋予白人特权和福利。哈里斯(Harris，1993)对美国法律体系中的这一点进行了恰如其分地表达：“白作为白人特权的具身化超越了单纯的信仰或者偏好；它变成了可用财产，法律尊重和保护的对象。在这方面，白成为行动财产，被使用，被享有。”(p.1734)由白受益的个体不需要为了享有已经成为他或者她的具身主体性的特权而参与意识、理由或者话语。

特权往往伴随着拒绝理解或是承认特权者是怎样涉入特权、统治和服从之间的关系的(Cooks & Simpson，2007)。在研究日常生活行为时，心理学家必须将他者的视角，还有研究者特权，特权的惯习以及特权的表演包含其中。观察、分析以及研究者和他者之间可能的批判性对话，都将打开日常生活行为研究的新视角。他者可能有助于心理学的本土化，包括批判心理学的本土化，并将有助于发达国家日常生活行为的本土化。此外，研究情境本身也是一种特权语境，研究者在其中表达着他或者她的特权。

特权不仅适用于外部社会(西方对其他国家的特权)，也适用于德国或者美国等社会的内部。事实上，特权争论出现于女权主义话语对男性特权
120 的讨论(McIntosh，1988/2014)。在很多西方国家，特权是互动、社会生活和日常生活行为的重要维度。男性特权和白人特权都是“无意识的”，正如麦金托什(同上)指出的，说“无意识”，不如说我们经常意识不到我们的特权，以及我们甚至会进行否认(使用精神分析的术语)来得准确。“白人”认为他们的生活中立、正常而且平常(同上，p.17)，但是对这一观点更为重要的是，在西方受过教育的中产阶级中，我们——不管是不是白人——都是以生活是中立、正常而平常来行为我们的生活的。特权并不局限于地理、种族、性别或者阶级优势，而且还以能力、国籍、宗教、性取向等来划分人群。麦金托什问，在指向“系统地赋予未获得的权力”(同上，p.23)时，统治在概念上是不是并不比特权强。然而，主体可能没有意识到他/她是因他/她的肤色而获益，而是将原因归于成就。“我”在我的日常生活行为中享有特权时，有时候有理由，有时候没有理由。

特权不仅是结构和生活行为之间的中介，而且还反馈理论发展和社会

科学。延续查克拉巴蒂(Chakrabarty，2000)的研究，我们可以将这一论断应用于批判心理学，当其假设不需要处理来自印度(Sinha，1986)、菲律宾(Enriquez，1992)、拉丁美洲(Martin-Baro，1994)或者非洲(Hook，2004)的心理学时，其也是基于西方特权的。相反，我认为与其将批判心理学视为封闭的系统，不如将其看作开放的项目，可以将来自边际还有来自其他中心的观点包含其中。批判心理学必须能够解释他者——变性人、残疾人以及每天都经历着种族主义的边际人——的主体性。它需要“自下而上”地包括心理学(也参见 Harding，2008)。

日常生活行为的理论需要从“我们自己”开始，作为学者我们有着相互交叉的社会特征(也参见 Kendall，2013)。这样的理论不仅始于我们的理论和方法，还始于我们所使用的概念、传统和视野。它应该从分析我们在自己的日常生活中的惯习、表演和特权开始。但即使我们是以自己的具身实践和用语言表达的主体理由开始，我们的理论化却不能以这些思考结束，因为我们的特权只有作为边际的他者生活时，或者在与他者的对话过程中——他们没有这些特权，能够指出我们自己可能意识不到的特权和优势(见启蒙[conscientization]，Freire，1997)——才能被弄清。这样的行为不是内疚的表现，而是意识和正义的标志(也参见 Kendall，2013，p. 67)。自反性是语言的，对话是话语的，但是生活行为包括习惯，表演和特权，在传统意义上并不必须是语言的或者话语的或者实践的。批判心理学需要关注这些日常生活行为的组成部分。

主体之外

霍兹坎普(Holzkamp，2013)关注于主体理由作为通往主体性之路。这 121
一理论转向受到了意识哲学的影响，也受到了主体哲学的影响，将理由主体作为最终的心理学实体。但是如果我们超越理由而包含具身性，那么主体作为心理学的对象就既不依赖于头脑也不依赖于主体哲学。它可以包括主体关系构成的概念(Gergen，2009；Levinas，1961/1969)。尽管霍兹坎普(Holzkamp，2013)承认关系的重要性——诸如伽达默尔(Gadamer，1960/1997)这样的解释学哲学家也是一样——但是他却不思考心理学主体问题的关系构成。

对话的批判理论(Freire，1997)，引入了反身性的关系实践，提供了抵抗，因为用词并不属于主体，而是属于主体和他者之间的交互。对福莱雷(Freire)而言，对话改变着世界，也表现着对世界的爱，谦卑和希望。对话为超越社会结构和日常生活行为的可能性设置了条件。同时，对话也有其局限，意识哲学也是一样。这在儿童研究中(Chimirri，2014)是如此，在不能使用语言的边际人的研究中也是如此，在对现状自以为是的现状维护者那里还是这样。行为某人生活的具身形式，包括生活其特权，会在批判对话中受到挑战，但是这并不是说这些特权会因此改变。除了对话之外，其他具身形式(或者其他惯习)会允许在当地语境中进行批判和抵抗：例如，一个男人在学术讲座上穿着女装，将“混蛋”(Nunberg，2012)说成是个性特征。

近年来对不平等对于个体健康和个人福利后果的影响一直存在争论(Prilleltensky，2012；Wilkinson & Pickett，2009)。流行病学研究表明，收入不平等本身(不仅仅是贫困)对人类心理学福利有着巨大的负面影响，从精神疾病到药物成瘾，少女怀孕，以及高死亡率和高自杀率(Sheivari，2014)。但是诸如收入不平等这样的社会结构是怎样生产出这样的结果这一问题仍然悬而未决。作者提供了一种社会心理学的解释，关注于社会心理学中介(比如说信任，友谊)，或是新物质解释，强调基础设施和其他资源的缺乏。我们这里的观点是，为了意义结构和主体理由，我们必须将不平等的具身实践——其带来日常生活的负面影响——加入其中。日常生活的具身实践是基于阶级的、性别化的、种族化的以及基于不平等的，能够意识到这些概念并抵抗他们的规范，能够为日常生活行为研究带来更为广阔的批判视野。

参考文献

Arnett, J. J. (2008). The Neglected 95%: Why American Psychology Needs to Become Less American. *American Psychologist*, *63* (7), 602～614.

Boltanski, L. (2012). *Love and Justice as Competences: Three Essays on Sociology of Action*. Cambridge: Polity.

Bourdieu, P. (1984). *Distinction: A Social Critique of the Judgement of Taste*. Lon- 122
don: Routledge & Kegan Paul. (Original work published 1979)

Bourdieu, P. (1988). *Homo Academicus* (P. Collier, Trans.). Stanford, CA: Stanford University Press. (Original work published 1984)

Butler, J. (1989). *Gender Trouble: Feminism and the Subversion of Identity*. New York: Routledge.

Butler, J. (1993). *Bodies that Matter: On the Discursive Limits of "Sex."* New York: Routledge.

Camus, A. (1955). *The Myth of Sisyphus, and Other Essays*. New York: Vintage Books.

Chakrabarty, D. (2000). *Provincializing Europe: Postcolonial Thought and Historical Difference*. Princeton, NJ: Princeton University Press.

Chimirri, N. A. (2014). *Investigating Media Artifacts with Children: Conceptualizing a Collaborative Exploration of the Sociomaterial Conduct of Everyday Life*. Unpublished doctoral dissertation, Roskilde University, Denmark.

Cooks, L. M. & Simpson, J. S. (Eds.). (2007). *Whiteness, Pedagogy, Performance: Dis/placing Race*. Lanham, MD: Lexington.

Danziger, K. (1997). *Naming the mind: How psychology found its language*. London: Sage.

Dilthey, W. (1957). *Die geistige Welt: Einleitung in die Philosophie des Lebens (Gesammelte Schriften V. Band)* [The Mental World: Introduction to the Philosophy of Life (Collected writings, Vol. 5)]. Stuttgart: Teubner.

Enriquez, V. G. (1992). *From Colonial to Liberation Psychology: The Philippine Experience*. Diliman, Quezon City: University of the Philippines Press.

Fine, M. (2006). Bearing Witness: Methods for Researching Oppression and Resistance—

A Textbook for Critical Research. *Social Justice Research* , *19* (1), 83～108.

Finlay, L. (2002). "Outing" the Researcher: The Provenance, Process, and Practice of Reflexivity. *Qualitative Health Research*, *12* (4), 531～545.

Freire, P. (1997). *Pedagogy of the Oppressed* (20th anniversary rev. ed.) (M. Bergman Ramos, Trans.). New York: Continuum.

Gadamer, H.-G. (1997). *Truth and Method* (J. Weinsheimer & D. G. Marshall, Trans.). New York: Continuum. (Original work published 1960)

Gao, Z. (2012). *Toward a Psychological Theory for Practicing Epistemological Reflexivity*. Unpublished MA thesis, York University, Toronto.

Gergen, K. J. (2009). *Relational Being: Beyond Self and Community*. New York: Oxford University Press.

Hacking, I. (1994). The Looping Effects of Human Kinds. In D. Sperber, D. Premack & A. J. Premack (Ed.), *Causal Cognition: A Multi-disciplinary Approach* (pp. 351～382). Oxford: Clarendon Press.

Harding, S. G. (2008). *Sciences from Below: Feminisms, Postcolonialities, and Modernities*. Durham, NC: Duke University Press.

Hardt, M. & Negri, A. (2009). *Commonwealth*. Cambridge, MA: Belknap Press of Harvard University Press.

Harris, C. I. (1993). Whiteness as Property. *Harvard Law Review*, *106* (8), 1707～1791.

Harvey, D. (2005). *A Brief History of Neoliberalism*. Oxford: Oxford University Press.

Henrich, J. , Heine, S. J. & Norenzayan, A. (2010). The Weirdest People in the World? *Behavioral and Brain Sciences*, *33* (2—3), 61～83.

Holzkamp , K. (1983). *Grundlegung der Psychologie* [Laying the foundation for psychology]. Frankfurt/M. : Campus.

Holzkamp, K. (1984). Kritische Psychologie und phänomenologische Psychologie: Der Weg der Kritischen Psychologie zur Subjektwissenschaft [Critical psychology and phenomenological psychology: The path of critical psychology toward a science of the subject]. *Forum Kritische Psychologie*, *14* , 5～55.

Holzkamp, K. (2013). Psychology: Social Self-understanding on the Reasons for Action in the Conduct of Everyday Life. In E. Schraube & U. Osterkamp (Eds.), *Psychology from the Standpoint of the Subject: Selected Writings of Klaus Holzkamp* (pp. 233～351). New York: Palgrave Macmillan. 123

Hook, D. (Ed.). (2004). *Critical Psychology*. Lansdowne: UCT Press.

James, W. (1983). *The Principles of Psychology*. Cambridge, MA: Harvard University Press. (Original work published 1890)

Kendall, F. E. (2013). *Understanding White Privilege: Creating Pathways to Authentic Relationships Across Race* (2nd ed.). New York: Routledge.

Levinas, E. (1969). *Totality and Infinity: An essay on Exteriority* (A. Lingis, Trans.). Pittsburgh, PA: Duquesne University Press. (Original work published 1961)

Linton, S. (1998). *Claiming Disability: Knowledge and Identity*. New York: New York University Press.

Lizardo, O. (2009). Is a "Special Psychology" of Practice Possible?: From Values and Attitudes to Embodied Dispositions. *Theory & Psychology*, *19* (6), 713～727.

Martin, J. & Sugarman, J. (2009). Does Interpretation in Psychology Differ from Interpretation in Natural Science? *Journal for the Theory of Social Behaviour*, *39* (1), 19～37.

Martin-Baro, I. (1994). *Writings for a Liberation Psychology*. Cambridge, MA: Harvard University Press.

Marx, K. & Engels, F. (1958). Die deutsche Ideologie [The German Ideology]. In K. Marx & F. Engels (Eds.), *Werke Band* 3 [Works: Volume 3] (pp. 9～530). Berlin: Dietz. (Original work published 1932; written 1845—1846)

McIntosh, P. (2014). White Privilege and Male Privilege. In M. S. Kimmel & A. L. Ferber (Eds.), *Privilege: A reader* (3rd ed., pp. 15～27). Boulder, CO: Westview. (Original work published 1988)

Merleau-Ponty, M. (1962). *Phenomenology of Perception* (C. Smith, Trans.). London: Routledge & Kegan Paul. (Original work published 1945)

Nunberg, G. (2012). *Ascent of the A-word: Assholism, the First Sixty Years*. New

York: Public Affairs.

Prilleltensky, I. (2012). Wellness as Fairness. *American Journal of Community Psychology*, *49* (1—2), 1～21.

Roth, W.-M. (2014). Habitus. In T. Teo (Ed.), *Encyclopedia of Critical Psychology* (pp. 833-838). New York: Springer.

Schraube, E. (2013). First-person Perspective and Sociomaterial Decentering: Studying Technology from the Standpoint of the Subject. *Subjectivity*, *6* (1), 12～32.

Sheivari, R. (2014). *The Impact of Income Inequality on Psychosocial Well-being*. Unpublished MA thesis, York University, Toronto.

Sinha, D. (1986). *Psychology in a Third World Country: The Indian Experience*. New Delhi: Sage.

Stam, H. J. (2009). Habitus, Psychology, and Ethnography: Introduction to the Special Section. *Theory & Psychology*, *19* (6), 707～711.

Teo, T. (2001). Karl Marx and Wilhelm Dilthey on the Socio-historical Conceptualization of the mind. In C. Green, M. Shore & T. Teo (Eds.), *The Transformation of Psychology: Influences of 19th-century Philosophy, Technology, and Natural Science* (pp. 195～218). Washington, DC: American Psychological Association.

Teo, T. (2013). Backlash against American Psychology: An Indigenous Reconstruction of the History of German Critical Psychology. *History of Psychology*, *16* (1), 1～18.

Wilkinson, R. G. & Pickett, K. (2009). *The Spirit Level: Why More Equal Societies Almost Always Do Better*. London: Allen Lane.

6 非常中的平常：无家可归者建构的日常生活 124

达林·霍奇茨(Darrin Hodgetts)
莫伊·鲁亚(Mohi Rua)
特尼瓦·特瓦图(Tiuiwai Te Whetu)

已有大量的笔墨讨论日常生活的意义。这一术语经常被用来当作平常的、典型的、重复的、世俗的以及同构的社会生活的通用语(Hodgetts & Stolte, 2013; Silverstone, 2007)。日常生活包含个人行动，共享仪式，以及社会文化结构的再生产。日常构成了关系黏合剂，将一连串不断发展和共享的生活领域联系在一起，整合进通常被认为是理所当然的常规。其经常以常规，大流(flow)和世俗，或者"平常"来概念化，但"平常"时不时地会被不平常的事件打断(Highmore, 2002; Lefebvre, 1991a)。这些打断包括疾病、事业、房屋拆迁或亲人死亡。这一导向使得稳定性和确定性被牢固树立为我们理解日常的核心。对于很多温和的人而言，这一导向是有问题的，因为他们的生活通常就是以打断和非常事件为特征，比如说驱逐、失业、食品不安全，还有排斥。打断通常为日常生活提供了更为准确的规范基础，这些打断时不时地因为大流和平常而停顿下来，并因此得到喘息。

进入这些非常的生活可以扩展我们的多样性。本章考察了一群无家可归的毛利人努力进行园艺、烹饪和参与传统毛利材料实践的重要意义，在周二和周四，这些努力将流动和常规时刻带进他们被打断的生活[1]。我们的研究选在毛利文化中对日常生活有着尤其重要意义的场所进行，即马拉埃(the marae，毛利人集会地)。广义地说，本章想要对参与性的，文化敏感的日常生活心理学的一些中心问题进行思考。我们通过考察一群年老而无家可归的毛利人对平常活动的参与是怎样有助于他们回应非常状况的来实现这一目标。

125 经过进一步的概念背景探究，我们发现日常生活是一个多义的概念，已经通过对无聊、行走、饮食以及购物的讨论；对诸如食物、金钱以及塑料等的利用；以及对诸如购物中心和家庭等相关场所的讨论进行了研究(de Certeau，1984；Highmore，2002；Sheringham，2006)。学者们已经对世俗行为、事件和地点在生活的社会文化模式的再生产中的重要意义进行了思考，包括种族，阶级不平等或性别不平等(Hodgetts & Stolte，2013)。为了应对日常的复杂性和缩减性，学者通常会引入二元论，如世俗和非常，地方(特殊)和全球(一般)，大流和打断，限制与自由，结构和行动，个人经验和公共话语，统治(异化)和抵抗(Hodgetts & Stolte，2013)。平常和非常两极化是有问题的，因为日常既可以是流动的，不可预测的，也可以是确定的，常规的。日常生活可以保持稳定，具有连续性，也可以有变化和打断(同上)。

基于日常研究的重要理论家(de Certeau，1984；Lefebvre，1991b；Simmel，1903/1997)，我们可以利用这些张力来强调一种辩证性的理解，将日常看作是一个社会过程，这一社会过程由日常生活的一般(社会)活动构成，而后者通过日常生活的特殊(地方)活动再生产而来。日常是争论的集中地，它同时由结构和行动，遵从和创新汇集而成。齐美尔(Simmel，1902/1997)持相似的观点，他关注日常生活中的偶然事件或者累积力量，以理解更为广泛的社会生活模式。根据这一研究取向，具体类似于一般，但是不能简化为一般(de Certeau，1984)。齐美尔从诸如与朋友共进晚餐等具体事件的详细思考中抽取出一般观点，并将其作为都市生活的情境来研究。他的研究想要弥合真实日常生活研究中常见的哲学抽象和具体经验参与之间的鸿沟(Highmore，2002；Sheringham，2006)。日常被认为既是人们沉浸其中的媒介，也是抽象的理论范畴。

对于参与这一研究的毛利无家可归者而言，平常和非常，大流和打断之间的区隔尤为复杂。他们过着被打断的生活，不时因世俗时刻而中断。这些人在非常的生活状况中——他们没有可以称为他们自己地方的居所——寻求参与生活中的平常，比如休息、社交、做饭和吃。他们对这些平常活动的参与不断受到被官员打断的威胁，这些官员一直想要“清理街道”(Mitchell & Heynen，2009)。他们的街头生活通常是成长期贫困的延伸，因此他们早在生活的早期就已经发展出逆境生存所必需的技能(Hodgetts，Stolte，Nikora & Groot，2012)。成为无家可归者并非是对正常定居生活的突然打断，而是与殖民联系在一起的多代创伤的延续(Groot，Hodgetts，Nikora & Leggat-Cook，2011；Hodgetts et al.，2011)。毛利社会的结构性打断体现在这些人的当代生活中。对于这些人而言，无家可归是出生于殖民社会并在其中贫穷地成长的自然延伸。作为原住民，毛利人比稳定社会的成员更可能成为无家可归者，因为殖民实践带来混乱、土地征用以及结构暴力(Groot et al.，2011)。我们研究的参与者面临着如何保持强烈的自我感和地方感的挑战，同时还面临着迷失街头的威胁(Snow & Anderson，1987)。我们记录了他们对毛利人文化认同的肯 126
定——声称归属于平常的文化实践并参与其中——是怎样形成了对压迫历史的共同反应，使得这些人能够保持他们的人性并在街头生活下去(Groot et al.，2011)。

对日常中非常状况的研究(Baumel，1995；Davidson，1984；Des Pres，1977；Fitzpatrick，1999；Kelly，2008；Martin-Baro，1994；Shokeid，1992)为我们讨论过着非常生活的毛利无家可归者每周二和每周四定期参加马埃拉的文化模式常态提供了出发点。基于凯利的研究(Kelly，2008)，我们认为要理解人们怎样在逆境中生活，我们需要同时研究他们生活中的平常和非常。而菲茨帕特里克(Fitzpatrick，1999)更重视平常和非常的两分，他引入了**非常日常性**的概念，来分析20世纪30年代苏联更为广泛的社会结构变化对日常生活行为的意义。这些研究表明，当面对非常状况时(例如生活在斯大林主义之下或生活在死亡集中营里)，人们寻求平常，并在此过程中通过参与文化模式实践而获得他们的集体传统，正如我们将会呈现的，个人关系和保持互惠、忠诚、团结以及分享，成为这些人对抗逆境的缓冲剂(Davidson，1984；Luchterhand，1967)。

本研究的实施

这一研究在与奥克兰市政团队(Auckland City Mission)的长期研究合作中开始的，在纳提瓦图瓦(Ngāti Whātua)(奥克兰中部的毛利土著部落)的奥拉基马拉埃(OrakeiMarae)进行。田野工作包括从2012年10月到2013年4月间每周都访问马拉埃花园，这使得我们熟悉参与者，并参与在马拉埃进行的园艺及相关活动。每次访问之后，我们把对参与者的观察和访谈写成田野日记，并进行相互讨论。照片是记录花园中的空间、实践、关系以及事件的重要手段。我们参与了参与者的大量谈话并对来自三个不同群体的八个人进行了录音访谈：(1)来自纳提瓦图瓦的两名代表，他们建立了这个花园，他们每天都和人一起园艺；(2)奥克兰市政团队的一名代表，自花园成立以来就一直在花园中；(3)五名无家可归者，年龄介于54到69岁之间。所有被访者都是来自奥克兰地区以外的毛利人，且都是部落长者[2]。录音访谈中混用了毛利语和英语，谈话很成功，在我们参与进花园4个月后，与参与者建立起了有意义的关系后进行。我们试图让参与者加入话题的讨论，并将我们引向他们感兴趣的重要领域。

在研究进行中，我们积极尊重和参与研究点的马乌力(Mauri)[3]，我们的方式是对人们之间的传统实践进行观察。我们采用社会研究的民族志转向以及本土心理学的发展所倡导的基于个案的研究方法，研究者和参与者之间有着更为紧密，更具参与性也更为互惠的关系(Hodgetts, Chamberlain, Tankel & Groot, 2013; Hodgetts & Stolte, 2013)。图6.1呈现了我们正在进行中的研究，年龄相仿的毛利人相互照顾，也照顾他们各自的法克帕帕(whakapapa，谱系)[4]。在这样的活动中，毛利人用敏感的语调彼此交谈，并进行很有耐心的话轮转换。图6.1也例证了这一研究的文化模式研究取向聚焦于和这些人共度时光并建立关系，而将研究视为次要活动(Hodgetts et al., 2013)。

图 6.1　正在进行研究的特尼瓦(研究者)和图库(Tuku)(参与者) 127

心理学研究往往很少关注研究者和参与者之间的关系。心理学家往往更关心完成足够数量的访谈，填完足够多的量表和观察表。心理学家在现实世界中进行研究时常常以社会不称职的方式进行。我们在研究方面的学 128
科训练往往带来“开车路过”型研究，我们突然进入人们的生活，“抓取”信息，然后逃离。在此过程中，心理学家往往打断参与者的日常生活流，却几乎不为他们带来回报。我们研究的理论核心是要最小化对参与者日常生活的这种打断。我们极少利用作为心理学研究者所接受到的训练，更多地依赖作为毛利人的个人技能和文化技能。我们都从孩子时就学会了怎样尊重年长的毛利人，也知道不要强迫这些人进行录音访谈。我们在 7 个月里的每个周四都与这些人在花园一起工作，到第 4 个月他们准备好了，我们才开始录音。我们(达林，莫伊和皮塔)也意识到我们的中年男性和年轻男性的地位，我们必须以我们的从属文化定位来和这些年长的长者(kaumatua)(年长毛利人)打交道。访谈也因为特尼瓦在他自己的伊维(iwi)(部落)中是某些人的长者而变得可能。在马拉埃环境下陪伴这样一位长者被认为是在他的管理下行动，这使得这一研究项目成为可能。

从概念上讲，我们的分析涉及从对具体事件——比如说从花园的午餐时间——的详细探讨中抽取出一般观点（de Certeau，1984；Simmel，1903/1997）。基于列斐伏尔（Lefebvre，1991a，1991b）的观点，我们将花园中每天出现的实践作为社会分析的起点。我们对特定实践、物质事物以及马拉埃花园空间的参与为自下而上地发展出理论上的可靠解释提供了基础。这需要记录我们的参与者怎样通过小的参与行动和人情联系——与做毛利人、种植食物、做饭、交谈和回忆等相关——来应对逆境。我们的分析反映出毛利文化在花园以及参与者的存在方式中都处于中心地位，这也例证心理学家想要利用贴合这些群体的文化概念扩展对参与者群体的日常生活的理解是多么重要（参见 Schraube & Osterkamp，2013）。我们的研究以毛利文化概念为核心概念元素，这有助于以更为贴近我们参与者以及他们的自我感，贴近他们在世界以及日常生活中的位置的方式理解他们。

马拉埃：绝望景观中的照顾空间

不同的日常生活场所既可以伤害人也可以治愈人（Stolte & Hodgetts，2015）。绝望景观的概念可以用来指无家可归者利用诸如大街、门道、高速公路桥等非常空间创造出的与打断、压力、绝望和疾病联系在一起的都
129 市日常生活景观。相反，马拉埃提供了更为平常的照顾空间[5]，以包容、缓解、希望和健康为特征。我们的研究记录了这些毛利无家可归者、纳提瓦图瓦以及奥克兰市政团队怎样通力合作，通过接纳处于这些人存在方式核心的毛利传统和实践来创造出一个照顾空间。要理解这些努力，就必须理解该地区破坏性殖民占领的历史背景，毛利人的抵抗，以及通过复活文化以及毛利人与该地的联系来恢复常态的努力。

奥克兰市中部的奥拉基（Orakei）马拉埃花园是毛利人抵抗殖民主义和调停的全国重要场所。自 19 世纪欧洲人占领奥克兰开始，这里就一直是争议之地。1873 年，英国政府利用《原住民土地法案》开始了让纳提瓦图瓦离

开他们的土地的系统过程。到 20 世纪 50 年代，纳提瓦图瓦最终从他们剩余的土地上被驱逐。纳提瓦图瓦重新夺回这块土地的努力最终形成了由哈普(部落)成员组成的奥拉基毛利行动委员会。这一组织和他们的支持者和平占领该地 507 天，直到他们在 1978 年被数以百计的警察和士兵强行带走。222 人因非法入侵"皇家领土"而被捕。由于怀唐伊(Waitangi)法庭调查委员会的结果，1991 年，在被移民社会非法侵占超过 150 年之后，大量的土地(包括马拉埃场所)被归还纳提瓦图瓦。随后，纳提瓦图瓦在该场所重建了一个马拉埃。

马拉埃一直是毛利人日常活动的重要场所，是人们见面、问候、吃饭、进行社区活动、实现文化传承和表达集体权利的宝库(Rangihau，1992；Walker，1992)：对毛利人而言，马拉埃也是"一个与马乌力，与成为社区和土地一部分的本质精神或抽象意识共同脉动的地方"(Te Awekōtuku，1996，p. 35)。在叙述为无家可归者建立奥拉基马拉埃花园的故事时，一位纳提瓦图瓦的代表提到了他的部落历史以及相关的殖民破坏。这一叙述提出的一个关键问题是，纳提瓦图瓦有着自己被破坏而流离失所的历史，他们对毛利无家可归者会有怎样的感受：

> 我们的一位领导参加了一个在外过夜的活动，奥克兰市政团队在活动中和人们讨论无家可归问题。他认同那些无家可归者，并开始讨论我们可以怎样提供帮助……他问我是否可以帮忙运营一个花园来帮助市政团队。而他们每周二和周四都来，他们就是想要回来，每周都做……他们是毛利人而这是一个马拉埃，他们有发言权(reo)……[毛利语]。他们来这里，就像在家里一样。他们有了一个地方可以为他们的怀鲁阿(wairua)[精神或人类本质]而来，成为他们自己……你知道，作为个人我们可以认同他们，因为我们在自己的土地上也无家可归。你知道，我们已经一无所有……你知道，我们差点被干掉。所以那是我们对他们的阿罗哈(aroha)[爱和同情]。我们不可能拥有所有这 130
> 一切却把他们扔在那里。他们已经离开了他们自己的家，但是我们正

试图给他们一个他们感到舒服的地方……而这来自于我们的提布那(tipuna)[祖先]……我们正通过帮助其他人来尊敬我们的祖先。我们从祖先那里得到的玛纳奇唐加(manaakitanga)[照顾]必须由我们继续下去……他们在城里[绝望景观]，但是在这里他们得到平静[照顾空间]。他们是毛利人，所以他们知道这些。他们是我们土地调停的一分子。

这一摘录例证了流离失所、打断和危机可以激发受压迫者的人道反应(参见 Martin-Baro，1994)，这是当地人保持自己文化模式平常性的关键因素。纳提瓦图瓦从他们动荡的殖民历史以及在大奥克兰地区继续被移民社会侵占中理解了无家可归是什么。无论如何，他们都决心要维持马拉埃生活和玛纳奇(manaaki)或者说热情好客，在这个地方照顾来访者。

以这些人在奥克兰的非常生活这一更广阔而混乱的景观背景来看马拉埃非常重要。我们从日常打断和违反的研究中知道，无家可归者在城市和每天活动中的权利通常是被破坏和否认的(Mitchell & Heynen，2009)。马拉埃让这些人有地方可去，也有地方来，有地方归属，有地方实现传统的毛利礼仪和存在方式。拉塔(Rātā)对比了广阔的绝望景观(城市)和照顾空间(马拉埃)，揭示了这些场所之间的重要张力："在马拉埃，我们有我们自己的[毛利的]规则。在这里以外，在奥克兰，则是其他人的[移民社会]的规则。"我们的参与者都深深地感受到马拉埃所含有的毛利礼仪。这些人离开了无家可归的非常世界，也离开了将广阔的城市景观塑造为绝望景观的移民社会，而在每个周二和周四重新进入他们更为合拍的马拉埃的平常毛利世界。当这些人穿过这些对比强烈的环境时，非常和平常变得物质化。在城市里，和其他无家可归的毛利人一样，他们感到很不自在，遭受流离失所和被排斥(Groot et al.，2011)。在马拉埃，他们深深感受到与毛利世界的重新连接。当我们和参与者同坐一辆面包车从市中心到马拉埃时，我们观察到自我的转变，在此过程中，他们对英语和毛利语的使用也在发生变化：

在不同的空间，发言权(reo)发生改变。在城市里用英语，但是随着他们进入面包车驶向花园，语言慢慢地转变为蒂雷欧(te reo)[毛利语]，而在花园工作时，他们已经鲁玛基(rumaki)[完全沉浸]其中了。

(田野笔记，皮塔，2012 年 2 月 21 日)

正如奥克兰市政团队解释的：

这些人蒂雷欧[毛利语]很流利。有时候你可以到花园来……但是你听不到多少英语……那是用马拉埃环境的阿罗哈(aroha)[爱，养育]和舒适来洗净的，它是治愈的，是抚慰的，是加强的……那整个存在方式是来自儿时的回忆……人们回来，有一种精神的自我的平静……其取代了你本该有的感受和情感，因为昨晚是个糟糕的夜晚，我很饿，警察把我赶走了，即使什么都没有发生，这就好像，你知道，“我又一次在该死的桥下”之类，当你出来的时候你不会说，“我又一次到了花园里”，你只会说，“太棒了”。 131

这种转变也反映日常生活通常是怎样在一系列文化模式环境中进行的，其对人类行动和参与有着特殊的期待。这些场所形成了相互联系，相互交织，也对比鲜明的生活景观，人们在其中进行他们的日常存在。正如我们将呈现的，马拉埃对于这些人而言，是遥远的家、街道、使命和其他机构、边缘空间以及马拉埃的拼凑物。不同的场所，将这些人日常生活不同时刻的平常和非常实质化。有马拉埃可以归属使得我们的无家可归的参与者有了更为坚实的基础来展现他们是毛利人。

通过遵守在马拉埃该如何行为的文化礼仪，通过共用相同的土著语言与他人相互联系，这些人的遗产得以复活。他们不仅在马拉埃重新进入毛利人的世界，而且还通过在这个照顾空间里的文化模式行动来重新创造了它。他们创造了一个毛利人生活方式的空间，为他们疲惫而不确定的生活带来了喘息和确定。尽管我们的无家可归的参与者没有一个来自奥拉基马拉埃或者有祖先和奥拉基马拉埃相关，但是这些人仍然在这一空间获得了深深的归属感和参与感。这个空间在文化上对他们来说是很熟悉的：

> 在马拉埃，你立刻就会接受礼仪。就像当地人告诉我这里的一些历史，而“我认出了你们的礼仪”。当我知道和了解这里的库厄(kuia)[年长的女性领导者]时，我们相处得很好，这真的很棒。我知道她不知道的事情，她知道我不知道的事情。很好的组合。分享我的伊维(iwi)[部落群体]的事情，分享你的伊维的事情，这是一件好事……我觉得作为毛利人最棒的事情是，无论你来自哪个伊维或者哈普(hapu)[小部落]，至少毛利人和毛利人之间有着唐加塔环努瓦(tangata whenua)[大地之子]的联结。(米罗)(Miro)

复活遗产，掌握知识和技能，带来了这些人的存在感，使得他们抵制迷失街头(Snow & Anderson，1987)，而迷失街头是无家可归深刻而普遍的危机。他们觉得能够与当地的纳提瓦图瓦人共享他们的知识，也乐于从
132 当地人的知识和热情好客中获益。相比在街上，这些人在这里更加放松、友好和开放。马拉埃时光提供了获得个人力量，思考个人处境，以及考虑未来可能性的空间：

> 来自马拉埃的礼物。在马拉埃就像在家一样，任何马拉埃都会让你放松，就像在家里一样。这很正常。没有紧张。它对彼此开放。在马拉埃就会像那样。这是人们自己……善于理解并成为你自己……知道我的蒂雷欧(te reo)[毛利语]和待在这里让我获得力量……对我而言，保持和建立我的内在信念非常重要。能够在这里成为毛利人对我的信念非常重要。在这个我们的世界中，知道我真正是谁和我应该是谁之间的差异。我有一半的时间迷失[在街头]。现在，我的目标是什么？我在这里能够找到它。在这里慢慢花时间每天去实现它[图 6.2]

……我怀念一切都安排得很好的旧时光，尤其是小时候：毛利人的长大方式。总是从我们的科鲁阿(koroua)[男性领导者]和库厄(kuia)[女性领导者]那里学习。只是生活的结构很难继续。这就是我在这里看到的，重建你过去在家里面被教导的信念……至少我们知道，我们为这里的芬努阿(whenua)[土地]贡献了力量。我对这个马拉埃有信心，对他们正试图带回来的结构有信心，对我们正为此努力有信心，你知道的。[米罗，53，土荷(Tuhoe)部落]

在马拉埃花园中参与平常活动，给米罗带来反思：一种传统的存在感和情感联结。他的叙述涉及了这一场所和此时是怎样回到其他场所和其他时间，也讲到了殖民过程对毛利人存在方式的打断，以及很多毛利人怎样努力重建传统的生活结构。马拉埃花园是毛利文化被欣赏，被保存，被实践的场所。身处马拉埃花园涉及对自己在毛利人世界中位置的重新思考，对属于某地意义的重新思考。

这里相关的是自尊和认同的培养，因为如果毛利人关心马拉埃和花园——如米罗在图 6.2 中所做的，以及他所讲述的那样——他们有机会照顾自己，尊重自己(参见 Moon，2005)。这非常重要，因为在毛利人的世界中，所有人和所有物，包括植物和空间，都充满着马乌力(mauri)(生命力或本质)。当人们怀着好的意愿参与到马拉埃花园，他们将为花园创造正马乌力。互惠在这些过程中的重要性在于，人们不仅仅是慈善的接受者，他们也为更广泛的照顾议程做出贡献，为那些必须去食物赈济处才能过活的人种植粮食(参见 Moon，2005)。花园的马乌力得到了加强，因为这些人知道他们正在努力将马拉埃辩证重建为照顾自己也照顾其他人的空间。

简单来说，必须注意到马拉埃不仅仅是日常事件发生的静态场所。这一场所实质化了历史和文化模式关系以及存在方式。这样的空间以传统为基础，但是也通过互动和使用而变得生动且不断发展。反过来，马拉埃对于文化模式实践，关系以及自我也是生产性的。对于这些人而言，马拉埃

133 **图 6.2 米罗在马拉埃花园**

定位了他们的“存在真实”；通过共度时光，参与和居住，他们能够实现他们自己(Heidegger，1971)。尽管过着被打断的生活，但是这些人通过平常的日常活动，如园艺，做饭以及文化模式互动等，在自我和马拉埃空间之间获得某种统一。马拉埃是这些人认同他们自己的地方，也是他们被其他人认同为有用的毛利人的地方。下面，我们进一步聚焦于园艺和做饭，这是奥克兰的毛利无家可归者将马拉埃作为一个场所来获得喘息，进行平常工作，重新回忆起他们是谁，以及归属于哪里的重要实践。

园艺、做饭、在马拉埃吃饭

我们的无家可归参与者去到奥拉基马拉埃做园艺，做饭，吃饭，并参加宗教活动，比如卡拉基亚[6]。这一节聚焦于这些将马拉埃打造成奥克兰
134 毛利无家可归者归属之地的平常的实践。我们思考这一特殊的花园，和其他花园一样，是怎样变成一个文化承载的空间，充满了人类行动、文化实

践、认同和关系(参见 Li, Hodgetts & Ho, 2010)。这样的花园将自然、思想、记忆和日常实践以文化模式的方式交织在一起，使得人，事和场所整合为一体。作为一种平常的实践，园艺可以提供新的生长，同时也将人们的根留在过去。我们会记录文化和历史是怎样切实地播种到马拉埃花园的土地上的。列斐伏尔(Lefebvres, 1991b)关于场所的辩证法研究帮助我们探讨小的在场行为以及诸如园艺，用特制的烧烤和“煮锅”做饭这样的地方实践是怎样将马拉埃花园再生产为他赫毛利(taha Māori)(传统毛利实践)的场所的。我们也以拉图尔(Latour, 2005)的行动者网络理论来思考人、他们的实践、特定的对象和马拉埃空间的相互交织性。

园艺是一项日常活动，在很多文化中都被认为能为发展社会联结、自我反省和喘息提供一个焦点(Li et al., 2010)。花园提供了一个去处，在那里可以成为自己，只是去思考(Gross & Lane, 2007)。花园并不是人类行动的无声背景。在日常生活中人们具身化地占据这样的空间，他们的物质实践反映着对物理环境的利益、欲望和需求(Li et al., 2010)。花园讲述着创建它们和使用它们的人的故事，能够成为再次记起存在方式的中心[7]。园艺涉及重塑一个物理空间，把它变成反映园丁努力和文化的场所。除了花园里进行的活动和花费的时间，诸如神明这样的文化对象的在场也带来了马拉埃空间的精神性(图 6.3)。拉塔思考了神明的在场，他写道：“那张画像表明这是一个毛利花园，它是我们的一部分，我们也在这里帮助植物生长。”

园艺是一种平常的，普通的，通常定居的活动，但是在这里却由过着非常生活的人在进行。这一活动影响深远，因为遗产被表达出来，这些人将自己重新嵌入毛利事物。米罗说：“这是关于他透，特瓦意鲁阿欧特汤嘎他(tatou, te wairua o te tangata)(我们与其他人还有这个场所的精神联系)。”对很多毛利人而言，花园是人的一部分，人也是花园的一部分，因为园艺将人们和已经逝去并回到帕普托努库(Papatuanuku)(大地母亲)的人重新联结在一起(Moon, 2005)。这一联系为我们的参与者所强调：

我喜欢园艺。它让我想起我的小时候，在我的科罗/提布那(koro/tipuna)[祖父/祖先]身边长大时，以相同的方式工作。我的任务是“吉特纳基纳基哈勒(ki te nakinaki haere)”[在植物周围松土]并且照看所有“华凯(hua kai)”[食物作物]的生长，比如李维(riwai)[土豆]，卡莫卡莫(kamokamo)[某种南瓜]，帕克纳(paukena)[南瓜]，卡佩蒂(kaapeti)[卷心菜]，厚派勒，里基(hopere，rikii)[洋葱]，雷维蒂(reweti)[甘蓝]，图玛土(toomato)[番茄]，库马拉(kumara)[甜薯]，凯拉佩蒂(kai rapeti)[生菜]，门加欧他欧他(me nga otaota)[草]。(拉塔)

135 **图 6.3　神明使得花园成为毛利空间**

再记起的过程表现在身体上努力实践孩提时就已经习得的传统，分享小时候已经学会的文化实践。我们发现“传统的介入对于再记起的过程以及对场所的归属都是中心性的”(Fortier，1999，p.42)。在毛利人的土地上作为成年人建立一个花园，再生产了早先的，深情再记起的时间和场所。过去被带到了现在。这一点在孩提时代从上几代人那里学会如何在马拉埃行为的叙述中表现得尤为明显(Rangihau，1992)。

通过园艺生产某些食物被描述为传统毛利人的主要工作(Moon，2005)。特定种类的食物也与毛利花园联系在一起。例如，西洋菜和普哈(puha)(苦苣菜)是非常重要的植物，我们的一个参与者不辞辛苦地将之移种到马拉埃，将其改造成“真正的毛利花园”(图库)：

> 图库在路边挖出了一些普哈，一看到就把它加到他的一小片普哈地里了[原文如此]。这种食物对于图库以及作为毛利人成长起来的再记忆而言再熟悉不过。他一下子就加进了传统的园艺实践，我们还拍摄了他的一小片西洋菜地[图 6.4]。托塔拉(Totara)从西泉(Western Springs)采集了西洋菜株，立马就将它们移栽到溪流里。他挖出了两个两米见方的空间并将它种下。这些植物已经沿着小河蔓延。
>
> (田野笔记，达林，2012 年 10 月 25 日)

图 6.4　莫伊和图库在西洋菜地工作 136

参与种植西洋菜菜地这样的世俗活动给参与者在马拉埃的工作带来理解、传承、习惯、接纳和归属。种植传统作物为我们的参与者带来了延续感，这有助于将马拉埃花园建设为共享遗产和文化模式归属的空间。

无家可归者的任务之一是在新的地方重新建立起地方、家以及舒适的感觉。德奥(Deaux，2000)将这一重新情境的认同过程概念化为“重新停泊”——即“人们将认同与新环境中的支持系统联系在一起”的种种方式(p. 429)。建构连续性的一大潜在资源是将现在连接到过去。在现在参与过去的平常活动对于度过打断和非常环境至关重要。对于我们的参与者而言，园艺提供了生活不同时期的连续性。在这个过程中，时间和空间消弭了，因为他们正在做的是他们过去在哈普(小部落群体)中和祖父母一起做的事情。诚如第二位纳提瓦图瓦的代表所述：

> 关键是连接。和我们在一起，会让他们想起瓦南加坦加(whanangatanga)[关系]。你知道，像伊维(iwi)[部落]那样工作，像哈普那样工作让他们想起来他们从哪里来，想起来他们的小时候是什么样子。我听过很多他们出生地生活的故事。

通过参与传统的文化实践以及我们这里提到的马拉埃的互动方式，这些人努力重新融入了社区和他们的文化传统。

137 之前提到马拉埃花园的重要意义在于关系和意义的联结，将人们交织在场所中并超越了时间和空间的物理限制。从死亡集中营幸存者的讲述中我们知道个人的关系能够帮助人们抵御逆境，阻止人们放弃生活(Davidson，1984)。支持与合作和共历困境的感觉联系在一起，不仅增加了生存概率，而且通过参与文化传统更好地保有人性。这一努力的核心是通过互惠、忠诚和共享行动来保有文化模式关系(Davidson，1984；Luchterhand，1967)：

> 最重要的是，它是一个公共花园，是练习法纳加汤加(whakawhanaungatanga)[建立关系的过程]以及玛纳奇唐加(manaakitanga)[热情好客和友善]的机会……最有意思的事情是，和其他人在

一起……每周同一时间——周二和周四——去那里。我喜欢园艺的一切，我和伙伴们处得很融洽。(拉塔，p. 56)

这些摘录反映了这些人之间以及这些人与这个花园之间的相互联系。它表明这一环境通过提供照顾和健康的方式建立友谊并提供相互支持。

对于在时间和空间上流离失所的土著人而言，这些熟悉的实践和相关的日常事物成了重新连接的通道。近来的研究通过其与有助于文化定位认同的物质对象的关系探讨了土著人民的真实性和再连接(Krmpotich，2010)。正如琼斯(Jones，2010：p. 181)写道："当我们检视人们如何通过事物来体验和协商真实性时，是人、场所和事物的关系网络处于中心地位，而不是事物本身。"受文化影响的事物具有记忆的功能，它可以用来再次呈现和再次思考过去和现在的关系和共享实践，使得现在这里的当地人和他们过去的亲人能够联结在一起。利用文化内涵的事物和空间来建立联系和归属的过程，在这些流离失所的人这里被强化了(Jones，2010)。我们对以往本土研究所关注的珍品和稀有艺术品不太感兴趣，我们更为关心日常事物，包括烧烤架，煮锅以及特殊种类的食物。

图 6.5 描述为纳提瓦图瓦为无家可归的园丁建立的烧烤区域，让他们参与进食物准备和食物消费这些平常的文化常规。其也描述了一个典型的午休时间，使用烧烤架和煮锅[8]来做肉以及采自花园的传统蔬菜[图 6.6]。

正是煮锅的使用让我们见证了毛利文化的永恒，看到了人们对传统的参与，看到了过去出现在现在(参见 Fortier，1999)。午餐空间是在花园中 138
被创造的，因此这些人可以参与公共的饮食实践，他们在街头时这通常是被禁止的。午餐时间对于这些人而言是特别重要的事件，他们在更为广泛的绝望景观中，几乎没有空间可以慢慢做一顿饭而不用担心被保安赶走带来的打断。纳提瓦图瓦的第二位代表评论道：

烧烤是为了让他们有合适的食物，你知道的……在这里最好的一点就是他们的凯(kai)[食物]。烹饪他们的食物，共享他们的凯(kai)……

139 **图 6.5　烧烤架和锅**

140 **图 6.6　午餐时间**

他们在街头不会有热腾腾的凯(kai)，他们期待在这里做饭，做肉还有蔬菜。他们不会被打断。坐下来，享受他们的凯(kai)，不会被赶出去。

毛利人重视公共饮食，而做饭的区域就是玛纳奇唐加(manaakitanga)[招待和照顾他人的实践]的实质化。在被打断的生活中有空间和设施可以慢慢做饭并共享食物，这带来了不断的稳定化。

显然在这里，准备和共享午餐的世俗日常实践形成了文化空间和居民的辩证产生。烧烤区域将玛纳奇唐加(manaakitanga)[照顾]实质化为马拉埃生活的核心，并谈到了这一场所对人的包容性。反过来，我们的参与者利用烧烤架做午饭，也有助于马拉埃生活的辩证产生。图 6.5 和图 6.6 反映了连接人，物以及空间的文化过程。通过看似简单，通常被认为理所当然的做饭活动以及相关的仪式，例如卡拉几亚(karakia)[咒语]，这些人可以进一步抢救他们的遗产和自我。在田野笔记中，我们多次将午餐标记为关键性事件：

我们停下来吃午饭。凯(kai)来自花园，包括库马拉(kumara)[甜薯]和卡莫卡莫(kamokamo)[某种南瓜]，在里木(Rimu)建造的烧烤架上烹制……米罗(Miro)是主厨，他带来了一些香肠……他正在说马拉埃的人会过来使用烧烤架。他说这个话的方式不是在说“这是我们的烧烤”，而在很大程度上是补充[原文如此]这个设施已经成为社会公共空间，任何人想要来做饭都可以。(田野笔记，皮塔，2012 年 2 月 21 日)

正是通过仪式实践，如做传统饭菜、卡拉几亚(Karakia)(咒语)以及公共用餐，毛利人、身体、锅还有场所被整合进一个文化环境。饭的大多数食材都由自己种植，通过食物，还有午餐时间人与场所，传统和文化的连接感的培养，这些人的关系进一步加深。当我们意识到食物更为广泛的功能时，这一点尤为重要。食物不仅仅是商品，更是人类的事物。食物事关传统。食物是照顾和关系的焦点。它是热情好客的基础。食物是照顾和连接的缩影。食物提醒这些人他们是谁，他们从哪里来，以及他们属于哪里。

图 6.6 所呈现的人、事物和空间并不仅仅反映了日常实践，而且一致地为这些实践创造了机会(Latour，2005)。在午餐时间，我们看到了人的关系怎样影响着非人的事物和空间。在这一语境下，世俗的文化事物并不仅仅反映社会实践，而且为文化实践和认同的再现创造机会。锅和烧烤架需要人们的文化再参与——以烹饪公共餐并招待别人的形式。在对这些过程的思考中，我们可以超越笛卡尔将思维和身体，人和场所，人和事物相分离的二元论。土著人再记起以及保持群体认同的过程通常与拥有重要的艺术品和文化物品——比如雕刻和斗篷——联系在一起(Krmpotich，2010)。我们要争辩说，这样的拥有也包括更为世俗和日常的事物，包括煮锅(参见 Latour，2005)。正是通过午餐休息这样的日常活动，以及对这些世俗事物的使用，这些人会意识到自己是与毛利世界相互联系在一起的(Heidegger，1971)，毛利世界也是他们的一部分，而他们是通过实践经验和参与知道这一点的(Merleau-Poty，1962)。

讨论

对于很多人而言，日常生活的特点是自由、创造力、包容性和流动。对于另一些人而言，它的特征是打断、偏见、剥削和压迫。我们的研究表明，多元主义的思考是富有成效的，其可以避免粉饰日常中的多样性和不平等(Hodgetts et al.，2010)。在恐怖历史事件中经历平常生活的文献(Baumel，1995；Davidson，1984；Des Pres，1977；Fitzpatrick，1999；Kelly，2008)使我们将非常视为人们面对逆境时的日常生活状况。在此过程中，我们可以看到，无家可归参与者在街头生活的非常并不意味着平常的缺失。像其他面对非常的群体一样，我们的参与者对平常的参与使得他们与他们的遗产和文化重新连接，并在此过程中保持他们的人性。正直、自我牺牲、团结、团队合作、分享以及相互关心等平常小行为，代表着基本的人性，在他们的非常情境中并不会消失。即使在极端和非人的环境中，也存在着常规、可预测性，以及照顾和自我发现的机会（Baumel，1995；Davidson，1984）。

周二和周四去马拉埃的常规必须在更为混乱的存在背景下进行审视，我们的无家可归的参与者体验着不断地破裂和流离失所。在马拉埃花园的文化连接中寻找常规和正常对这些人度过街头生活而言至关重要。园艺和 141
做饭的世俗行为锚定着这些人。但是更重要的是，花园提供了他们作为文化专家存在、努力和价值的本体论证据。在很多方面，马拉埃花园将人们从无家可归和街头生活带回到毛利世界。我们的参与者通过参与毛利文化实践而让自己表现得不像个流浪者。马拉埃花园既是一个物理场所，也是一个想象的日常空间，在这里这些人可以扎根、反思，创造一个他们自己的场所。

日常生活社会心理学可以从这个项目中学到更多。人类是生活在文化中的生物，它们通过物质实践和持续的互动再生产他们的自我感和场所感。日常生活社会心理学需要深入这些不同的过程和问题，带来与利益群体相关的知识。拥抱差异也使得我们可以避免心理学的常见做法，将人类经验同质化以适应全球占主导地位的莫比乌斯方法：追求普遍知识，而非情境知识（Hodgetts et al.，2010）。我们的分析例证了当地文化概念对于理解本土无家可归者日常的重要性。我们的研究中使用毛利文化概念作为概念元素有助于更好地解释我们参与者的生活现实以及在世界上的存在方式。

我们正试图寻找的那种充满活力且有用的日常生活社会心理学在日常的基础上将非人化的人们重新人性化。我们这一研究的取向来自对心理学需要重新发现人类，停止基于过度量化依赖或者过于技术性的谈话分析而对他们视而不见的持续讨论（Hodgetts et al.，2013；Hodgetts & Stolte，2012）。我们从心理学研究的民族志转向出发，对马拉埃花园采用了基于个案的研究取向。这一取向的特征是研究者和参与者之间更为紧密也有着更多的参与，而不是心理学研究通常表现的那样[9]。基于个案的研究策略提供了情境化社会问题的手段，其方式得到受这些问题影响的人的认可（Flyvbjerg，2001；Hodgetts & Stolte，2012）。我们的取向使我们能更好地了解我们参与者的日常生活，我们让自己参与进世俗活动，比如园艺、
142 公共午餐以及待在一个特殊的场所。通过共同进行这些活动并呈现我们在毛利文化中的共同利益，我们以一种尊重的方式行为，满足了研究对互惠的文化期待，而这对于土著群体而言尤为重要（Hodgetts et al.，2013）。这需要小心的平衡，不能把本土的东西直接扔进西方的模式。它也要求我们超越我们正规的心理学训练，参与进过程和关系中。心理学中以物理学为蓝本进行的霸权式研究方法训练通常要求我们以我们的研究实践打断我们参与者的日常生活。我们项目的研究采用更为灵活的方式，我们努力想要融入日常事件（Hodgetts & Stolte，2012）。我们的研究取向迫使我们在方法论上持更为灵活的方式。我们不希望方法破坏事件流。我们想要尽可能地融入。这意味着我们不必绞尽脑汁得到完美的访谈或是整套的引用。我们对这个场所以及相关实践的理解并不需要完全来自对参与者的直接引用。通过优先处理我们的关系，通过在马拉埃与这些人一起园艺、共享午餐以及和他们一起做毛利人，我们能理解更多。将花园项目作为一个文化模式个案的研究，也推动了我们想要让知识生产更有包容性和公平性的努力，我们在研究中纳入了互惠伦理。

注释

[1] 毛利人是新西兰的原住民。

[2] 毛利人长者，拥有大量的毛利文化知识、语言和生活经验，参与瓦哈纳（whanau）（关系）、哈普（Hapu）（小部落）和伊维（iwi）（部落）的决策。

[3] 通过人类互动创造的生命力。

[4] 他们家族中的每一个人，先于他们到来，或者在他们之后到来。

[5] 这一概念的提出是认识到具有治愈功能的特殊场所有着增进健康的面向。

[6] 感谢神明给予食物，感谢植物。

[7] 再记起的概念用以进行超越认知的回忆，参与人们怎样通过物质和在场行动来回忆他们是谁并和他们的遗产和文化群体再次联结在一起。

[8] 这些锅备受追捧，是骄傲的来源，也经常出现在谈话中，在复杂的炖菜过程中引发幽默的交流。典型的马拉埃煮锅要比图 6.5 中的大 5 倍。

[9] 这里值得注意的例外包括社区、人文主义、批判、解放以及本土心理学的某些变体，强调人的有意义参与的重要性。但是，这些心理学通常在全世界都处在学科的边缘，而被认为是“不科学的”，就好像和研究参与者进行有意义的交流是某种坏事一样。

参考文献

Baumel, J. (1995). Social Interaction Among Jewish Women in Crisis During the Holocaust: A case study. *Gender & History*, *7*, 64～84.

Davidson, S. (1984). Human Reciprocity Among the Jewish Prisoners in the Nazi Concentration Camps. In Y. Gutman & A. Saf (Eds.), *The Nazi Concentration Camps* (pp. 555～572). Jerusalem: International School for Holocaust Studies.

Deaux, K. (2000). Surveying the Landscape of Immigration. *Journal of Community and Applied Social Psychology*, *10*, 421～431.

de Certeau, M. (1984). *The Practice of Everyday Life* (S. Rendall, Trans.). Berkeley, CA: University of California Press.

Des Pres, T. (1977). *The Survivor: An Anatomy of Life in the Death Camps*. New York: Oxford University Press.

Fitzpatrick, S. (1999). *Everyday Stalinism: Ordinary Life in Extraordinary Times—Soviet Russia in the* 1930*s*. Oxford: Oxford University Press. 143

Flyvbjerg, B. (2001). *Making Social Science Matter: Why Social Inquiry Fails and How it can Succeed Again*. Cambridge: Cambridge University Press.

Fortier, A. (1999). Remembering Places and the Performance of Belonging(s). *Theory, Culture & Society*, *16*, 41～64.

Groot, S., Hodgetts, D., Nikora, L. & Leggat-Cook, C. (2011). A Maori Homeless Woman. *Ethnography*, *12*, 375～397.

Gross, H. & Lane, N. (2007). Landscapes of the Lifespan: Exploring Accounts of Wwn Gardens and Gardening. *Journal of Environmental Psychology*, *27*, 225.

Heidegger, M. (1971). *Poetry, Language, Thought.* New York: Harper & Row.

Highmore, B. (2002). *The Everyday Life Reader*. Routledge: London.

Hodgetts, D., Chamberlain, K., Tankel, Y. & Groot, S. (2013). Researching Poverty to make a difference: The Need for Reciprocity and Advocacy in Community Research. *The Australian Community Psychologist*, *5*, 46～59.

Hodgetts, D., Drew, N., Sonn, C., Stolte, O., Nikora, L. & Curtis, C. (2010). *Social Psychology and Everyday Life*. Basingstoke: Palgrave Macmillan.

Hodgetts, D. & Stolte, O. (2012). Case-based Research in Community and Social Psychology: Introduction to the Special Issue. *Journal of Community & Applied Social Psychology*, *22*, 379～389.

Hodgetts, D. & Stolte, O. (2013). Everyday life. In Teo, T. (Ed.) *Encyclopedia of Critical Psychology*. New York : Springer.

Hodgetts, D., Stolte, O., Nikora, L. & Groot, S. (2012). Drifting Along and Dropping into Homelessness: A Class Analysis of Responses to Homelessness, *Antipode*, *44*, 1209～1226.

Hodgetts, D., Stolte, O., Radley, A., Groot, S. Chamberlain, K. & Leggatt-Cook, C. (2011). "Near and far": Social Distancing in Domiciled Characterizations of Homeless People. *Urban Studies*, *48* (8), 1739～1753.

Jones, S. (2010). Negotiating Authentic Objects and Authentic Selves: Beyond the Deconstruction of Authenticity. *Journal of Material Culture*, *15*, 181～203.

Kelly, T. (2008). The Attractions of Accountancy: Living an Ordinary life During the Second Palestinian *Intifada*. *Ethnography*, *9*, 351～376.

Krmpotich, C. (2010). Remembering and repatriation: The Production of Kinship, Memory and Respect. *Journal of Material Culture*, *15*, 157～179.

Latour, B. (2005). *Reassembling the Social: An Introduction to Actor-network Theory*. New York: Oxford University Press.

Lefebvre, H. (1991a). *Critique of Everyday Life*. London: Verso.

Lefebvre, H. (1991b). *The Production of Space*. Oxford: Basil Blackwell.

Li, W. , Hodgetts, D. & Ho, E. (2010). Gardens, Transitions, and Identity Reconstruction among Older Chinese Immigrants to New Zealand. *Journal of Health Psychology*, *15*, 786～796.

Luchterhand, E. (1967). Prisoner Behaviour and Social System in the Nazi Camp. *International Journal of Psychiatry*, *13*, 245～264.

Martin-Baro, I. (1994). War and Mental Health (A. Wallace , Trans.). In A. Aron & S. Corne(Eds.), *Writings for a Liberation Psychology*. Cambridge, MA: Harvard University Press.

Merleau-Ponty, M. (1962). *The Phenomenology of Perception*. London: Routledge.

Mitchell, D. & Heynen, N. (2009). The Geography of Survival and the Right to the City: Speculations on Surveillance, Legal Innovation, and the Criminalization of Intervention. *Urban Geographies*, *30* (6), 611～632.

Moon, P. (2005). *A Tohunga's Natural World: Plants, Gardening and Food*. Auckland: David Ling.

Rangihau, J. (1992). Being Maori. In M. King (Ed.), *Te Ao Hurihuri: Aspects of* 144
Maoritanga(pp. 183～190). Auckland: Reed.

Schraube, E. & Osterkamp, U. (2013). *Psychology from the Standpoint of the Subject: Selected Writings of Klaus Holzkamp*. Basingstoke: Palgrave Macmillan.

Sheringham, M. (2006). *Everyday Life: Theories and Practices from Surrealism to the Present*. Oxford: Oxford University Press.

Shokeid, M. (1992). Exceptional Experiences in Everyday Life. *Cultural Anthropology*, *7*, 232～243.

Silverstone, R. (2007). *Media and Morality: On the Rise of the Mediapolis*. London: Wiley.

Simmel, G. (1997). *Simmel on Culture* (D. Frisby & M. Featherstone, Eds.). London: Sage. (Original work published 1903)

Snow, D. A. & Anderson, L. (1987). Identity Work Among the Homelessness: The Verbal Construction and Avowal of Personal Identities. *The American Journal of Sociology*, *92*, 1336～1371.

Stolte, O. & Hodgetts, D. (2015). Being Healthy in Unhealthy Places: Health Tactics in a Homeless Lifeworld. *Journal of Health Psychology*, *20* (2), 144~153.

Te Awek otuku, N. (1996). Maori People and Culture. In R. Neich, M. Pendergrast, J. Davidson, A. Hakiwai & D. C. Starzecka (Eds.), *Maori Art and Culture* (pp. 26~49). London: British Museum Press.

Walker, R. (1992). Marae: A place to stand. In M. King (Ed.), *Te Ao Hurihuri: Aspects of Maoritanga* (pp. 15~27). Auckland: Reed.

7 情境不平等与儿童生活行为的冲突性 145

夏洛特·霍霍尔特(Charlotte Højholt)

日常生活行为：对社会冲突的参与

本章对生活行为的讨论聚焦于日常生活中的冲突以及它们与更广泛社会冲突的关联性。以这种方式，本章触及对日常生活行为研究的批判和政治维度的讨论。其关注于人们在处理这些冲突时的不平等生活状况。

通过这种方式，本章讨论对人们的(在我们的例子中是儿童的)日常生活行为的分析怎样通过解决社会冲突——个人问题交织其中——而以一种具体的方式指向结构不平等。日常生活的困境、矛盾和冲突与政治冲突交织在一起：例如，教育系统应该优先处理社会问题还是以更独立的方式运行来取得更好的成绩，这是与国家考试和国际竞争联系在一起的。这样的冲突在学校的社会实践中不断地进行着协调，但是参与者在这些过程中的定位并不相同。

即使在批判分析中，日常生活状况也通常以抽象的方式进行概念化，比如基于社会背景中的各种差异，或者基于社会秩序的明确分类和再生产。这可能给我们的分析工作带来一些问题。一个问题是批判可能成为抽象的因素，我们不得不猜测这些因素对牵涉其中的人的意义，并因此从“外部”估计这些意义。另一个相关的问题是问题的某种置换——从社会困境变成各种各样的个体缺陷。

146 我将通过不同社会背景中儿童日常生活行为的具体案例来讨论这些普通困境，不同的人对儿童有着不同种类的责任和相互冲突的视角。关键点在于关于儿童的社会和政治冲突给儿童带来了个人问题。基于这种理解，具体的儿童困境可以告诉我们很多关于制度安排，或者在制度安排中出现的社会冲突的知识，儿童正是在其中进行他们的日常生活。

对人类状况进行抽象的理解很容易指向某种个体缺点，并且作为解决方案，提出某种修正。在丹麦，我们所面临的社会政策的特点是对儿童及其家庭生活所进行的预防性和修正性的干预开始得越来越早。针对结构性问题进行的这些政治解决方案跟进了后续研究，这些研究表明，干预就是问题的一部分，干预助长了边缘化（Højholt，2011；Juhl，2014；Kousholt，2012a，2012b；Morin，2007；RønLarsen，2011）。

由于这一悖论，我会首先对将日常生活的社会状况概念化为“社会背景”或“社会遗产”问题所面临的理论挑战作简短的检视，这是丹麦的主导话语(跨越不同的政治意识形态)。通过对将社会环境对个体影响进行概念化的普遍方式进行检视，我们可能对社会状况意义概念化的困境找到出路。批判分析并不意味着去质疑诸如家庭资源这样的社会状况是否有意义，而是去讨论我们是如何理解意义的——或许与我们习惯的方式有很大的不同。

紧接着这些挑战，我将讨论儿童生活中的日常生活行为的概念（Holzkamp，2013)——在多种不同的情境中，在他们与同辈群体的关系中。随后，我将呈现基于在学校以及学校周边进行的田野工作而完成的一个案例。

通过这种方式，这一研究强调个体的生活和参与是分配于不同的情境的，日常生活行为是一个基本的集体过程，即主体是在和其他主体的合作中行为其生活的（Dreier，2008；Kousholt，2011）。这里，我们可以看到这一强调指出社会协调和冲突是个人生活行为的中心问题，它对于“行动”以及“自我理解”的理解都有影响。

“社会冲突”通常被理解为社会群体之间的社会冲突或者个人之间的关

系冲突。本章的目标指向两者，或者更确切地说，两者之间的内在联系。这一处理社会冲突概念的方式来源于将社会实践——从一开始——就理解为冲突性的(Axel，2002；Lave，2008)。其将冲突与处理普遍社会困境和矛盾的不同方式连接在一起——冲突变得与“围绕特定任务和目标进行互动的结构化人类传统”相关(Hedegaard，Chaiklin & Juul Jensen，1999，p. 19)。

心理学对社会不平等，权力结构以及人类的边缘化有着广泛而悠久的 147
研究传统，因此心理学也讨论人的生活状况与主体行动之间的内在联系(例如 Burman，2015；Lave，2011；McDermott，1993；Mehan，1993；Nissen，2012)。与此相关的一大理论挑战是如何以一种具体的方式对社会状况进行概念化，为制度安排参与中的不平等状况进行情境分析铺平道路(Dreier，2008)，而不是将问题转化为社会背景的抽象概念化。与此同时，我们也面临着批判变得相当隐晦的困境，这似乎是我接下来要进行的情境分析中的一个两难。让社会实践的政治层面更为明确，并将其与人们在生活中想要组织的东西以及他们在此过程中受到的阻碍联系在一起，是一项非常紧迫的挑战。

与更明确地对人们日常生活的社会状况进行直接批判分析相关，也为了对人们所经历和处理的这些状况进行探索，我们需要概念来分析具体的日常生活困境是怎样与结构不平等和政治冲突相互交织在一起的。在本章中，政治冲突被认为是关于社会问题应该如何被理解和处理的社会冲突，我们指出，我们在对日常生活中人们的相互影响进行情境分析时发现了这些冲突。个人的生活行为纠缠在社会协调和冲突之中，在日常生活的情境中，人们通过相互作用为彼此创造了条件，社会可能性在其中是结构性的，且不平等的。基于情境不平等的概念，我想要将关注点转向参与和影响不同社会背景的可能性的社会分配。

社会不平等：一个代际传递问题

关注儿童的“问题”状况时，人们普遍聚焦于儿童的家庭背景，将特定的、偏离的、孤立的变量或者背景概念化。这一将某些方面抽离为抽象变量的做法在心理学中广受批评(Burman，1994；McDermott，1993；Mehan，1993；Røn Larsen，2012a)，但是在实践中，其仍然处于主导地位。

尤其是旨在支持困难儿童的专业实践，一直有一个解释传统是将问题与儿童的社会背景联系在一起，聚焦于专业实践应该如何弥补家庭资源的不足。这就使干预指向对被不同种类的测试和分类认定为“特殊”的个体儿童提供特殊支持(Kousholt，2010；Røn Larsen，2011)。在制定此类干预的目标时，在对丹麦的社会政策还有教育政策进行论证时，主要的目的都是“打破社会遗产”。

148 儿童的家庭背景和他们的在校表现之间有着自动的转化过程，对这一广为流传的科学公式进行深挖细究促使我对“代际传递”进行了全面的检视。下面我会呈现和引用从这一检视中得到的某些概念和表达，来表明洞见还有问题都与创造关于这些过程的知识以及对它们对相关者的意义进行概念化联系在一起。

这些通常基于大规模追踪调查的研究的特征是大量不同的问题被编入因素和变量的科学模型。例如，它可能是“所接受的养育质量”和“社会能力”(Shaffer et al.，2009)，或者“将家庭和儿童置于各种社会、行为和健康问题风险之中的代际过程”(Serbin & Karp，2003，p. 138)。第三个研究关注的是父母无业对“儿童的认知能力、教育获得、行为、对学校态度、学业抱负”的影响(Barnes et al.，2012)。上面最后提到的这个研究发现父母无业和年幼儿童(7 岁)早期的认知、学业和行为发展都有关联；“但是我们需要考虑到影响这些结果的其他因素也与父母无业相关——所谓的‘相互关联的风险因素’”(即比如说，受到无业影响的家庭也更可能有着诸如单亲、低收入、家庭不稳定、父母中有人长期患病等等特征)(同上，p. 6)。

提到这一点是为了表明人们日常生活中的不同“因素”之间的连接是怎样建立的，也为了说明因素之间相互关系的复杂性是固有的。我们怎样才能获得关于相互关联意义的知识？例如，它还指出：

> 无业家庭的儿童也更可能受到欺凌，欺凌别人，以及不乐意待在学校，但是这并**不是**无业本身引起的，而是归因于家庭的其他特征，比如单亲或者父母健康状况(即相互关联的风险因素)。(Barnes et al.，2012，p.7)

此外，很多地方提到所谓的“保护因素”可能会改变图景。其指出，很难从整个研究指出的“消极后果”中看到特定的保护年轻人的因素。但是，有证据表明，积极的学校经验(儿童喜欢学校，在学校有朋友)，学校特征以及家长对儿童教育的参与能够减少或者消除父母无业和学业结果差之间的关系(Barnes et al.，2012，pp.9—10)。进一步的研究主张进行更多的 149
讨论，涉及其他因素：被养育的经验，信念和现有的教养实践(Shaffer et al.，2009，p.1238)，还有“更广泛的风险生态学模型”以及“文化和种族‘环境’与遗传和生理学存在明确的相互作用从而产生可以从一代传向另一代的自我强化行为的假设”(Markward，Dozier，Hooks & Markward，2000，p.237)。

因此，文献承认了复杂性，相互作用以及相互关联的意义，但是“传递”，“预测”以及“机制”等概念看起来仍然未受挑战，使得干预指向生活在“缺乏情感和经济支持的压力环境”中的“这些个体”(Saltaris et al.，2004，p.105)。比如说，这些概念会被应用在以下程式中：“父母刺激预测着学龄前儿童的智力功能”(同上)；“鉴于第二代进入学龄后风险代际转移的种种迹象，我们很有兴趣揭示出致使失调不断持续的潜在机制”(同上，p.107)。因此，“这些个体”成为了关注的中心，代价是牺牲了有问题状况的意义。

这些研究的另一个特点是与政策和干预保持密切的关联。有些论文以段落“社会政策的应用和启示”结尾，段落中写道：“风险的代际传递是人的发展研究的中心问题。而其重要性得到了进一步的扩展，因为认定风险因素能够为社会，教育和健康政策提供至关重要的信息。”(Serbin & Karp，2003，p.141)此外，谢弗(Shaffer)等人总结道：“像这样的发展研究对于

提出可能的干预机会而言至关重要。”(2009, p. 1238)

因此并不奇怪，社会政策和从事困难儿童干预的专业人员都与代际传递观点的确切数字有着很强的关联[1]。在问题的多方面的冲突中，关注代际传递看起来合法、科学而且专业。但是，这是将干预转向“这些个体”，转向与代际传递联系在一起的概念，而不是具体的日常生活状况。

不能说这种研究忽视了日常生活，因为我们对家庭日常生活行为中的问题状况有了深入的理解，但是它没有告诉我们日常生活是怎样行为的，问题是怎样被生活在问题中的人体验的，或者他们对于照顾儿童的视角是怎样的——即使有一些研究已经强调这样的问题很可能会改变传递的整个图景。

对这些问题进行的质性研究指出，父母经历这些问题的方式与专业人员相比有着非常大的不同(Juhl, 2014; Kousholt, 2012a)。在这些研究中，父母强调社会状况是研究的出发点(例如，经济问题，住房问题，社会网络和支持的缺乏——还有与儿童在教育语境中遇到、接受以及参与的方式相关的困难和冲突)。但是，专业人员强调依恋，父母关注，良好的眼神交流等心理学概念——与“传递”的黑箱相联系的概念。

150 这一研究领域似乎表明，我们对这些跨语境过程的社会实践缺乏洞察力。在对“贫困的代际传递”的概览中，其承认“呈现出的证据有着明显的差异，应该认识到未测量的社会学或者心理学因素可能是最重要的”(Bird, 2007, p. ix)。

在传递概念中更引人注意的是对儿童生活中其他背景的未涉及，比如学校和儿童机构这样的背景。当这些背景被包含在研究中时，它们似乎被理解为家庭背景负面影响被呈现的“舞台”，而不是与儿童的日常生活相连接的社会实践，在不同的背景中有着情境的意义，社会冲突在其中形成了相关参与者的矛盾状况。比如说，学校的社会实践以及这种社会实践为儿童带来不同状况的方式，被忽视了(Kousholt, 2010; Ljungstrøm, 1984)。这里，这些实践中的情境相互作用，以及儿童及其可能性的差异所涉及的一般困境、矛盾和冲突，似乎都被放到了括号里。这些困境对于接下来的分析至关重要，我将试图展开一个社会实践的路径，将情境意义和冲突都包含在内。

有些研究直接关注于贫困的代际传递，即便可以预期这些研究会聚焦于社会状况，但是问题却转向对教养、养育和社会化的质量的关注。一个细致的文献回顾在开头写道：“贫困不是‘打包’转移的，而是一系列复杂的，或者在现在或者在未来的生命历程中，影响着个体经历贫困机会的，积极因素和消极因素。”(Bird，2007，p. v)此外，其指出“这是一个有争议的领域，似乎可以将贫困归咎于穷人。因此，自由主义研究者倾向于避免这些问题，将这一领域留给右翼”(同上，p. ix)。基于“贫困文化”的概念，其认为“穷人的文化与社会其他阶层并不相同，其特点是态度、价值和行为存在偏差”(同上，p. ix)。但是贫困文化的概念在这篇论文中也受到了挑战：

> 有些研究提出社会阶级对行为变量、社会变量和心理学变量有着强有力的影响(Singh-Manoux and Marmot，2005)，然而矛盾的结果表明，“很难对穷人进行全面的跨文化概括，除了他们没有钱以及通常在社会和政治上被边缘化之外”(Rigdon，1998，p. 17，见 Moore，2001)。(同上，p. 29)

“矛盾的证据”以及科学争论中的政治立场，似乎表明了**概念上的困境**以及它们与政治意识形态的联系。最后，我想要对伯德(Bird)提出的将人
类行动和结构因素“结合起来”，在研究中纳入行动的观点进行评论——但 151
是在他的经济学模型中这些都成了独立的因素：

> 儿童时贫困会增加成年期贫困的可能性，但是并非总是如此，还有其他因素会在整个生命周期中独立地对福利产生影响。尽管高度依赖不同的语境，但是家庭特征和初始禀赋被认为非常重要——个体的优点组合，他们的能力和特征，以及他们进行行动的权力。(同上，p. v)

在这种论述中，优点、特征以及行动都被设置为相互孤立的。我认为这些研究概述、它们的矛盾和内部争论都表明分析行动、社会相互作用和社会状况的具体意义，以及在日常生活中以不同的方式处理不同的挑战时，存在着理论困境。最大的悖论在于在传递概念中——也在干预中——对日常生活不平等状况的关注，最终却恰恰远离了社会状况。

我们可以在心理学的框架下开展日常生活的情境分析，指出不平等状况的个人意义？我们可以以这种方式来鼓励理解行动——而不是独立的变量——怎样与社会实践的冲突性纠缠在一起？

个体生活行为和社会冲突

“生活行为”的概念被认为是结合社会结构和我们所理解的个体意义的一个途径，其被应用于具体的实证研究分析个人在整合、规划和优先安排日常生活中的努力。克劳斯·霍兹坎普(Klaus Holzkamp)已经指出，为了克服主体被封闭在特殊心理学功能中的心理学，我们需要概念来抓住人们日常生活的丰富性和复杂性。他提出生活行为的概念对复杂的日常生活中积极而创造性的过程进行概念化(Holzkamp，2013，2015，chap. 3；Dreier，2015，chap. 1；Kousholt，2015，chap. 13；概念背景也参见 Jurczyk et al.，2015，chap. 2)。

与本章的讨论相关，我会强调这样的论述怎样突出了通常在理论化中被忽视的平常过程：日常生活及其实践不可能“自己进行”——每天主体必须选择，比如说，起床(或者不起来)；怎样基于其他地方必须进行的任务安排早上的活动；经常与其他人协调看谁会陪孩子去学校，谁来买食物，谁留下开会而我就可以去赶火车等。甚至常规也必须每天进行安排和规划，个体在“平常的一天”进行着大量的选择，并且必须和其他人员和事务进行协调。在他们复杂的日常生活中，个体跨越不同的社会语境追求许多的关注点(Dreier，2011)。

我们在研究中合作的人们正基于特定状况、需求和偏好进行他们的生活行为过程，与此同时，他们以他们的方式参与不同的场所，组织不同的日常生活，并影响他们生活中重要的背景。进行生活行为的问题不能被局限于重复其他人之前已经做过的事情或者是适应某种已经给定的状况。进行生活意味着安排状况，和他人一起，寻求可能性，修正计划并追求理念。因此，发展生活行为的可能性是与在不同的场所进行参与和影响的可能性联系在一起的(阐述见 Højholt& Kousholt，2015)。 152

我们的研究共同体在新近的研究中强调人们生活在不同的语境中，他们的生活和参与是在不同语境中分配的(Dreier，2008)，而日常生活行为是基本的集体过程——主体在与他人的合作中，基于他们生活中的不同事物，进行他们的生活行为的(Chimirri，2013；Kousholt，2011)。这一运动认为社会协调和冲突是个人生活行为中的中心问题(Axel，2002，2011)。此外，社会实践是在不同的场所和位置，从不同的视角——与这一特定的实践及其主要关注相关——被体验的。通过在这方面的共同利益，参与者发展了不同的立场，如关于如何组织和改变这一实践，以及关于如何追求其关注点。

在这一理解中，“行动理由”与其他人怎么做以及个人对其他人做法的预期相联系——个体行动进入集体行动，个人选择、计划和目标的“结果”必须基于他们参与并相互交织的社会实践来理解(Dreier，2008，p. 34)。自我理解作为一个主体间的问题出现，并处于持续的变化之中，与参与不同种类实践的可能性的历史范围相关，与其他人的参与方式相关，与进入共同体相关等。当日常生活行为与社会协调、协商，以及与某人一起创造某物的可能性交织在一起时，个人行为意味着调查社会可能性。这样的可能性是结构的和不平等的，被不同地位、经验和视角的人们所掌握。

因此，对生活行为进行发展是一个冲突的过程，与不同的社会状况纠缠在一起，在其基础上，我们可以在日常情境参与者之间具体的相互作用基础上，从具体个人的视角出发，或者我们可以说，从日常生活的视角出发，研究结构不平等和社会问题的具体意义。

儿童的冲突

153 对儿童来说，他们在发展中面临的挑战与社会协调、共同体和冲突纠缠在一起，对于儿童的责任是以私有化、个体化和冲突化的方式在成年人之间政治的分配的。父母、教师、教育学家和心理学家基于他们的任务内容而相互联系在一起，但是同时却有着不同的责任和视角（Andenæs & Haavind，2015；Højholt，2006；Pedersen &Nielsen，2009）。

延续这一社会结构，儿童在相同的时间被集中于制度化的共同体中（比如说，一个学校班级），但是又不断地区分为不同的类别（比如说好学生，接受特殊帮助的学生，不知道怎样行为的学生等等）。这些区分是相互冲突的：不同的群体，比如说妈妈和爸爸、教师、教育学家以及政治家，对于区分和对于儿童都有着不同的视角。例如，他们无法就一个孩子应该留在普通学校还是应该送往特殊机构达成一致，他们也无法就学校应该怎样优先考虑包容性并与学校共同体合作达成一致，因为这些问题往往与以更为专注的方式获取能力相矛盾。

此外，在儿童本身以及在他们的共同体中与其他儿童的相互作用中，区分变得“岌岌可危”，反过来也是一样。儿童之间的相互作用构成了教育策略的社会状况，其对儿童的意义，往往超出了一开始的预计。一般来说，成年人不知道，比如说，送儿童去接受补偿性的特殊教育会对儿童参与班级共同体的状况带来怎样的显著影响；而他们也不知道，例如，一个冲突性的男孩社区怎样构成了他们正试图帮助的儿童的参与状况（Højholt & Kousholt，2014，2015；Morin，2008；Røn Larsen，2012a）。

经过多年来对不同案例的跟踪，我们的研究表明，识别个体儿童的实践“背后”都可以发现不同的专业人员群体与父母之间，以及儿童与儿童之间存在着复杂的冲突图景（Højholt，1993，2001，2006）。重点是，围绕困难儿童的这些过程不断“强化”了关于儿童，以及关于学习和教育政策概念的一般冲突。尤其是，当问题被指出时，争议在于：谁来负责？

合作应对这些问题的各方充满了冲突，而这些冲突又与更为广泛的争论联系在一起：什么与学习相关，困难应该怎样被理解(以及被处理)，以及任务应该怎样分配。目前，这些一般冲突经常以全球竞争中的学校任务相关的概念进行讨论，其关注点在于提高能力(Pedersen，2011)或者关注于(并非主导关注点)福利国家的公共服务，以及容纳不同儿童并为他们提供平等的教育机会(Højrup & Juul Jensen，2010)。

从理论上看，这些冲突可以被表述为对以下问题的关注：如何影响公 154
共实践的发展。更一般地说，我们可以以社会实践的变迁来分析冲突的方向和影响，以及以社会实践的多方面关注来分析冲突(我会在 154 页[英文页码]的案例中回到这一点)。例如，学校中的各方人群对于什么是公共问题中最重要的优先项会有不同的视角。随后，这些不同的视角可以被看作是相互联系的，也可以被看作是冲突性的。它们的不同并非巧合，它们结构性地不同，并且结构性地相互联系。

在这一理论取向中，不同意的一方不会被视为是“随机不同意”的。他们不同的视角可以分析性地与他们不同的地位、不同的责任类型相联系，而其影响也在复杂的实践结构中有所区别(Dreier，2008；Højholt，2006)。他们对问题的视角是基于他们对儿童的任务，基于他们如何成为冲突的一部分，例如作为儿童、作为父母、作为老师或者作为教育学家(Axel，2002，2009；Dreier，2003)。

为了进行他们的日常生活行为，儿童不得不适应这一社会复杂性，协调他们的参与，并影响正在发生的事情(Højholt &Kousholt，2015；Stanek，2013)。这些过程并不简单，还涉及共同努力、协调和灵活性。但是，这些似乎只是儿童生活中的挑战，我们作为成年人经常忽视，只要它以很不经意的方式发生，那么它就“只是儿童在玩”，而当儿童们的动作卡住时，我们认为这是一个**特殊问题**通常与特殊的儿童和特殊的背景(参见代际传递一节)或是诊断的概念联系在一起。当我们忽视儿童日常生活的社会复杂性以及儿童生活行为中的**日常困难**，我们就忽视了冲突的一般基础，忽视了儿童在处理一般挑战时的不同立场。

一个案例：拿不到球的男孩——也没有旱冰鞋

在学校里，儿童处于竞争的情境，他们在学业任务上处于竞争情境，他们也在同学间地位和对同学的影响力上处于竞争情境。于是，学校生活的特点既是关于学习，也是关于一般社会生活的多元化议程。正如麦克德莫特(McDermott，1993)指出，儿童必须在学习新事物的同时表现出他们已经知道如何去做。儿童与竞争和能力差异相关，而他们也必须在社会共同体中行走，处理他们与同辈群体之间的地位、关系、快乐、友谊还有冲突（Højholt & Kousholt，2014，2015；Røn Larsen，2011；Stanek，2013）。

由于前面提到的区分，儿童从不同的位置参与，以不同的状况完成学
155 校生活的双重议程。教室为不同的儿童设置的状况并不相同。有时候，当儿童在同一个教室表现不同时，就有人指出这一定是因为环境而不是那些正发生的事情——参见上述对代际传递的讨论。在社会实践取向中，教室的社会生活必须被分析为与学校的历史议程集体性相连的情境方式。学校不仅测量差异，也形成差异。

所以在学校里，儿童学习参与特定的实践，他们也参与相关的可能性，以及这里存在的矛盾——他们正以具体的方式参与着这对于他们的意义。因此，教室对于儿童有着完全不同的意义，成年人的所言和所行，还有他们的规则(通常意在平等地对待儿童，但是对儿童和他们的父母却有着不同的意义)，被卷入儿童的策略，可能对他们有着不可预见的意义。

当我从彼得(Peter)的视角观察学校生活时，这一点得到了明证。他似乎正在努力奋斗以在男孩群体中获得地位，但是他也必须处理他父母和老师之间的冲突：关于他的冲突，关于他是否能在校表现良好，关于他是否正在说谎，关于谁应该为教室里的吵闹和麻烦负责，等等。老师觉得他从小在家受到的教育很差，而父母认为老师的教育方式呆板而传统。

这些争吵与之前提到的政治冲突——学校里应该发生什么以及成年人

之间的责任应该怎样分配——相关。老师们认为幼儿园的老师应该教给学生们更多的纪律，因为教室里的吵闹已经使得教学难以继续，他们认为彼得应该多等一年再来上学。这种冲突可以被认为是学习责任的分配的冲突，也是关于什么是学习的冲突。在冲突中，学习就是在校学习的方式，它从社会生活中被孤立出来，就好像社会生活阻挡了学习一样(Axel，2009；Dreier，2003；Juul Jensen，2001，2007；Lave，2011)。在压力之下，老师发现幼儿园老师以学习为代价而将“社会”放在了首位。这也与纪律的基本冲突相关——在这些冲突中，纪律变得与社会实践的共同组织相分离，成为游戏、共同体和民主的障碍。相关群体对于如何提升学习有着不同的状况，对于什么是学校的优先事项有着不同的视角，对于这些困难应该怎样被理解和解决也有着不同的看法。

当某些课程结束时，我在教室里观察到一种反复出现的冲突，孩子们争着要先拿到足球，这似乎对课后足球比赛中的地位非常重要。这一时刻加剧了学校中儿童的自主游戏和成人的规训教学之间的结构性差异。想要获准离开他们的座位，儿童必须完成他们的学校任务，整理好他们的书包并保持安静。

男孩威廉(William)在整合双重议程中表现得相当突出——以老师满意 156
的方式组织他的好朋友。彼得也想这样做，但是他被单独安排在一张桌子，他和其他同学，还有老师的冲突越来越多。彼得快速拿到了球，但是威廉和其他男孩提出彼得不应该碰球，“这不允许”，“你不能碰球，好吗?”老师也牵涉其中，他认为威廉他们是对的，这是不允许的，彼得必须把球放回去。通常，威廉会第一个拿到足球并组织课后的足球比赛，而彼得必须试着以边缘位置参加。

下一节课结束的时候，情况再次发生。现在彼得太想拿到球了，但是问题变成了要将纸正确地放进文件夹里——他被要求这样做。威廉立即进行守卫：“彼得，你不应该拿球。”看起来在这样一个情境中，彼得在课上还有课后都陷入了自我主张的困境。他的注意力因为某种**个人优先级的冲突**而分散了。对他的抽象区分和结构冲突——在成年人之间，也在男孩之间——成了他的个人冲突。这样，冲突可以从彼得的视角出发，被视为与他的友谊、学校生活、学业表现、足球和比赛相关的生活行为的问题。

所有儿童都要处理冲突的议程：作为好学生参与课程，相互开心玩耍，发展友谊和共同体，影响他们的行动，为资源和地位竞争，处理冲突和团结等。彼得的问题似乎在于冲突是怎样**转移到他身上的**——到他的社会背景——这种转移是怎样作为一个抽象的负罪感问题而在成年人之间来回移动的？这可以被视为是对已讨论过的传递概念的心理学建构，以这种方式社会问题变得私人化，而其在社会困境中的根源也变得模糊不清(Motzkau & Schraube，2015)。

此外，背景成为了未经解决的隐性冲突。通常我们会个体化儿童的冲突，但是这些冲突可以被看成处理学校一般冲突的主体方式。学校的参与者必须同时关注获取未来的能力和即时的合作。为了进行教学，教师需要儿童以某种方式行为，并为这一实践做好准备。在一个情境中，一个男孩不知道某一问题的答案或者教师正讲到书的哪里(他正和其他男孩一起忙于其他事情)但是教师认为这一定是一个例外，因为她知道他是一个好学生。但在另一个情境中，事情被打断了，因为彼得没有铅笔。教师倒空了彼得的书包，确认里面的东西很久没有更新过了。坐在彼得前面的一个女孩借给他一支铅笔解决了这一情境，让课堂继续，但是对于教师而言，这一情境似乎是与彼得父母的冲突相连的：他们应该注意这一点，以及教导学生(以及父母)准备好书包是教师的任务之一。教师解释了与这些问题相连的无力感和孤立感，在压力和缺乏行动可能性的这一情境之下，非常平常的情境[2]转变成了特定问题的明证，与彼得的背景联系在一起。有人可能会说，这里的问题是矛盾性的，而由于这些矛盾被处理的方式，相关的问题会陷入僵局。

157 在此过程中，彼得越来越暴露于冲突的前提之下，他失去了对公共状况的影响力。但是，他仍然试图改变他的情境，比如说，在春天的一个时期儿童们想要去滑旱冰。在机构里负责儿童休闲时间的教师解释说，彼得拿了机构的旱冰鞋，之后却谎称鞋子是他的。一些困惑产生了，部分是因为与彼得父母的沟通出现了问题，部分是因为彼得解释说(在长时间的询问中)是一个那天不上班的教师给了他那双旱冰鞋。

学校问题的构成、主体理由和个人行动

旱冰鞋的插曲表明了几点。我会试着将其中某些点系统化为三个问题：(1)是对困难进行抽象的解释，还是寻找彼得参加学校生活的个人理由；(2)情境不平等；(3)对“行动”的讨论。

彼得参加学校生活的策略——在教室的学业议程中，也在课堂、课后和休息时间的社会生活中——被认为是“偏差行为”。随着过程的发展，彼得的行为越来越清晰地被理解为是其个人缺点的一种表现。正是这种理解成了冲突的一部分，并对相关者带来了威胁(教师有问题？母亲？没有教会彼得该“如何行为”的幼儿园教师?)。在学校里提出问题的可能性似乎是这些问题成为问题的重要组成部分。然而，类别化分析和不同视角之间的分歧往往被“归咎于社会背景”这一显在共识所掩盖，而“归咎社会背景”似乎并不能够充分理解相关者的行动以及他们并不平等的参与机会(Røn Larsen，2012b)。

对冲突过程的“结果”——“学生认同”的建构(参见 Mehan，1993，p. 260)——的关注似乎仍然停留在对彼得的策略进行社会标签化，但是对于主体心理学而言，重要的是在同一问题的不同层面探索个体“理由”和“社会意义”。“个体理由”指的是彼得基于其状况进行参与，“社会意义”指的是其他个体怎样基于他的行动而行动。

将学校的日常行为作为情境社会实践来分析，并因此将彼得的行动 158 (重新)置入它们的社会联系之中，它们并不特殊。在不同的语境中(在我们的观察中，也在我们的分析中)跟进彼得的生活行为可能能对他的观点和理由给出解释。在小组访谈中彼得和其他儿童谈起朋友和交朋友的意义，彼得告诉我说，他是某些男孩最好的朋友，我看到他试图与他们联系，但是越来越多地被拒绝。我们需要更多的知识来理解这些社会冲突的

内容，还有关于学校政治冲突的内容，我们的观点是我们需要概念来分析参与学校实践的情境(并不平等地被区分)状况的行动理由。

儿童策略的意义是社会的，因此对它们也有着不同的理解，这也是我试图讨论的“情境不平等”的一部分。在专业人员看来，旱冰鞋的插曲看起来是彼得的说谎问题，而“说谎”正是成年人之间关于彼得冲突的一大主题。彼得夹在他的老师和他的父母中间，大人们对于什么时候相信他并未达成共识。对这一问题的讨论似乎是以彼得日常生活中的困境为代价引起关注。所以，彼得的所为在冲突中得到解释，并与成年人对他的分类联系在一起。儿童间的很多冲突(涉及很多儿童)都是由教师来代理的，就像彼得的问题一样。以这种方式，替代的过程变成了某种“特殊的一般化”：他在所有地方都很“特殊”，特殊性出现在任何地方，因此和在这些语境中发生的事情几乎没什么关系。在这种一般化中，问题与一般状况没有关系。

这种分离式理解问题的方式本身就是问题的一部分。它隐藏冲突，认为情境是非常神秘的，是关于奇怪的个体行为的问题——而这一异化需要通过关于社会背景的抽象概念来理解。

基于这一点，我想要表明，个人“行动”是与社会冲突的发展方式相互交织在一起的。在代际传递的讨论中，个人行动是作为一个自变量进入的——而在统计数字之外，个人行动通常牵涉某人“拥有”的某物，使得自动传递的方式出现差异。当行动并不与社会实践的具体状况紧密相连，社会可能性和个人表现之间的关系就变得神秘而不可分析。基于此我想要强调，主体的参与方式——还有发展方式——是与日常生活中对具体困境的处理以及与其他人的协调，联系在一起的。这一相互作用并非是静态的，而是必须被视为过程：冲突和问题展开的方式会影响到进一步合作的状况。为了呈现这一点，我将表明不同的冲突过程会怎样展开。

根据学校生活中的不同案例，情境分析表明不同视角有时是怎样联系在一起的，并通过与“共同关注”相关的不同视角来“一般化”和理解冲突。这些共同关注是多面的、矛盾的、复合的(Axel, 2011)。这样，相关的群体可以视自己和彼此是从不同的出场，以不同的可能性和贡献，来对“同

一个项目”做出贡献。在这样的过程中，冲突可能会带来理解的发展，开 159
启了行动的可能性以及对合作的某种扩展(Højholt，2011)。如前所述，相关的群体是以同样的抱负联系在一起，但是仍然以不同的方式体验着这一抱负的要求。参与者之间的分歧为我们提供了扩展对实践问题理解的机会。对冲突的探索有助于对主体问题的认识，也有助于实践的发展。

另一些时候，若干相关群体放弃了冲突的内容，而放弃似乎构成了互动的困难状况，各相关群体似乎都失去了影响力，失去了他们对问题的个人把握。在这些过程中，儿童有时候也会放弃参与课堂的策略(Højholt，2012；Højholt & Kousholt，2015)。因此，自我理解和行动的发展应该被视为非决定性的，而是与参与社会实践的社会可能性相关。

情境不平等和社会实践的政治面向

在本章中我试图表明，个人生活行为中的问题可以怎样被理解为与复杂的政治冲突相互交织。我试图通过分析日常情境——如学校——参与者之间的情境相互作用中，其结构状况的个人意义，而从具体的个人的视角来做到这一点。

案例意在指出**教室中的情境不平等**，而不是将关于学校以及在学校中的冲突转变为关于社会背景的抽象概念：家庭功能不足、心理缺陷、文化资本缺乏等。批判分析有时似乎也分析社会差异，其方式是指向个体在其他地方有着各种个人资源的缺乏——这种理解通常与学校相当模糊的权力相关。与其不同，本章的讨论提出对学校的矛盾进行分析。在这种取向中，关于优先权的政治冲突，以及关于儿童一般教育资源和责任的分配，使得学校权力和影响力的问题岌岌可危(Busch-Jensen，2013)。在社会实践的取向中，政治问题可以被视为社会生活的一部分，社会生活将多方面关注点的不同层面联系在一起。

案例中的男孩在这一视角中不仅仅为了“达到某一类别”或者“再生产某一文化”而行动，他也努力行为着矛盾的生活。他的个人行动是与社会冲突在其生活中出现的方式交织在一起的。因此，对人的日常生活行为的分析可能是有益的，其能够对结构不平等进行批判，也可以对个人问题纠缠其中的政治冲突进行强调。

在研究中，我们可以探究这些冲突的内容，分析这些冲突相关的矛盾状况，还有这些冲突所揭示的合作的可能性。与此相关，我们还需要理论的发展来对社会政治冲突和日常生活中的矛盾之间的内部联系进行概念化，来分析社会冲突在人们的日常生活行为中如何也成了对个人的冲突。

160 对学校的政治讨论指向更为广泛的社会冲突（McDermott，1993；Varenne & McDermott，1998）以及概念抽象（Holzkamp，2013；Burman，2015）。为了能够分析概念问题、政治问题与个人问题之间的联系，个人理由的概念似乎是中心性的：理由指向人们对生活行为相关状况的主体体验。这是一种理论尝试，旨在将参与者之间的情境相互作用——儿童组织他们的课后活动；成年人组织他们对儿童的共同照顾——视为在持续和冲突的协调中与结构状况和矛盾相关的主体间方式。

在这种情况下，个体和补偿干预不能孤立地起作用。上述分析表明，学校社会实践的民主化、学校的合作化，以及研究社会实践的民主化应该共同努力（Kousholt，2015，chap. 13）。此外，这些分析也指向方法论的发展，对个人日常生活行为问题和社会冲突——这一行为也是其中一部分——之间内在联系进行概念化需要方法论的发展。我认为特别重要的是阐释政治冲突——比如说关于社会对有能力个体，儿童照顾以及社会控制的需求——以及个人在其日常生活行为中的优先事项冲突之间的内在联系。

此外，对儿童之间以及围绕儿童的冲突协调进行情境分析可能会激发专业人员对这一相互作用的兴趣，而不再不加研究就进行抽象分类，或是将问题替换为代际传递的问题。这些努力可能指向学习共同体的可能参与，不同视角的加入，影响力的分配，以及困难人员可资利用的相关状况的提升。

注释

[1]另一方面，研究和政治策略相互关联，影响专业实践任务。

[2]从整体上看下书包就可以证明这一点，而(至少在丹麦)正是这一概念引起了父母的愧疚感。

参考文献

Andenæs, A. & Haavind, H. (2015). Sharing Early Care: Learning from Practitioners. In M. Fleer& B. van Oers (Eds.), *International Handbook on Early Childhood Education*. Dordrecht: Springer.

Axel, E. (2002). *Regulation as Productive Tool use: Participatory Observation in the Control Room of Adistrict Heating System* . Roskilde: Roskilde University Press.

Axel, E. (2009). What Makes Us Talk About Wing Nuts? Critical Psychology and Subjects at work. *Theory & Psychology*, *19* (2), 275~295.

Axel, E. (2011). Conflictual Cooperation. *Nordic Psychology*, *20* (4), 56~78.

Barnes, M. , Brown, V. , Parsons, S. , Ross, A. , Schoon, I. & Vignoles, A. (2012). *161*
Intergenerational Transmission of Worklessness: Evidence from the Millennium Cohort and the Longitudinal Study of Young People in England. London: Department for Education (DFE) , Centre for Analysis of Youth Transitions, Institute of Education, National Centre for Social Research, corpcreators. Retrieved from http: //dera. ioe. ac. uk/15563.

Bird, K. (2007). *The Intergenerational Transmission of Poverty: An Overview* (ODI Working Paper286, CPRC Working Paper 99). London, Overseas Development Institute and Chronic Poverty Research Center.

Burman, E. (1994). *Deconstructing Developmental Psychology*. London: Routledge.

Burman, E. (2015). Towards a Posthuman Developmental Psychology of Child, Families and Communities. In M. Fleer & B. van Oers (Eds.), *International Handbook on Early Childhood Education*. Dordrecht: Springer.

Busch-Jensen, P. (2013). Grappling with the Structural from a Situated Perspective. *Psychology in Society*, *44*, 1~21.

Chimirri, N. (2013). Expanding the Conduct of Everyday Life Concept for Psychological

Media Research with Children. In A. Marvakis, J. Motzkau, D. Painter, R. Ruto-Korir, G. Sullivan, S. Triliva et al. (Eds.), *Doing Psychology Under New Conditions* (pp. 355～364). Toronto: Captus Press.

Dreier, O. (2003). Learning in Personal Trajectories of Participation. In N. Stephenson, L. Radke, R. Jorna & H. J. Stam (Eds.), *Theoretical Psychology: Critical Contributions* (pp. 20～29). Toronto: Captus Press.

Dreier, O. (2008). *Psychotherapy in Everyday Life*. Cambridge: Cambridge University Press.

Dreier, O. (2011). Personality and the Conduct of Everyday Life. *Nordic Psychology*, *63* (2), 4～23.

Hedegaard, M., Chaiklin, S. & Juul Jensen, U. (1999). Activity Theory and Social Practice: An Introduction. In M. Hedegaard, S. Chaiklin & U. Juul Jensen (Eds.), *Activity Theory and Social practice* (pp. 12～30). Aarhus: Aarhus University Press.

Højholt, C. (1993). *Bruger Perspektiver: Forældres, læreres og Psykologers Erfaringer Med Psykosocialt Arbejde* [User's Perspectives: Parents', Teachers' and Psychologists' Experiences with Psychosocialwork]. Copenhagen: Dansk Psykologisk Forlag.

Højholt, C. (2001). *Samarbejde om bφrns udvikling* [Collaboration on Children's Development]. Doctoral Dissertation, University of Copenhagen, Gyldendal.

Højholt, C. (2006). Knowledge and Professionalism: From the Perspectives of Children? *Journal of Critical Psychology*, *19*, 81～160.

Højholt, C. (2011). Cooperation Between Professionals in Educational Psychology: Children's Specific Problems are Connected to General Problems in Relation to Taking Part. In H. Daniels & M. Hedegaard (Eds.), *Vygotsky and Special Needs Education: Rethinking Support for Children and Schools* (pp. 67～86). London: Continuum Press.

Højholt, C. (2012). Communities of Children and Learning in School: Children's Perspectives. In M. Hedegaard, K. Aronsson, C. Højholt & O. Ulvik (Eds.), *Children, Childhood and Everyday Life* (pp. 199～215). Charlotte, NC: Information Age Publishing Inc.

Højholt, C. & Kousholt, D. (2014). Participant Observation of Children's Communities: Exploring Subjective Aspects of Social Practice. *Qualitative Research in Psychology*, *11*, 316～334.

Højholt, C. & Kousholt, D. (2015). Children Participating and Developing Agency in and across Various Social Practices. In M. Fleer & B. van Oers (Eds.), *International Handbook on Early Childhood Education*. Dordrecht: Springer.

Højrup, T. & Juul Jensen, U. (2010). Moderne Fællesgoder Eller Postmoderne Kynisme? Mellem Velfærdsstat og Konkurrencestat i Teori og Praksis. In K. Thorgård, M. Nissen & U. Juul Jensen (Eds.), *Viden, Virkning og Virke* (pp. 17～59). Frederiksberg: Roskilde Universitetsforlag.

Holzkamp, K. (2013). Psychology: Social Self-understanding on the Reasons for Action in the Conduct of Everyday Life. In E. Schraube & U. Osterkamp (Eds.), *Psychol-* 162
ogy from the Standpoint of the Subject: Selected Writings of Klaus Holzkamp (pp. 233～341). Basingstoke: Palgrave Macmillan.

Juhl, P. (2014). *Påsporet af det gode børneliv: om vanskelige betingelser for små børns hverdagsliv-analyseretfra et børneperspektiv* [On the Good Life for Children: Difficult Conditions for Young Children's Everyday Lives-analyzed from the Children's Perspectives]. Doctoral Dissertation, Roskilde University, Denmark.

Juhl, P. (2015). Toddlers Collaboratively Explore Possibilities for Actions Across Contexts: Developing the Concept Conduct of Everyday Life in Relation to Young Children. In *Dialogue and Debate in the Making of Theoretical Psychology*. Toronto: Captus Press.

Juul Jensen, U. (2001). Mellem Social Praksis og Skolastisk Fornuft [Between Social Practiceand Scholastic Rationality]. In J. Myrup (Eds.), *Temaer i Nyere Fransk filosofi* (pp. 195～218). Aarhus: Philosophia.

Juul Jensen, U. (2007). The Struggle for Clinical Authority: Shifting Ontologies and the Politics of Evidence. *BioSocieties*, *2* (1), 101～114.

Kousholt, D. (2011). Researching Family Through the Everyday Lives of Children Across Home and Day Care in Denmark. *Ethos*, *39* (1), 98～114.

Kousholt, D. (2012a). Family Problems: Exploring Dilemmas and Complexities of Organizing Everyday Family Life. In M. Hedegaard, K. Aronsson, C. Højholt & O. S. Ulvik(Eds.), *Children, Childhood, and Everyday life: Children's Perspectives* (pp. 125～139). Charlotte, NC: Information Age Publishing.

Kousholt, D. (2012b). Børnef? llesskaber og Udsatte Positioner i SFO: Inklusion og Fritidspædagogik [Children's Communities and Exposed Positions in Leisure Time Institutions: Inclusion and Leisure Time Pedagogy]. In P. Hviid & C. Højholt (Eds.), *Fritidsp. dagogikog b o rneliv*. Copenhagen: Hans Reitzel.

Kousholt, K. (2010). *Evalueret: Deltagelse i Folkeskolens Evalueringspraksis*. Doctoral dissertation, Aarhus University.

Lave, J. (2008). Situated Learning and Changing Practice. In A. Amin & J. Roberts (Eds.), *Community, Economic Creativity and Organization* (pp. 283～296). Oxford: Oxford University Press.

Lave, J. (2011). *Apprenticeship in Critical Ethnographic Practice*. Chicago, IL: Chicago University Press.

Ljungstrøm, C. (1984). Differentiering og Kvalificering. *Udkast*, *2*.

Markward, M., Dozier, C., Hooks, K. & Markward, N. (2000). Culture and the Intergenerational Transmission of Substance Abuse, Woman Abuse, and Child Abuse: A diathesis-stress perspective. *Children and Youth Services Review*, *22*, 237～250.

McDermott, R. P. (1993). The Acquisition of a child by a Learning Disability. In S. Chaiklin& J. Lave (Eds.), *Understanding Practice: Perspectives on Activity and Context* (pp. 269～305). Cambridge: Cambridge University Press.

Mehan, H. (1993). Beneath the Skin and Between the Ears: A Case Study in the Politics of Representation. In S. Chaiklin & J. Lave (Eds.), *Understanding Practice: Perspectives on Activity and Context* (pp. 241～268). Cambridge: Cambridge University Press.

Morin, A. (2007). *Børns Deltagelse og læring: Påtværs af almen- og Specialpæ dagogiske læ rearrangementer* [Children's Participation and Learning: Across General and Special Education Learning Settings]. Doctoral Dissertation, Danish School of Education, Aarhus University.

Morin, A. (2008). Learning Together: A Child Perspective on Educational Arrangements of Special Education. *ARECE-Australian Research in Early Childhood Education*, *15*, 27～38.

Motzkau, J. & Schraube, E. (2015). Kritische Psychologie: Psychology from the Standpoint of the Subject. In I. Parker (Ed.), *Handbook of Critical Psychology*. London: Routledge.

Nissen, M. (2012). *The Subjectivity of Participation: Articulating Social Work with Youth in Copenhagen*. London: Palgrave Macmillan.

Pedersen, M. & Nielsen, K. (2009). Læring, konflikter og arbejdsdeling-en udvidelse af den socialt situerede læringsforståelse. *Psyke & Logos*, *2*, 652～671.

Pedersen, O. K. (2011). *Konkurrencestaten*. Copenhagen: Hans Reitzel. 163

Røn Larsen, M. (2011). *Samarbejde og Strid om b ø rn i Vanskeligheder: Organiseringer af Specialindsatseri skolen* [Cooperation and Conflict about Children in Difficulties: Organisation of Special Support in School]. Doctoral Dissertation, Department of Psychology and Educational Studies, Roskilde University, Denmark.

Røn Larsen, M. (2012a). A Paradox of Inclusion: Administrative Procedures and Children's Perspectives on Difficulties in School. In M. Hedegaard, K. Aronsson, C. Højholt &O. S. Ulvik (Eds.), *Children, Childhood, and Everyday Life: Children's Perspectives* (pp. 143～160). New York: Information Age Publishing.

Røn Larsen, M. (2012b). Konflikt og Konsensus i tværfagligt Samarbejde Omkring bø rn I vanskeligheder. *Nordiske Udkast*, *40* (1), 52～72.

Saltaris, C., Serbin, L. A., Stack, D. M., Karp, J. A., Schwartzman, A. E. & Ledingham, J. E. (2004). Nurturing Cognitive Competence in Preschoolers: A Longitudinal Study of Intergenerational Continuity and risk. *International Journal of Behavioral Development*, *28* (2), 105～115.

Schraube, E. & Osterkamp, U. (2013). *Psychology from the Standpoint of the Subject: Selected Writings of Klaus Holzkamp*. Basingstoke: Palgrave Macmillan.

Serbin, L. & Karp, J. (2003). Intergenerational Studies of Parenting and the Transfer of Risk from Parent to Child. *Current Directions in Psychological Science*, *12* (4), 138～142.

Shaffer, A., Burt, K. B., Obradovic, J., Herbers, J. E. & Masten, A. S. (2009).

Intergenerational Continuity in Parenting Quality: The Mediating Role of Social Competence. *Developmental Psychology*, *45* (5), 1227～1240.

Stanek, A. H. (2013). Understanding Children's Learning as Connected to Social Life. In A. Marvakis, J. Motzkau, D. Painter, R. Ruto-Korir, G. Sullivan, S. Triliva & M. Wieser(Eds.), *Doing Psychology Under New Conditions* (pp. 365～374). Toronto: Captus Press.

Varenne, H. & McDermott, R. (1998). *Successful Failure: The School America Builds*. Oxford: Westview Press.

8 “错误的生活中没有正确”：认识这一困境是走出困境的第一步 164

乌特·欧斯特坎普(Ute Osterkamp)

错误的生活中没有正确。阿多诺(Adorno)的这句话通常会引起矛盾的反应。鉴于我们大概都有相同的经历，也就是发生的大多数事情和个体进行的大部分行为都不起作用了或者“出问题”了，即没法确保个体所追求的事物，这句话通常被认为是正确的。但是与此同时，它让我们对异化状况下应付生活的中心趋势产生了疑问，在这种异化状况下，我们依赖于状况却没有办法控制状况。应付这一情境的常见方式是试图留有余地，努力满足各自的需求、期望，以及必需品，或者至少比其他人做得好。因此，阿多诺“错误的生活中没有正确”的名言质疑了在现行状况下应付生活的基本手段。但是，即使是那些原则上同意这句话的人也只是在一定前提下接受它：它只是在一般意义上有效，并非所有情况都适用，最重要的是，它并不适用于那些对现行权力关系进行批判的人。

然而，恰恰是对现行状况的批判能让我们超越它这一点，受到了阿多诺的质疑。正相反，他强调：

> 超然的观察者和积极的参与者一样纠缠不清；前者唯一的优势是看清了自己的纠缠，以及知识本身只含有最低限度的自由。他与商业之间的一般距离就是商业所能给予他的唯一奢侈品。这就是为什么撤退运动本身含有它所否定的特征。(2005，p. 26)

165 我们无论出于什么理由，认为自己足够强大，能够抵抗限制性状况对我们的思考和行动方式的影响，正如他所指出的，都在暗示我们比其他人优秀，这是以卑鄙的方式为现存权力关系辩护：“它是资本主义意识形态的古老组成部分，每个个体，从他特殊的利益出发，认为自己比所有其他人都更好；但是他认为所有其他人，作为所有消费者的共同体，又比自己好得多。”(2005，p. 27)

认为我们自己免疫于现行状况带来的令人沮丧的影响——却能在其他人身上感知到这一影响，正如阿多诺解释的，等同于“将道德原则从社会分离出来，将它放入个人良知的领域……其免除了道德原则中暗含的人的价值状况的实现”(2005，p. 94)。但是，从我们生存的基本前提中抽象出来的道德，正如阿多诺所说，“本身就是善的变形……其目标在于减轻，而不是治愈，无法治愈的意识最终站到后者一边”(同上，p. 94)。他解释道，其基于说谎并迫使我们说谎，而我们的每一个谎言都削弱着我们对迫使我们说谎的状况的抵抗：“说谎的人会感到羞愧，因为每一个谎言都告诉他世界的堕落，这个世界迫使他为了生存而说谎，却毫不迟疑地唱着忠诚和真实的赞歌。”(同上，p. 30)在这些前提下，人际关系受到的引导主要来自互不信任，以及弄清楚其他人的情况以不被他们击败的努力。“任何人都不相信任何人，每个人都知道”(同上，p. 30)。同时，阿多诺将说谎视为一种技巧，“使每一个个体都能在自己周围环绕冰冷的氛围，让自己在其保护之下茁壮成长”(同上，p. 30)。

因此阿多诺说，克服限制性状况的第一步是完全清楚其给我们的思考和行动方式带来了令人沮丧的影响，而不是简单地在其他人身上看到它们，或是安慰自己至少我们的行动比其他人的问题要少。以没有主体基础的方式质疑限制性状况，即基于我们自己的经验——在现行状况下我们不断被阻止去做那些我们认为必要的事情，正如阿多诺强调的，是误用“社会批判为……为了私利的意识形态”(2005，p. 26)。它是“以坏良心希望他们能保持现有的人的意识形态”(同上，p. 39)。这样的批评仍然聚焦于保持某人相对于其他人更高的地位；它是一种与现行状况达成一致的“批判”。对社会现实有效批判的前提是，引用阿多诺的话，“对其有充分地参与，可以这么说，能感到它让你的指尖发痒，但是同时，又有力量消除它”(同上，p. 29)。尽管如此，阿多诺并没有进一步地解释，为什么意识到我们对想要克服的社会现实有着积极地参与能够从中解放我们自己，以及该怎样做。但是通过将这一问题括出来，他间接地支持了他在其他地方同时提出的一个问题，那就是简单启蒙和/或者个人性格力量的问题，我们是否能够基于我们自己的观点和利益进行行动。

阿多诺思考的根源在于德国的法西斯主义经历，以及“像奥斯维辛这 166
样的事情发生在多少文明和无辜的人之中”何以可能的追问(2003，p. 30)。为了找到这一问题的答案，他强调，必须向主体转向。因此，与传统心理学的观点相反，阿多诺的观点并不意味着我们应该从外部立场研究个体的思考和行为方式，关注于发展和改进型塑或控制其他人的行为或表现的策略和技巧。他更感兴趣的是对导致“正常”人多少不加批判地——如果不是充满热情地——支持法西斯体系的心理状况进行研究。然而，由于阿多诺看不到改变现有社会状况的任何办法，在最终的分析中，他的观点仍然指向改变个体。因此，他在“奥斯维辛之后的教育”中写道：

> 由于改变客观——也就是社会和政治——状况的可能性在今天极端有限，想要阻止奥斯维辛再次出现的努力必须被挤压到主体维度。在此我也主要指会这样做的人的心理学……在这方面我曾经说过，必须转向主体。我们必须研究使人们能做这些事情的机制，必须向他们揭露这些机制，并且通过唤起人们对这些机制的普遍意识，而努力阻止人们再次这样做。(2003，p. 20)

即使意识的这些机制“不能直接消除这种无意识的机制，但是它会加强，至少在潜意识中，某种反冲动，帮助营造不利于极端的氛围”(同上，p. 31)。越能意识到这些机制，就越有可能“让人们更好地控制这些趋势”(同上，p. 32)。

由于阿多诺或多或少地忽视了社会状况可以被改变的可能性，他也就不会去思考主体会如何感知这一可能性。但是，在避开这一问题时，他间接地再生产了个体和社会的传统对立，因而对于个体而言唯一的选择显然只有不加质疑地服从现有的状况，尽可能地从中获得最多，或者尽可能少地受到其影响。这种处理情境的模式总是要求我们自我努力，包括对有损我们与在特定情境中有发言权的人良好关系的观点和行动冲动进行监管。这一“向主体转向”需要的主要方法，正如阿多诺总结的，是进行批判性的自我反思，并鼓励其他人也这样做。“人们必须努力克服这一反思的缺乏，必须劝阻人们不能不加自我反思就盲目向外出击。唯一有意义的教育是指向批判性自我反思的教育”(2003，p. 21)。但是他没有进一步讨论，在什么状况之下，批判性的自我反思在主体上是必要和可能的。然而，对他而
167 言，这一必须进行的自我反思的方向是清晰的。因为精神分析已经表明，他解释道：“所有人格，甚至在后来的生活中犯下暴行的人格，都是在儿童早期形成的，试图阻止奥斯维辛重演的教育必须关注儿童早期。”(同上，p. 21)。阿多诺认为，“无法认同他人”是奥斯维辛的主要因素之一，而漠视他人命运是顺从的必要前提，正因为如此大多数的德国人遵守法西斯措施，并帮助实施这些措施对付那些被视为异类而排除在外的人。“社会单向度的冷漠，孤立的竞争者，是对他人命运漠视的前提条件，最终只有极少数人作出了反应”(同上，p. 30)。他强调，社会关系仅仅由“商业利益”来决定：“人们首先追逐自己的利益，仅仅为了不危及自己而闭口不言。这是现状的一般法则。恐怖之下的沉默不过是其后果。”(同上，p. 30)因为阿多诺将这种互相的冷漠视为“灾难的条件”(同上，p. 31)，他也将之视为变革的起点。但是他指出，仅仅呼吁人们对彼此表现出更多的爱和善良是无用的，因为这一呼吁就是生产冷漠的系统的一部分，因此“第一件事是让人们认识到自己意识中的冷漠，以及变得冷漠的原因”(同上，p. 31)。他认为这些原因来自“个体的领域”，根据精神分析的解释模型，它们来自受到伤害的童年期。在他看来病态发展的主要原因是个体在过去的经历中“爱的匮乏”。没有经历过爱的个体不能给予爱，其自身也不可能爱——我

们必须意识到这些发展，以便能够抵消它们(同上，p. 30)。

但是阿多诺接着指出，无论是对彼此的漠视还是彼此之间的相互孤立都阻止不了想要联系的愿望，它们甚至在一定程度上暗示了它——作为对内在空虚的补偿。阿多诺在这里说“群体驱动”，“将完全冷漠的人联系在一起，这些人不能忍受他们自己的冷漠，但是又无法改变它”(2003, p. 30)。这种混合的指导思想是“愿意纵容权力，在规范的幌子下，表面地服从于更强的事物”(同上，p. 23)。它“要么成为共享信念的现成徽章——人们进入它们，证明自己是一个好市民——要么生产恶毒的怨恨，从心理学上看这与他们被鼓动的目的正好相反”(同上，p. 23)。然而，对于“无法以个体自己的理由来辩解的”(同上，p. 23)规则和规范进行服从不仅需要无视自己的主体性，而且还要无视其他人的主体地位。“盲目将自己塞进集体的人已经自己把自己变成某种惰性材料，磨灭了自己作为自决生物的本质。随之而来的就是想要将他人视为无定型的大众”(同上，p. 26)。

阿多诺指出，对其他人的情境以及他们的行动方式可能存在的理由缺 168
乏兴趣，不仅仅是日常思考的特征，同样也是科学思考的特征。这体现在“一般高于特殊”的原则，根据这一原则，特殊被视为通往一般的“中转站”，本身没有任何意义。因此，特殊从属于一般，正如阿多诺指出的，“太快与痛苦和死亡达成一致，为了仅仅发生于反思中的和解——在最终的分析中，是资本主义冷漠，它太愿意承担不可避免的事情。”(2005, p. 74)为了抵消忽视特殊而支持(所谓的)一般，阿多诺呼吁科学的概念中，特殊并不仅仅是一个“中转站”，而是科学研究的起点和终点。

> 只有坚定地追求特殊，消除其孤立状态，知识才能获得开阔的视野。诚然，其假定了与一般的关系，尽管不是包含关系，而几乎正好相反。辩证中介并不诉诸更为抽象，而是具体的解决过程。(同上，p. 74)

但是，阿多诺对于这一辩证中介是什么样子的说法仍然是相对模糊的。他讨论的辩证中介并不是包含个体和社会发展的同一过程，而是，与个体和社会的传统割裂相似，个体和社会层面相互分离的过程。所以一方面他说：

> 对于今天的思想家来说，最重要的是他应该在每时每刻都同时在事物的内部和外部——蒙克豪森（Münchhausen）抓着他的辫子把自己拉出了泥沼成为一种知识模式，这一模式想要的不仅仅是验证或者猜测。（同上，p. 74）

另一方面他又说一个“解放的社会”“不会是一个统一的国家，而是在差异的调和中实现普遍性”（同上，p. 103）。解放政治不应该推进抽象平等的目标，其“实在与社会最为阴险的倾向兼容地太好了”，而“应该指出今天平等的落后……而孕育一个更好的国家，人们在其中可以不必害怕自己与其他人不同”（同上，p. 103）。这一论述符合马克思和恩格斯在《共产党宣言》中所论述的“每个人的自由发展是一切人的自由发展的条件”（译文引自《马克思恩格斯选集》第一卷，294 页，北京，人民出版社，1995。）的社会关系视角。然而，如果这一设想不想仅仅停留在乌托邦的水平，那么批判社会科学/心理学的任务必须是澄清它可以为这样一种社会关系人性化的实践实现做些什么。

169 正是在这里，批判心理学登上舞台。它赞同阿多诺的很多论述，尤其是他认为批判社会科学必须从主体开始的观点。但是，对于在具体层面其意味着什么，两者存在着不同意见。批判心理学比阿多诺走得更远的地方在于，它从这样一种认识出发：我们总是通过我们可资利用的概念为媒介来感知现实，它选择将人类主体性本身进行普遍理解作为其分析焦点，并且检视其是如何运行以合法化现存权力关系的。在广泛的分析中，我们试图将系统发展追溯为社会存在——作为物种特有的人类生活模式（概述参见如 Charles Tolman，1994）。与前人类水平的生活不同，这里的个体，在原则上，能够联合在一起追求共同的目标，根据他们自己的经验和希望创造他们的生活状况，而不是仅仅尽可能地利用他们碰巧所处的环境。在这一语境中，我们提出概念“一般化行动”。它指的是这样一个事实：人类特定的能力有意识地决定着我们所生活的状况，而不是必须接受它们，因为它们只能在超个体层面上实现，即和他人一起，通过对社会发展产生重大影响的主体必要性和可能性达成共识。在这种意义上，批判心理学并不认为人类主体性局限于个体，而是具体表现于人类决定我们生活的状况——而不是仅仅适应它们——的可能性。由此可见，个体的自决只可能通过对决定我们观点和行动的状况进行确定来获得。在这一语境中，有意识地行动意味着基于我们自己的观点和利益行动。然而，我们只需要弄清楚我们自己的利益到以下程度：它会产生后果，即我们看到施加影响可能会带来变化。反过来，随着我们在实践中实现利益，我们的利益本身会发展、改变以及变得更为精确。因此，在批判心理学所理解的主体立场心理学中，“主体性”并不被视为个体内部的东西，可以以这种或者那种方式从外部立场进行捕获、评估、影响或者控制。人类主体性在我们对我们生活状况的决定能力中表现自己，而不是被生活状况所决定。

以这种方式来看，我们的人类行动既不是由我们的(先天的或者后天的)个体性格所决定的，也不是由我们所生活的状况所决定的，而是根植于我们基于我们所感知到的利益和需要，将我们的影响力扩展到我们共同享有的生活状况的能力。因此追随列昂捷夫(Leontiev)，我们可以说这种能力并不是“给定”于我们的，而是我们必须认识到它——在认知上和实践上。在这个意义上，为了进行我们的一般化行动，我们需要超越即时观察的层次，加入一个中间阶段，在这一阶段我们试图建立前提条件，使我们 170
能够共同处理压力，而不是不得不屈从于它们。因此，主体立场并不是指单个个体的立场，而是如霍兹坎普所述，指“一般化”主体的立场。这牵涉到发展元立场的任务，从这一立场出发，共同自我防御的自我局限功能就会变得可见——还有防御相互作用以再生产状况的方式，而这些状况将这种防御限制性行为强加于我们。正如霍兹坎普指出，这一元立场源于一个过程，“个体在此过程中学习，以某种‘社会去中心化’从他/她自己的立场中抽象出来，并将她/他自己想象为‘对他者的他者’”(1983，p. 292；也参见 2013b，p. 326)。它要求我们认识到，每个人对问题都有着特殊的观点，“其与我自己的观点绝对不分上下，与其相比，我自己的观点绝没有特权或者优势”(同上，p. 325)。在这一取向中，个体行动的“非理性”不是问题。将不符合我们“正确”生活观点的思考和行动摒弃为非理性、不负责任等倾向才是问题，是分析的主题。换句话说，只有我们不掉入陷阱认为我们对问题的特殊视角是唯一有效的并且能对其他人的思考和行动进行“正确”或者“错误”的判断，我们才能认识并克服我们日常生活行为的狭隘性。相反，主体立场的心理学的主要任务将帮助我们超越这一狭隘性，它会表达这样的观点：我们自己对世界的看法仅仅是所有看法中相当特殊的一部分，整体的复杂性唯有通过将其他人的视角考虑在内才能得以理解。

只有借助一般行动的概念，我们才会意识到将人的主体性和行动缩减到个体的非人化。我们已经论述了要么被缩减为个体的“生存斗争”，要么与将这一斗争强加于我们的状况进行斗争，我们将这两种行动选择区分为限制性行动和一般化行动。值得注意的是，即使是在限制性状况下，两种不同的行动也是可能的。我们可以“自愿”确认自己对于已有权力系统的服从，通过试图胜过他人而避免被他人胜过，我们也可以参与对环境的斗争，这些环境迫使我们相互去权，还有“心胸狭窄、心地不良、粗鲁平庸”(引自 Marx，1975，p. 178)(译文引自《马克思恩格斯全集》第三卷，202页，北京，人民出版社，2002。)，这些都是这种“许可存在”的必然结果。个体选择哪一种与其说是一个个体性格的问题，不如说取决于行动的具体环境和可资利用的机会。在这个意义上，人类行动的概念扩展也意味着对个体责任有更全面的理解。它不仅包含我们自己的行动，而且还有社会状况，基于社会状况，他人就有可能克服他们生活中的限制。因此，以主体立场为出发点的心理学并非旨在指导人们如何进行“正确”的生活，不管它是如何界定的。相反，它强调很多方式和情境，我们在其中自己阻碍了自己潜在行动的发展，我们为自己的实际立场辩护认为那是唯一正确的并摒弃所有认为它可能错误的建议。我们只有成功地让那些有充分的理由可以以不同的方式看待事物的人闭嘴，我们才能继续宣称我们是正确的，或者至少比其他人强。因此，重要的是去理解一般性和限制性行动的概念不是想要成为行动指导，而只是用来澄清我们自己行动的社会前提和含义；它们提出问题，它们在多大程度上与我们自己认识到我们在对自己所做的行动负责相一致？它们在多大程度上主要是防御性的，即旨在阻挡所有会让我们感到负担过重的行动观点？每当我们使用这些概念将观点和行动的限制分析为只是其他人的问题时，我们不可避免地再生产了主流实践，将问 171
题视为主要来自个体对他们真正的困难原因以及他们应该有的处理手段缺乏知识。我们因此视自己的主要任务为向这些人传授“正确”地看待和处理问题的知识，并根据他们是否有能力或者有意愿遵守给他们的指示来对他们进行判断。

因此，与传统实践仅仅将我们自己视为压迫的受害者或者反抗的参与者不同，从主体立场出发，我们只有不忽视对它们的参与并且明确地进行处理，克服限制状况的斗争才会成功。但是，为了能够承认在我们试图克服的抑制结构中有我们的主动纠缠，我们就不应该将这一纠缠看作是我们的“个人”失败，而是将其反思为一个普遍问题，只能在超个体或者社会的层面上进行协商，也就是说，这是一个公共问题。换句话说，鉴于普遍存在个体和社会两极化的实践，社会状况对我们而言是一个外部框架，我们应该尽可能有效地用来进行我们自己的个人发展，但是我们对此不负责任，“一般化行动”概念包含更为广泛的责任概念。它不局限于个体对现行价值和标准的遵从，而是牵涉价值和标准本身，因为它含有一个任务：对它们所具有的让社会不平衡合法化的功能进行澄清。由于一般化责任是一般化行动的一部分，这不会像个体主义观点那样对个体提出过多的要求。而是说，它是认识到普遍实践是因其限制性和操纵性而将人类行动和责任缩减到个体的前提条件。

外部立场——从这一立场来看，这一将个体作为问题来源的关注点看上去很自然——是基于理论和实践的分离的，而这反过来，主要服务于阻止我们承认我们对于在实践中实现我们认为必要的目标有着共同的责任。 172

因此，理论和实践相分离被证明是最为可靠的手段，将对现行权力体系的反对和服从结合在一起。它使得对限制性状况提出的甚至最为尖锐的批评变得无害——对现状以及对批评者都是如此。因此，我们对于现行权力关系的质疑，只有处理了很多方式——在其中我们发现我们按照自己认为有必要的方式进行具体的行动努力是令人沮丧的——才是严肃的、潜在有力的以及持久的。通过质疑传统的个体和社会的分离，一般行动的概念事实上将个体和社会的关系颠倒了过来，个体的利益并不一定要服从于一般社会利益，也可以包含于其中。但是，这一点只有在一个前提下才能得到保证：那就是个体本身对社会和个体发展的基本统一有一个概念，并因此，含蓄地对他们所做所思之事的社会维度有一个概念。以这种视角，普遍和特殊的二元论只要认为普遍只能从特殊中产生就是误导性的。如果其是相对于特殊界定的，它就只是打着普遍幌子的特殊利益，即有权力界定什么是“普遍”者的利益。相比之下，在人类科学中，“普遍”并不是固定的，而是一个永无止境的过程，其并不发生于个体的头脑中，而是发展于他们的日常活动和经验中，发展于他们想要更全面地理解自己，从而发现自己的所作所为在多大程度上达到了自己对生活的宣称和期望的不断努力中(参见 Osterkamp，2014)。

用阿多诺的蒙克豪森隐喻来说，我们确实在某种意义上不得不拉着自己的头发把我们从深陷的“泥沼”中拽出来。然而，只有我们将“为了生活”而被迫说谎以及其所意味的对我们个人正直的违背看作是一个共同的问题——其只有在我们不去宣称我们已经到了高于泥沼的位置，从那里我们可以帮助还深陷其中的人出来时才能克服——这才会变得可能。因此，批判心理学也和阿多诺一样，强调自我反思对于科学而言有着关键的重要性，这种科学的目标不是去优化影响和控制个体的手段，而是去提出一种科学语言使得个体能够认识到他正在做的和正在努力追求的事情的社会维度。但是在这里批判心理学再一次超越阿多诺，因为它所关注的首要问题是我们自己思考和行动的一般局限性是如何影响其他人的，并因此也影响到我们和他们的关系，并进一步影响我们是否能够共同克服令我们所有人去权的状况。这种与我们影响社会状况的行动相关的自我反思要求我们与那些或多或少受其直接影响的人进行沟通。相应地，霍兹坎普参考马克思提出了“社会自我澄清”的术语，其含义指向元立场，其使得我们可以考虑个体对手头问题的不同观点——相对于他们在给定的权力关系中的不同立场，以及与其相关的限制和阻碍(也参见 Holzkamp，2015，chap. 3)。

专门用来描述这种旨在“社会自我理解”心理学的科学语言，正如霍兹坎普强调的，正是“理由话语”(chap. 3：p. 85；也参见 Holzkamp，2013b，p. 281)。它基于这样一种认知，即所有行动，不管它们看起来多么奇特，都有它们的基础，即个体总有他们要这样做的理由。这样看的话，问题不在于他人的行动缺乏理由或者非理性，而在于只要它们与我们自己认为的“正确”和应该的做法相矛盾，我们就会倾向于将所有的思考和行动都斥之为非理性或缺乏理由。霍兹坎普指出，通过否定其他人在他们行动中的理 173 由，我们否定了他们的主体性；即我们看待他们的主要视角是我们怎样利用他们达成我们的目标，而我们又认为不需要对此进行任何批判性审查。因此，当我们否定了其他人在他们行动中的理由，我们与此同时也就抵挡了假如我们接受克服其他人行动范围中的限制这一共同责任所会经历的冲突。在这一语境中霍兹坎普提出“主体间关系的前反特征”，其以“**中心观点，立场不可逆转，并因此不能将他人的立场整合进(不管多么矛盾)自己的立场**”(2013b，p. 332)为特征。正如他继续解释的，这种“**中心**关系”是“意义/理由复合体的正式一面，其以这样或者那样的方式，事实性地包含了对其他人在他们生活中的——个体的或者集体的——利益的排斥、压制、否定、无视，以及对它的支配权”(同上，p. 333)。

由于从主体立场心理学的视角出发，其他人是我们自己主体性的潜在组成部分，因此否定他们的主体性，即他们以自己的方式看待问题的基础，也总是限制我们自己的主体性，即我们自己决定生活的可能性。然而，由于没有人会有意识地选择或者接受与这种限制性的和自我中心的观点和行动联系在一起的自我去权，因此正如霍兹坎普指出的，我们可以假定，我们在这里处理的是：

> 无意识或者只是部分有意识的经验，比如社会观点，其“单向性”和局限性——通常在已有研究中——看起来如此“不证自明”，其他的思考方式都是不可见或者受压制的，因而构成了隐性知识，需要在社会自我理解过程中发展为可表达(和可反思)的知识。(2013b，p. 332)

换句话说，认识到所有的观点和行动，不管我们是否理解它们，都是有理由的，这就有必要澄清是什么样的状况阻碍我们将他人的理由和他们的行动结合在一起。从这个角度看，将他人的观点和行动斥为毫无根据就等同于，将我们为实现一般化行动和责任而创造先决条件的共同责任也一起否定了。尽管如此，如果我觉得自己没有能力承担共同责任，去克服能让他们以自己的方式行动的先决条件，我将不得不将它们的行动斥之为非理性。

换一种说法，当我评价其他人的行动时，我是从理论和实践相分离的外部立场来进行判断，而这又主要服务于阻止我们认识我们在实践实现我
174 们认为必需的事物中的共同责任，并因此也不让我们经历已有的思考和行动面临挑战时容易出现的障碍和威胁。然而，由于评价他人已经一如既往地成为我们的第二天性，如果我们仅仅只是克制“不正确”的思考方式，将很难解决困境，或是将我们带出泥沼。任务还是要去理解那些我们在其中“自发地”想要再生产思考和行动方式，而不是意识到它们的限制性和去权含义的具体状况。所以，在主体立场心理学中，主要的关注点应该放在不知不觉地对我们想要克服的状况进行再生产的可能性上。

因此，意识到外部立场的问题性及其对他人行动进行管控的内在导向，绝不能保护我们不再重新陷入通过否定他们行动的理由而否定他们主体性的习惯——如果我们感到不能对他们进行回应的话。它只是让我们认识到了这种行为的自我去权性，并且对使这种“回归”看起来合情合理的具体环境进行了质疑。因此，要克服理论和实践的对立，我们首先需要对它们两者的辩证关系进行概念化。只有我们看到新观点付诸实践的方法时，

我们才可能接受它们。批判心理学满足于引发人们关注改变现有状况的需要，但是未能对阻碍这一改变的障碍进行分析，这隐含了对个体意识形态的支持，即他们对自己的生活负责。因此，我们不能仅仅通过意识到理论和实践的对立带来的问题，就可以克服我们在理论和实践的对立中的纠缠。将注意力吸引到诸如批判心理学所提供的另类视角也并不充分。我们只有接受——我们对于通过我们的批判概念和全面分析所呈现的可能选择负有实践实现的共同责任，我们才能将自己从现行思维模式中解脱出来。只有在这些情况下，我们才能体验其实现过程中的主客观障碍，从而建立起必要的实证基础，澄清现行狭隘观点及其说服力的真正功能。换句话 175
说，只要我们仍然意识到以下事实：对批判概念的阐释——使主流观点中被系统性地从意识中抹去的现实变得可见——只是实际任务的重要准备，其只是为了对许多障碍进行讨论——如果我们想要按照我们对问题的更广泛理解进行行动，我们会面临这些障碍；那么我们才能感知到这些障碍。在这种情况没有发生的情况下，批判心理学也将客观障碍本质地视为主体局限，例如，视为实践者个人不足或没法成为实践者的表现。但是这样，我们就促进了我们想要克服的压力，即我们强化了，比如说，实践者的观念，即他们必须保持能够处理好他们工作的表象，他们的同事和客户的行为并不符合他们认为应有的方式成为他们这样做时唯一的障碍(参见如Holzkamp，2013a，pp.87－111)。在这种情况下，很难对资本主义状况下普遍存在的压迫的具体形式进行理解，即事实上我们被迫“自愿”地违背我们的判断和良心行事，但是与此同时，在很多方面都被阻止说出这些矛盾。正如霍兹坎普总结的，把理论和实践看作对立的因此意味着：

> 除了抵消了理论对实践的批判潜力，并让实践尽可能顺畅地进行之外，没有其他作用。或者，换一种说法，只有当我们不再把自己区分为(或者允许自己被区分为)理论者和实践者时，我们才会取得进展。(2013a，p.111)

参考文献

Adorno, T. W. (2003). Education After Auschwitz. In R. Tiedemann (Ed.), *Can One Live After Auschwitz? A Philosophical Reader* (pp. 19～33). Stanford, CA: Stanford University Press.

Adorno, T. W. (2005). *Minima Moralia: Reflections on a Damaged Life*. London: Verso.

Holzkamp, K. (1983). *Grundlegung der Psychologie*. Frankfurt/M.: Campus.

Holzkamp, K. (2013a). Practice: A Functional Analysis of the Concept. In E. Schraube &U. Osterkamp (Eds.), *Psychology from the Standpoint of the Subject: Selected Writings of Klaus Holzkamp* (pp. 87～111). London: Palgrave Macmillan.

Holzkamp, K. (2013b). Psychology: Social Self-understanding on the Reasons for Action in the Conduct of Everyday Life. In E. Schraube & U. Osterkamp (Eds.), *Psychology from the Standpoint of the Subject: Selected Writings of Klaus Holzkamp* (pp. 233～341). London: Palgrave Macmillan.

Marx, K. (1944/1975). A Contribution to the Critique of Hegel's Philosophy of Right. In K. Marx & F. Engels, *Collected Works*, *Vol*. 3, (pp. 175～187). Moscow: Progress.

Marx, K. & Engels, F. (1848 /1976). The Manifesto of the Communist Party. In K. Marx &F. Engels, *Collected Work*, Vol. VI. (pp. 477～519). Moscow: Progress.

Osterkamp, U. (2014). Subject Matter of Psychology. In T. Teo (Ed.), *Encyclopedia of Critical Psychology* (pp. 1870～1876). New York: Springer.

Tolman, C. W. (1994). *Psychology, Society and Subjectivity: An Introduction to German Critical Psychology*. London: Routledge.

9　债务经济阴影下的日常生活 176

C. 乔治·卡芬特齐斯(C. George Caffentzis)

债务：日常生活的反革命(Counter-Revolution)

在本章中，我将讨论日常生活受到债务经济发展影响的某些维度(特别强调美国，这是我最了解的地方，我在过去的几年里一直在美国直接参与反债务组织)。当工人阶级与资本的主要货币关系是通过债务而不是工资时，我将对比其日常生活后果。最后，我对反债务运动进行检视，该运动发生在美国，旨在债务经济的阴影下，形成“日常生活的革命”。

日常生活、需求理论和债务

日常生活理论或科学的发展以及日常生活行为问题都想要理解即时定义的劳动和物价稳定过程以外的行动动态——这一过程在很大程度上与在工厂、办公室、矿山或者农场等官方认可的工作场所内的工资劳动相一致。这一科学对马克思主义者和其他反资本主义学者特别重要，他们必须处理像这样的问题：如果马克思主义对资本主义的分析是正确的，为什么工人这么久都没有团结起来打破他们的枷锁并赢得世界？既然如当代格言所述，在资本主义中支持受压迫和受剥削者的数学比率是99比1，为什么反资本主义革命如此难以成功？

亨利·列斐伏尔等理论家以及情境论者想要找到并描绘出资本主义生 177

活中反革命的“隐藏变量”的轨迹：它就在我们眼前，它能够解释这一革命的悖论。它就是：日常生活本身(Debord，1970；Lefebvre，1991，2002，2005；Vaneigem，2012)。在日常生活中，我们一方面发现了将工人阶级大众与资本结合在一起的力量，另一方面也发现了隐藏着的解放和革命的力量，等待爆发。情境论者——部分是列斐伏尔的门徒，部分是他的对手——认为“日常生活革命”是在理论上和实践上解决马克思悖论的中心议题。

但是，列斐伏尔和他的合作者研究的一个主要问题是将资本主义的两个生活领域分离了开来：生产和生育，工作和日常生活。将日常生活研究放逐到官方工作场所以外似乎让它获得了“经济”以外的自主性。尽管列斐伏尔从来也没有对日常生活的领地划出精确的界线，但是他似乎将它限定在使用价值的范围之内(即事物的有用性，在马克思[1976，p.125]所述的“历史研究”中被发现)。

> 产品和工作放到一起构成了“人类世界”。但是生活着的人和消费对象之间的关系是在哪里，在哪个领域实现的？它们是在哪里变成了具体意义上的商品？它们是怎样被占有的？在日常生活领域中，需求和商品相遇……因此，除了生产关系的科学研究，即政治经济学领域之外，还有一个对占有进行具体研究的场所：需求理论。这样的研究融入哲学概念并将它们具体化；从某种意义上说，它更新了哲学，它将哲学带回到了真实生活和日常的领域，而不让它消失其中。(Lefebvre，1991，p.91)

我拒绝需求理论和政治经济学，或者生产和生育之间的概念领域二分；在此过程中我也引入“债务哲学”来复兴哲学，“债务哲学”对于美国和其他国家债务人运动的参与者非常有用。

日常生活和债务

正如列斐伏尔在上文中宣称的，日常生活理论的标准假设是，生活的价值创造领域(政治经济学的劳动和物价稳定过程)必须与发现和满足需求的过程相分离，工人阶级的债务很少进入日常生活分析或者政治经济学分析。为什么?

就政治经济学而言，这种缺失是可以理解的。马克思和他同时代的人 178
是在19世纪60年代“工人阶级负债”转型阶段的早期进行写作的(大约在德国第一家信用合作社成立以及债务监禁结束的时期)[1]。工人阶级债务在那个时期是工人和工人，工人和老板或者工人和商店主之间的关系，但是到20世纪初期，出现了对银行和大型商业资本公司的负债(和分期付款计划)(Cross，1993，p. 148)。如果我们回顾一下19世纪工人阶级与法庭的对抗，大多数的原告要么是雇主，要么是和工人做生意的小商店主。马克思不知道大部分美国工人阶级最终会成为资本金融部门的顾客。只有当工资变得足够稳定和足够充足，可以作为银行贷款的抵押品时，工人才有资格成为金融机构的债务人。这大规模地发生于第二次世界大战以后，首先是在美国，之后是欧洲，这已经是马克思写成《资本论》很久之后。

事实上直到今天，对工人阶级的信贷仍然是不均衡的。世界银行估计，大约有25亿人与银行系统没有联系。我听说在墨西哥，至少直到21世纪，大多数的工资工人仍然没有信用卡或是其他金融工具。主要的例外是政府工作人员，他们的工作(曾经)相对稳定，他们的工资具有抵押品的性质。因此，这些工作人员在1994到1995年的金融危机中受到的伤害特别大[2]。

异化的概念在这里特别重要，这是马克思没有提到的方式(马克思在他早期和晚期的作品中详尽分析了异化的工资劳动和异化的商品生产；Marx，1961，pp. 67—83，1976，chap. 8)。对工人阶级工资和工人阶级债务关注的这一失衡的部分原因在于，在马克思写作的时期，工人才刚开始期望获得货币工资，就整体金融机构和资本而言，无产阶级尚没有获得债务人的地位（Linebaugh，1991，pp. 436—438）。

当马克思写到债权人和债务人时，他说的是资本家，从来就不是工人阶级，而当他提到债务，他说的是利润债务（即债务为获取利润而产生），而不是使用价值债务（即债务为购买和消费使用价值而产生）[3]。事实上，马克思对商品劳动力价值的定义是“维持所有者所必需的生存资料的价值”（Marx，1976，p. 274）。换句话说，如果工资与劳动力价值相等，它就能满足工人的生存需要，也就不需要工人负债。因此，工人阶级对银行和其他金融机构的债务在马克思对资本的分析中无关紧要，债务的概念对于理解他那个时代的工业资本主义的阶级关系是不必要的。还需要半个多世纪，工人才会从情感矛盾的货币工资赚取中走出，进入信用和债务的领域。

179 马克思对债务的观点完全关注于资本家，他在下面的段落中写道：“贷出的货币的使用价值是：能够作为资本执行职能，并且作为资本在平均条件下生产平均利润。”（Marx，1981，p. 474）（译文引自《马克思恩格斯全集》第四十六卷，394 页，北京，人民出版社，2003。）于是，政治经济学对工人阶级债务出现了长期的无视，现在让我们从日常生活行为的需求理论这一边来检视工人阶级债务的缺席。

列斐伏尔等人在第二次世界大战后写作，他们哀叹消费社会（同时提出了虚假需求理论），但是他们没有关注将工人和资本不断捆绑在一起的日益沉重的债务对工人带来的影响（Lefebvre，2002，pp. 10—11）。列斐伏尔和他的合作者似乎忽视了这样的一个事实：为了“买到装不下”（shop ’til you drop），大多数的工人必须“赊账”（charge it）。事实上，工人阶级债务立即就成了消费主义的黑色镜像（即需要越来越多的未来工作来偿还债务）。

对消费主义和工人对商品关注的道德批判贯穿了 20 世纪 60 年代一直到现在的左翼日常生活研究文献，包括列斐伏尔和情境论学者的论述。但是，真正的问题并不是工人从商品的使用价值中获得的快乐——就好像工人阶级被资本主义商品的魔杖画了个圈就变成了一袋子猪——而是工人为这一快乐付出的代价(无论其是“真实的”还是“想象的”)：对资本的债务，对未来工资劳动的挪用。

只有当工人阶级变得对资本负债，我们才可以在德波(Debord)的意义上说日常生活的“殖民化”(引自 Lefebvre，2002，p. 11)。但是当债务进入工人阶级基本的新陈代谢时，它构成了**日常生活的反革命**，即债务使得需求满足成为工人异化的重要组成部分，因此导致他/她无力进行革命行动。

在资本家眼中，债务就是一种商业常态。当然，日常生活有着统一的现象学结构这一观念在阶级社会中也是不可能的。因此，我们可以假设成功资本家和不稳定工资的工人的日常生活有很多共同利益？很难。

事实上，一个显著的差异(历史的也是经验的)是债务进入工人和资本家日常生活的方式。债务并没有进入资本家对他们的商品使用价值的享用。债务对他们而言在很大程度上是利润债务(借钱是为了赚更多的钱)。债务进入工人阶级生活的方式是使用价值债务，其后果可以扩展列斐伏尔的观点来解释，他指出，至少从马克思主义的视角来看，工人阶级日常生活直到今天都有一个结构性的系列特征：需求—劳动—快乐(Lefebvre，2005，p. 11)。这是清教徒工作伦理的抽象结构：**你必须工作，然后享有对自己的需求或欲望的满足**。列斐伏尔在评论这一三段系列时指出，20 世纪 60 年代和 70 年代的激进运动将这三者撕裂，为快乐定价但是贬低劳动，呼吁“零工作”和“拒绝工作”。 180

然而，工人阶级债务带来的分裂效应，甚至比这些运动更大。为了我们的目的，指出债务被引入无产阶级的日常生活时这三者发生了什么非常重要。这三者变成了四项系列：需求—债务—快乐—劳动。在某种程度上，“使用价值债务”(即举债购买商品是为了享有其使用价值)的引入带来对需求(或欲望)即时的快乐的满足，因此给快乐定价(所谓“消费社会”成了资本对“反抗工作”的回应)，但是这一“债务交易”的代价是将劳动推迟到了未来。这一对快乐和劳动之间时间关系的逆转，对工人的日常生活有着深远的影响，尤其是债务经济的兴起以及越来越多的需求(和欲望)由债务来满足。它使得需求和欲望的满足带来的快乐并不确定，其不会带来对工作的解放，在最后一步即工资劳动既不能保证也不会不断增长的环境中，来自所购商品使用价值的快乐创造了一个压抑的未来。

相反，随着资本的政治经济从凯恩斯主义转向新自由主义，债务经济成为霸权，未来工资工作的不稳定性成为生活的内在特征。无产阶级在债务经济中的地位越来越高成了悖论：以未来的工资劳动为基础的债务越是可以满足需求，这一对未来工资劳动的假设就变得越危险。这一时期没有看到对工作的解放，却看到工资劳动者越来越“有必要”在新的一天开始之前偿还过去的债务，而为了应对这一必要性，新的债务产生了，实际上一个负面的无穷大被创造了，革命正在消退，直到成为地平线上不断消失的点。

四种债权债务阶级关系及其在日常生活中的不同地位

从《威尼斯商人》到《布登勃洛克一家》到《华尔街》，资本家的日常生活与债务的关系一直是文献的支柱之一，但是正如我前面已经提到债务经济进入无产阶级的日常生活则是相对晚近的发展。尽管已经有数以千计对工资关系及其对工人日常生活影响的研究，但是几乎没有研究将债务对日常生活的重构作为研究主题(重要的例外是 Graeber，2011；Ross，2014)。

为了承担这一任务(即建构一个债务哲学)，一些前期工作需要首先处理。例如，为了明确我们正在处理哪种债务，区分四种阶级差异的债权债务关系非常重要。

181 必须认识到债务并不是债权人和债务人之间的一种关系，尽管许多分析家会这样处理。债务有着阶级维度，将其区分开来非常重要，因为它们对日常生活有着非常不同的影响。让我来具体说明资本家(C)和工人(W)之间作为债权人或者债务人的负债关系(“x→y”意思是“x 借给 y”)的逻辑可能性：

(a)C→C

(b) C→W

(c) W→C

(d) W→W

第一种类别从一开始就是资本主义社会的标准债务形式。资本家向其他资本家借钱(个人和/或者集体，以银行和其他金融机构的形式)，很大程度是为了“赚钱”。这种债务是“利润债务”(如上文界定)。在大多数资本主义社会中，这种债务的货币量最大，它对于资本主义经济的运行至关重要。这就是为什么金融资本和银行出现在资本主义初期，伴随着(劳动力的)原始积累，因为这是以操作手段创造资本主义阶级的直接方式。基于C→C债务，资本家超越他们的眼前利益(他们自己的工厂、农场、矿山或办公室)进入到整个资本主义生产领域。这种债务创造了一群对其他资本家的生意有着实质兴趣的资本家(银行家)。从历史来看，这种债务是资本主义阶级形成的第一步(我们可以称之为“资本主义阶级的原始积累”)，出现在欧洲圈地的“血与火”和对美洲的征服考验着世界工人阶级形成的16世纪。

C→C债务弥漫着受压制的阶级间斗争，因为一个资本家负债是为了占有工人的劳动，这总是发生于斗争之中(公开的或者隐蔽的)，而一个金融资本家借贷货币给资本家同伴是为了从后者占有的利润中获取利益。

但是，正如马克思指出的：

> [利息]把资本的这种性质表现为某种在生产过程之外属于资本的东西，而不是表现为这个生产过程本身的独特的资本主义规定性的结果。它不是把资本的这种性质表现为同劳动直接对立，而是相反地同劳动无关，只是表现为一个资本家对另一个资本家的关系。
>
> (1981, p. 506)(译文引自《马克思恩格斯全集》第四十六卷，429页，北京，人民出版社，2003。)

在这种债务中，工人被排除在意识形态行动以外。如果他们感受到资本家之间债务的影响(比如说，他们的雇主因为她/他/它拖欠对银行的贷款义务而被迫宣布破产)，他们只是余波中看起来无辜的旁观者。

想了解阶级斗争怎样影响 C→C 债务，你只需要问，谁决定着这一债务的利率？正如马克思所述，几乎没有自然的成分，大多数规矩是由权力
182 决定的：

> 一个国家中占统治地位的平均利息率——不同于不断变动的市场利息率，——不能由任何规律决定。在这方面，像经济学家所说的自然利润率和自然工资率那样的自然利息率，是没有的。
>
> (1982，p. 484)(译文引自《马克思恩格斯全集》第四十六卷，406 页，北京，人民出版社，2003。)

很显然，平均利润率和零是其极限，因为资本家不会借钱并且经历一个生产周期仅仅为了将所有她/他/它的利润给银行，而银行也不会什么都赚不到还借出去钱。但是在这些极限以内，利率是由资本家之间的冲突(称为“竞争”)、习俗和法律传统来决定的，这其中不包括工人。C→C 债务所揭示的是资本家的共性，或者，如马克思所述：“产业资本只是在特殊部门之间的运动和竞争中表现为一个阶级的自在的共有资本，那么，资本在这里则是现实地充分地在资本的供求中表现为这样的东西。”(1981，pp. 490－491)(译文引自《马克思恩格斯全集》第四十六卷，413 页，北京，人民出版社，2003。)

第二种类别，C→W 债务，是 20 世纪早期发展起来的信用形式，在这之前的很长一段时间里，工人都没有抵押品。正如之前的章节中认定的，这种债务是“使用价值债务”。直到第二次世界大战之后，很多白人男性工人的工资才足够稳定，让他们有资格从银行、抵押贷款公司以及其他类似的机构获得贷款(房屋抵押贷款、医疗债务、学生贷款、汽车贷款等)。这种债务在过去的半个世纪里增长迅猛，已经成为美国日常生活的核心组成部分(在欧洲也越来越多)。

在这种债务关系中，工资关系的时间顺序被整个颠倒了。工人债务人在进行她/他的工作之前就收到了钱，她/他的工作挣到的工资足以向资本家债权人偿还债务的本金和利息。债权人在时间上容易受到债务人的伤害，因而债权人阶级在历史中发展了一整套痛苦而恐怖的工具——折磨、强制、奴役、驱逐、收回、止赎和精神折磨——来防止工人债务人使用债务中隐含的社会盈余而不偿还给债权人。可贷财产的存在意味着现有的财富比简单社会再生产所需要的财富更多。折磨的工具往往被视为“提醒”债务人有义务偿还债务的手段。但是这些工具还有另外一个功能：压制根深蒂固(几乎与生俱来)的信念——在一个公平的公共社会中，陷入困境的人有权利使用社会盈余(Caffentzis，2007)。

第三种类别，W→C 债务，可能看起来微不足道，毕竟，考虑到资本 183
主义社会隐含的权力等级，工人怎么能让资本家向工人负债？实际上，美国某些最大的债务形式还就是这种类型的，尽管它们并不以这种方式分类。资本家欠工人的两种债务类型是“工资债务”和“养老金债务”。工资和养老金是当代资本主义最大的货币类别之一，但是在工资关系中，第一，工人先工作然后拿到他们的工资(一个星期到一个月的时间)，第二，养老基金被借贷给资本主义公司(以债券的形式)。实际上，后者以美元来计算是非常巨大的，甚至在 20 世纪 90 年代末就已经占到公司债务的 10%，2010 年大约是 25 万亿美元。如果这些比率保持不变，那么公司债券中有 25 万亿美元这么一大块，是工人通过他们的养老基金，借贷给资本家阶级的。当然，考虑到股票和债券之间区别的模糊性，这还应该算是一个保守的数字。

2010 年，美国的工资总额为 6 万亿美元(Johnston，2011)。所有，或者说几乎所有这 6 万亿美元都在支付周期中“借”给了资本家，成为 2010 年劳动力市场上不同时期也没有利息的劳动力交换价值。所以，如果一个工人在周末拿到了 100 美元，资本家在支付之前就已经使用了劳动力，即她/他在支付之前，就已经使用了价值 100 美元的商品整整一周。因此，工人借给资本家与周工资等额的钱，不收利息。确实，资本家收到的贷款形式是商品(劳动力)而不是货币，但是与工作之前就要给工人付钱相比，她/他/它仍然处于更有利润的状况中。例如，资本家可以投资这工作周开始时不必支付的100美元，用这个钱挣一周的利息。如果资本家这样重复52周，年利率5%，那么资本家每年就能多赚5美元。一般化这一状况，我们发现整个资本家阶级每年能多赚3000亿美元(6万亿美元乘以5%)。实际上，这是工人阶级强加给资本家阶级的结构性贷款。当然，有很多时候资本家不仅获取了利息，还不支付工资，带着工人的产品潜逃，即资本家利用工作和工资之间的时间不对称窃取了工人。

第四种类别，W→W债务，最少得到研究，但是却是我们理解工人阶级的日常生活行为及其历史可能性必须提及的。我怀疑，工人阶级最大的债权人就是工人阶级自己。我没办法证明这一断言，因为没有统计类别专门说明这种贷款，其通常是“不入账”的约定，是更为广泛的交换、礼物、普通合作行为的一部分，带有“不必客气”的性质。早在像银行这样的资本主义机构出现之前，工人就“借款”给家庭成员(通常是自己子女和兄弟姐妹)、工友、酒友、帮派成员以及某些有共同宗教信仰的人。尽管发薪日贷款今天已经是数十亿美元的生意，但是其是工人阶级共同体崩溃的标志，因为朋友和亲戚借钱给朋友和亲戚“直到月底”的实践是工人共同体团结力的一大标志(Strike Debt，2014，pp. 125—129)。

最初是互助组织的信用社也补充了工人阶级中这种个体对个体的贷款。信用社可以被看作现代版的唐提(tontine)(1652年由一个意大利金融
184 家“发明”)，更为古老的轮换储蓄和信用协会的形式也有文件记载，在中国是700年左右，在日本是1275年。现代信用社于19世纪50年代和60年代(马克思《资本论》起草的时期)在德国正式建立；到19世纪晚期，已经扩展到整个欧洲，而在20世纪的第一个十年，成了美国工人信用组织的基础。从经济上看，由此产生的机构并非微不足道。实际上，根据维基百科的信用社词条：“美国的信用社有9600万成员，占经济活跃总人口的43.7%……截至2012年3月，美国信用社的总资产达到1万亿美元。”(Credit Unions，2014)为了了解信用社相对于整个银行系统的大小，我们

应该记住美国商业银行(主要进行 C→C 借款)的总资产为大约 14.42 万亿美元。

所以在美国，W→W 债务远不是债务的日常生活中可以被忽视的部分，但是我们把它放到一边，先检视 C→W 债务产生的不同异化形式。

对这些不同的债务形式进行区分很重要，因为 C→W 债务违约的伦理后果与 W→W 债务违约完全不同。确实，故意混淆两种债务，后者积极的伦理属性(团结，并在紧急情况下分享社会盈余)就会被前者占用，以至于不偿还借自数十亿美元资产银行的学生贷款债务，跟你的老叔叔乔(Jeo)需要钱来葬他的妻子你的阿姨，你却不还他钱是一样的。

日常生活行为中债务异化的困境

当马克思将他令人敬畏的分析力运用于工人阶级的日常生活时，工人还没有成为金融资本家的债务人。但是，大约 150 年之后，是时候对出现于马克思主义资本主义研究中的债务进行根本的经济哲学分析了。事实上，在本章的这一部分，我将用青年马克思对“异化劳动”的分析来分析全新的债务。我将讨论：(1)债务怎样使人与它购买的对象相异化；(2)债务怎样使人与他自身异化；(3)债务怎样使人在与其相关的羞愧和内疚中与他人异化；(4)债务怎样使人与阶级压迫感异化。

债务使债务人异化于它所购买的对象

马克思指出，资本主义社会的一个关键特点是工人并不占有她/他的劳动所生产的对象。作为补偿，一个人在大多数情况下会拥有其所购买的东西。但是通过债务购买的对象与直接购买的商品有一个不同点。这些 185
“债务对象”似乎与债务人之间存在着敌对距离。当债务人享有它们的使用价值，就好像它们被占有一样，它们在同一时间打开了主体和客体之间的本体论鸿沟。债务对象的使用价值中有着内在的不安全性和不稳定性，因为如果不能还上债务，对象的使用价值就会受到威胁，不是因为它丧失了它的有用性，而是因为它会被债权人收回，如果你都不能用它，这个商品当然没有使用价值。就像在“异化劳动”中，马克思观察到，“劳动所生产的对象即劳动的产品，作为一种**异己的存在物**，作为**不依赖于**生产者的**力量**，同劳动相对立”(Marx，1961，p. 69)(译文引自《马克思恩格斯全集》第三卷，267 页，北京，人民出版社，2002。)，在债务领域也是如此，存在着相似的实现损失，实际上想要的对象(或者，客观化的欲望)变成了异化力量，并不依赖于债务人。

所以当我们跟随债务人从他/她的工作场所到他/她的家——日常生活的物理中心，她/他走进这个物品库的前门，物品却在不断呼喊说它们不是他/她的，而与此同时，用来购买他们的债务毫无疑问是债务人的。被欲望的客体化包围但是同时却认识到这些客体并不真正是你的财产，这是债务人日常生活的核心体验。这一点在被抵押的所谓“家”中表现得最为明显，即当房屋的价值“缩水”时——即其价值已经降到低于房地产市场的售价时——作为安全和生活隐私主要象征的家也被颠覆。就像迈达斯国王(King Midas)的触碰冻结并杀死了所有有生命价值的物品一样，债务也将其所购买的物品置于危险的咒语之下。

债务人与他们自身的异化

债务也使人与自己保持距离，因为进入负债的合约上写明了要在某段时间内(可以延伸到无限，即死亡)将其生活、工作以及创造力交给债权人。然而，就像债务—物品有着双重的异化性质一样，看上去属于债务人的物品，同时也属于债权人——一旦债务违约债权人就会将物品收回，这一使其购买成为可能的行动也是双重的和异化的。异化来自交换的是对使用价值需求的当前满足，需要的却是未来的工作和工资。这使得需求和欲望的即时满足所含有的舒适的确定性变成了一种幻觉，因为满足已经被一种认知毒害：其与未来的不确定性联系在一起。经常会发生这样的情况，一个人的信用卡额度的增加被当作可以购买更多信用的信号，就好像债务创造的“赊账”行为是典型的商品—货币交换一样。典型的商品—货币交换立即关闭了买方和卖方(在正常条件下)相互的义务；但购买债务—物品并非如此。卖方可能没有未来的义务，但是买方肯定不是这样。她/他与债务的后果纠缠在一个不确定的未来，在此期间，她/他已经与她/他自己异化。

债务人与其他债务人的异化 186

工人阶级负债最让人印象深刻的特征之一，也是最初很让人困惑的特征之一，是债务人经常因为向资本家借债而感到**羞愧**，并对其他债务人抱有**仇恨**。这一令人不安的情感给将工人组织起来与债务掩盖下的各种不公正进行斗争带来了巨大的困难，这在围绕工资和工作条件的斗争中是没有的。

第一，羞愧阻止债务人向其他债务人公开自己的困境。害怕被认定为是债务人本身就来自负债状况所带来的焦虑和脆弱。当债务人拖欠他/她的债务支付，这一害怕就会加剧。为什么会这样已经为很多思想家所研究，从尼采(Nietzsche)到格雷伯(Graeber)和拉扎拉托(Lazzarato)，但是不管原因是什么，其结果都带来了对挑战状况的抵抗的自我抑制，而从开始拒绝债务那刻起，债务人就陷进了犯错的感觉。

第二，这一可怕的状况为另一种发展所加剧，其只有在组织对抗债务时才能发现：很多债务人对其他债务人有着深深的仇恨(而这种憎恨债务人的债务人总是出现在公共论坛上，有时非常戏剧性)。这一论述是萨特(Sartre)著名的虚假双重意识或者“自欺”的翻版出现在债务领域，因为债务人不断拒绝他/她作为债务人的身份，“我不像他们(其他债务人)”，但是话说回来，由于在这一替代的暴力中他们所表现出来的羞愧，他们必须总结说，他们有充分的理由憎恨他们自己但是他们不会承认这一点(Sartre，1956，pp. 112—116)。

债务异化债务人和阶级斗争

债务的显著影响之一是其带来了，或者更准确地说，其消灭了对阶级斗争的理解。工资关系清晰地表明，工人集体和老板之间存在着直接的剥削关系。工人为资本家创造剩余价值。但是因为债务，债务人个体化了，而剥削似乎也消失在空气中了。因为没有办法判断，你旁边的人是否也欠着同一家银行或是金融机构钱。因此，工人即时性的集体意识消失在了债权人债务人关系之中。比如说，确定谁是你的债权人越来越困难，因为贷款是被切割成“证券化”的小包，并发放给很多不同的投资人，或者其在二级市场上被售出，卖给受过西班牙宗教裁判所酷刑训练的收款机构。

债务和工资的不同逻辑结构带来了不同的组织挑战。工资是集体性
187 的。作为一名工资工人，其不可避免地与其他工人有着相同的工作条件，而且即使有着很多差异——种族、性别、技能等等——他们存在着共同点：(1)导致集体行动和组织的资本—劳动冲突(或者，至少，其一定持续地被压迫)；(2)任何真正的工作要完成都不可避免需要的工作合作。放到一起，这些共同点就是集体工资斗争的基础。

债务往往是个体化和异化的。债务人并不需要相互了解，除非他们向其他人透露自己的状况，但是他们常常因羞愧或者内疚而不会这样做。因此，围绕债务进行的任何组织都必须让债务人的认同浮出水面，并创造出一再被债权人阶级压制和分裂的集体性。

此外，债务也有其意识形态性。它被认为是债权人和债务人之间的“公平交换”。但是实际上债权人获得了利息支付(如果是复利的可悲“奇迹”的话，通常是本金的很多倍)，在其中收获了风险回报。而拒绝偿还贷款和利息被认为是不道德和不公平的。债务人感到羞愧，甚至感到她/他犯了很久的罪。因此，债权人体验不到她/他自己的被剥削，而是站到了为它辩护的立场。于是，以工资斗争为模型发展起来的在任意历史条件下发动阶级斗争所必需的主体元素，在债务人的日常生活中，都被破坏了。

债务政治：让其可见

由于这些不同类型的异化，反对债务的运动必须在一开始就面对很多“无力建设”的日常创造，即异化和权力丧失。这一债务人运动和过去的女

权运动和同性恋运动相似，为了开始组织债务人，我们必须在某种程度上克服他们的抑制，克服他们的内疚和羞愧，带来“看不见的债权人军队”的积累，而他们必须变得可见才能有力量在大众的层次上撤销债务经济(即要满足基本的需要就必须大量负债的经济)。

这就是为什么，形成债务人群体的第一步是将自己的债务交给集体来审查。只有当这一“内部密室”向公众监督开放时，人们才会开始加入斗争。这一暴露是债务人运动群体形成过程中最为有力的时刻，围绕其中的焦虑会很密集。但是，紧接着这一暴露时刻，会有广为报道的解放感，与同性恋运动中的自愿“出柜”仪式相似。它为克服上述债务关系中典型的多种形式的异化提供了希望。

从占领到债务罢工

债务暴露的力量在“占领运动”的据点被发现。至少就我所知，正是在 188
这些据点，最先看到手写标语和纸板标语牌公开宣布持有人已经积累了多少债务。这些债务暴露证明，只有在“共同”(commoning)的情况下，即在占领据点共同合作建立社会再生产机构，占领者对彼此的集体信心才能达到一定的高度，使这些暴露得以出现，克服在债务的多种异化中被灌输的驯顺的无能。要引起反抗，甚至是公开抗议，仅仅说债务是不公正地进入的、是管理腐败的、是会给你的生活带来严重后果的，是远远不够的。进行这种抗议甚至是反抗的力量需要自我解放，只会伴随着“反债务社会日常生活的革命”而来，由美国的“占领运动”提供(即使只有 2011 年 9 月 17 日和圣诞节之间的 2～3 个月时间)。

因此，学生贷款债务运动和其他反债务组织形成了占领运动的“分支”并非偶然。例如，尽管我从 2007 年开始就在课堂上写作债务的各种形式，但是只有在“占领运动”爆发之后，我才能和其他人一起组建实际的反债务组织。

2011 年 11 月 21 日(占领华尔街运动占领的祖科蒂公园[Zuccotti Park]

被围栏拦起的几天后)，所有这些暴露都被转化为一个组织，占领学生债务运动组织(Occupy Student Debt Campaign)(OSDC)。该组织始于占领运动的基本活动操作程序，即不对国家提任何要求，直接达成你的目标。但是，由于很显然立刻进行债务罢工是不可行的，所以 OSDC 的组织“抓手”(hook)是有条件的承诺：“作为历史上负债最多的几代人中的一员，我们保证在 100 万人签署这一承诺之后，我们将停止学生贷款的支付。”在大约 1 个月的时间内，大约 3000 名学生贷款债务人接受了承诺，也有数以百计的教职员做出了支持承诺：

> 我们支持拒绝债务人承诺，以及它所基于的原则：
>
> * 我们相信所有学生贷款都应该是免息的。
>
> * 我们相信联邦政府应该承担公立高校的学费。
>
> * 我们相信私立非营利和营利高校很大程度通过学生债务提供资金，它们应该公开账目。
>
> * 我们相信现有学生贷款债务应该被一笔勾销。
>
> 我们也承诺敦促我们的工会和专业组织认可这一为拒绝债务提供道德支持的运动。

189 这种反应表明，有足够的愤怒和能量推动债务人进行一些冒险行动。OSDC 也有足够的信念来支撑其激进的做法。这个运动的希望在于，承诺的步伐以及全国范围网络的建立都会带来足够的政治力量，开始改变私人学生贷款“鲨鱼”和政府“秃鹫”的行为。但是，希望不会很快实现。12 月，第一个月的兴奋之后，接下来的 3 个月都表明接受承诺的步伐已经降到很慢，并且虽然有很多人表示感兴趣，但是在全美几乎没有建立分支机构。当这些事实开始清晰，我们认为我们应该看看还有什么其他办法可以刺激承诺活动和分支机构的建立。这使得 OSDC 在 4 月和五一劳动节策划了一系列的活动，重新将我们的承诺和我们的直接行动策略放到了学生贷款债务讨论的中心。关键活动在 2012 年 4 月 27 日进行——即万亿美元日

（＄1TD），我们在纽约城组织了示威活动，突出学生债务总额刚刚超过了1万亿美元大关，学生贷款债务已经高于信用卡债务数千亿美元。活动很成功，通过实况报道它被广泛关注，对我们策略（相比其他学生贷款债务组织的立法取向）的认识提高了。在接下来的一个月，又来了1000个响应承诺者。然而，创造力和实际承诺以及分支机构的比率还是很让我们深思。

相当讽刺的是，尽管反学生贷款债务承诺人只能看见几千人，但是同一时间，不可见的学生贷款违约大军却超过600万（Lewin，2012）。这让我们了解到可见和不可见“大军”的比率，及其带来的政治问题。只要人们认为，个体拖欠一笔贷款，比集体承诺来对抗系统的可接受度要高出大约1000倍，那么不会有任何运动有力量改变资本家债权人和无产阶级债务人之间的力量平衡（不管他们“躲在雷达下”和活在“网格外”的策略多么有创造力）。

五一之后一直持续到夏天，OSDC的核心成员和其他参与占领华尔街运动（OWS）的人开始围绕债务举行公开集会。他们感到仅仅提出学生贷款债务是不够的，而应该更全面地讨论债务，处理信用卡债务、住房债务、医疗债务、边缘金融（类似发薪日贷款）很有必要。慢慢地这些讨论带来了新组织的形成，债务罢工（Strike Debt）（SD）。SD和OWD之间，SD和OSDC之间究竟是怎样的关系在2012年的夏天是不清晰的，尽管（或者因为）很多人参加了所有三个组织。当然，这些关系还在讨论和争辩之中，但是SD越来越不把自己视为OWS的一部分，而OSDC在很大程度上已经与SD合并。

不管组织之间的关系如何，也不管它们在原则和项目上达成一致的速度有多慢，SD以两个项目开始了它的工作，最后都相当成功。一个是滚
动周年庆（Rolling Jubilee）（RJ），另一个是《债务抵抗者操作手册》（The 190
Debt Resisters' Operation Manual）（DROM）（Strike Debt，2012，2014）。RJ是对二级市场贷款的巧妙政治利用，它将慈善组织的风格和扭转资本家阴谋诡计的策略相结合，并反过来对付这些资本家。当一个贷款被拖欠时，提供贷款的银行通常愿意在二级市场上以极低的价格卖掉它。通常

“抄底”(bottom-feeder)的收款机构愿意以极低的价格买进，并使出它所有的手段，从拖欠方那里压榨出尽可能多的资金。但是非得是掠夺性的机构来购买这些贷款吗？不。为什么一个非营利的，政治驱动的反债务组织不能在二级市场上购买这些贷款？它可以。二级市场的水里只允许鲨鱼？不，这不是真的。所以在咨询了税务律师，收款机构“叛徒”以及其他博学者后，RJ 开始运行，第一次购买了价值 5000 美元的医疗债务，在一场马拉松式的电视节目激发了大家的想象力之后，收到了超过 50 万美元(其中的很多人毫无疑问自己也是债务人)的回购款，随机选择了数千债务人将他们从目前价值超过 1200 万的债务中解放出来。

这确实是布莱希特(Brecht)诗中智慧的实现，“所有或者一无所有”：只有饥饿者能够满足饥饿者，同样，只有债务人能够将债务人从他们的债务中解放出来。尽管尚处萌芽，且远离了 2008 年的危机，但是我们正见证一个债务人运动的形成，对债务经济及其对日常生活的反革命作出回应。

注释

[1] 1869 年债务人法案结束了英国的债务监禁。以下是一系列国家及其结束债务监禁的时间：法国，1867；比利时，1871；爱尔兰，1872；瑞典和挪威，1874；意大利，1877；苏格兰，1880。美国没有可比较的数据，因为其立法在每个州都不相同。

[2] 对阿方索·拉米雷斯(Alfonso Ramierez)进行的访谈，2013 年 10 月 29 日。

[3] 参见马克思，“论詹姆斯·穆勒(James Mill)”，在其中马克思对区别对待资本家和贫穷工人的信用系统进行了早期论述：“资本家和工人之间，大资本家和小资本家之间的对立愈发严重，因为信用仅仅给已经有了信用的人，它成了有钱人积累的又一个新的机会；或者因为穷人根据富人传递给他的任意意愿和判断来肯定或者否定他的整个存在，他认为他的整个存在都依赖于这一任意。”(引自 McLellan，2000，p. 124)

参考文献

Caffentzis，G.(2007). Workers Against Debt Slavery and Torture：An Ancient Tale with a Modern Moral. Retrieved from http：//tinyurl. com/DROMCaffentzis4.

Credit Unions (2014, August 15). In *Wikipedia, the Free Encyclopedia*. Retrieved August 15, 2014 from http//en. wikipedia. org/wiki/Credit _ Unions.

Cross, G. (1993). *Time and Money: The Making of Consumer Culture*. London: Routledge. 191

Debord, G. (1970). *Society of the Spectacle*. Detroit, Mi: Black and Red.

Graeber, D. (2011). *Debt: The First Five Thousand Years*. New York: Melville House.

Johnston, D. C. (2011, October 19). First Look at US Pay Data, It's Awful. *Reuters*. Retrieved from http: //blogs. reuters. com/david-cay-johnston/2011/10/19/frst-look-at-us-pay-dataits-awful.

Lefebvre, H. (1991). *The Critique of Everyday Life* (Vol. 1). London: Verso.

Lefebvre, H. (2002). *The Critique of Everyday Life: Vol. 2. Foundations for a Sociology of the Everyday*. London : Verso.

Lefebvre, H. (2005). *The Critique of Everyday Life: Vol. 3. From Modernity to Modernism*. London: Verso.

Lewin, T. (2012, September 28). Education Department Report Shows More Borrowers Defaulting on Student Loans. *New York Times*, p. A16.

Linebaugh, P. (1991). *The London Hanged: Crime and Civil Society in the Eighteenth Century*. London: Allen Lane.

Marx, K. (1961). *Economic and Philosophical Manuscripts of* 1844. Moscow: Foreign Languages Publishing House.

Marx, K. (1976). *Capital* (Vol. 1). London: Penguin.

Marx, K. (1981). *Capital* (Vol. 3). London: Penguin.

McLellan, D. (Ed.). (2000). *Karl Marx: Selected Writings*. Oxford: Oxford University Press.

Ross, A. (2014). *Creditocracy and the Case for Debt Refusal*. New York: OR Books.

Sartre, J.-P. (1956). *Being and Nothingness*. New York: Washington Square Press.

Strike Debt. (2012). *The Debt Resisters' Operation Manual* (1st ed.). Retrieved from www. strikedebt. org.

Strike Debt. (2014). *The Debt Resisters' Operation Manual* (2nd ed.). Oakland, CA: PM Press.

Vaneigem, R. (2012). *The Revolution of Everyday Life*. Oakland, CA: PM Press.

10　从危机到公共：日常生活转型中的生育工作，
192 情感劳动和技术

西尔维娅·费德里西(Silvia Federici)

导言

日常生活是社会变迁的主要领域，我们在其中能发现对制度和政治正统观念的批评，这一认识由来已久。早在《德意志意识形态》(1986)中，马克思和恩格斯就已经将我们生存的物质状况的研究与新黑格尔学派的推测进行了对比。一个世纪之后，法国社会学家亨利·列斐伏尔和情境论者呼吁将“日常生活”作为当时官僚主义的法国马克思主义的解毒剂。列斐伏尔挑战了左派关于工厂斗争是社会变革发动机的观点，他提出社会理论必须处理“整体工人”的生活(Lefevbre，1947/1991，pp. 87－88)并开始着手研究“日常性”是怎样构成的，以及为什么哲学家不断贬低它。在这一过程中，从情境论者开始，他激发并预见了新一代的激进分子，因为他对“消费主义”、技术异化的讨论以及他对资本主义社会的工作的批评，为很多新左派的文本设置好了舞台。

然而，直到女权主义运动兴起，“日常生活批判”才成为全面理解社会的关键，这正是列斐伏尔在他的书中追寻的。通过反对女性被限制在生育工作，以及反对劳动性别分工所形成的等级制度，女性运动给日常生活批判提供了物质基础，并揭露了强调和约束着日常行为和事件多样性的“深
193 层结构”或者说“本原”，这正是列斐伏尔一直在寻找但是从未真正找到的

东西[1]。事实上，从女权主义的观点来看，其认可“生育”过程是日常生活的基础，生育不仅仅是生殖，而是活动的复合体——大多由女性进行——在日复一日和代际的基础上再生产我们的生活，与此同时，生产/再生产人们的工作能力(Federici，2012c，尤其是第1部分)。换句话说，女权主义者已经表明，“日常生活”并不是事件、态度和寻找秩序的经验构成的一般复合体。它是一个结构现实，围绕一个特定的生产过程——即对人类的生产——来组织，正如马克思和恩格斯指出的，它是“第一历史行为”和“所有历史的根本条件”(Marx & Engels，1968，p. 48)，它的中心是家庭中的劳动和性别关系。这一发现引发了理论和实践的革命，转变了我们的工作概念、政治概念、“女性气质”，以及社会科学的方法论，使我们能够超越传统心理学观点的限制——这种观点个体化我们的经验，并且将精神从社会中割裂开来。

女权主义“革命”的核心是认识到我们不能从抽象的、普遍的、无性别的社会主体的视角来看待社会生活，因为种族和性别等级是资本主义劳动社会分工的重要特征，尤其是有薪和无薪之间的差异，不仅生产了不平等的权力关系，也形成了对世界完全不同的经验和视角。其次，所有经验都是社会建构的产物，因而在资本主义社会中日常生活的再生产被纳入劳动力的再生产有着特别重要的意义，其被建构为无薪劳动和“女性的工作”[2]。在没有工资的情况下，家务劳动已经变得如此自然，女性很难在反对家务劳动时不经历巨大的内疚感，或是不变得易受虐待。如果女性成为好的家庭主妇和好妈妈是自然的，那么拒绝这些工作的女性不会被认为是罢工者，而会被认为是“坏女人”。第三，如果家务劳动被纳入劳动力市场的需求，如果家庭是劳动力再生产的中心，那么家庭和性别关系就是“生产关系”，我们不应该对渗入其中的矛盾感到惊讶，也不应该对我们无法使其满足我们的欲望感到惊讶。对女性而言，这一认识无疑是一种解放的体验，我们可以说它给出了“通往历史和政治生活的日常道路”(Lefebvre，1961/2002，p. 41)，揭示出个体的就是政治的[3]，私人/公共的划分不过是政治伎俩，掩盖了对女性的剥削，将她们的无薪劳动神秘化为“爱的劳动”[4]。

必须要强调的是，对日常生活的女权主义批判不仅是理论性的，而且是实践性和政治性的，它引发了一个民主化的进程从头到尾改变我们的生
194 活，甚至是我们最亲密的关系(Federici，2012d)。多亏了它，传统上被纵容为家务条件的家内殴打和强奸，第一次被认为是对女性的犯罪。丈夫控制妻子的身体，不顾她们的意愿要求性服务的权利，被否定了。在很多国家，女权主义运动带来了离婚立法以及堕胎权。更广泛地，女性已经转变了她们与世界的日常互动，在语言、知识、与他人关系，尤其是与男人的关系，以及欲望表达等方面都展现出全新的力量。甚至性行为也被置于更为平等的基础之上，因为很多女性开始拒绝婚姻生活中典型的“快速性爱”，提倡她们进行性探索的权利，提倡性交更符合她们身体兴奋点结构的权利。最重要的是，女权主义运动确立女性不再接受从属的社会地位，不再接受男性调节的与国家和资本的关系。这本身就带来了一场社会革命，强制进行重大的制度变革，例如对很多性别歧视的实践和政策进行审查。因此，从列斐伏尔的问题视角出发，我们可以说女权主义运动“改造”(Lefebvre，1947/1991，p. 87)并重估了日常生活，对某些最为重要的制度进行了激烈的批评，而日常生活正是通过这些制度结构化的。然而，在某种程度上运动不能将其对家庭和我称之为“工资的父权制”的批判转向对其他剥削形式的批判，它将“解放”等同于“同等”、“相同权利”以及进入有薪劳动，它无法避免政府和联合国的介入——20 世纪 70 年代中期，联合国已经准备接受修正过的女权主义作为世界经济重建的关键元素。正如我在其他地方所述(Federici，2014)，联合国介入女权主义政治领域，并将自己作为国际权力结构去父权制的领导机构，似乎有两个动机。首先，其认识到女性、资本和国家之间的关系不再可能经由男性/有薪劳动者调节而组织，因为女性解放运动对之表示了极大的拒绝，她们想要从男人那里获得不受压制的自治。其次，有必要对运动进行规训，这场运动有着巨大的颠覆潜力，有着强烈的自主性(直到那时)，想要激进转变日常生活，对政治代表和参与持怀疑态度。驯服这场运动在当时尤为紧迫，那时为了应对 20

世纪70年代中期棘手的“劳工危机”，一场全球的资本主义反攻正在进行，旨在重建资本家阶级对于工作纪律的掌控，并废除工厂工人抵制剥削的组织形式。正是在这样的语境中，1975年在墨西哥城启动“女性的十年”和第一届国际会议，标志着女性运动国际化的开始，以及女性融入全球化的世界经济的开始。正如我们所知，在十年的时间里，随着女性有薪就业的很多障碍被清除，大量的女权进入到雇佣劳动力中，但是就这样，日常生活的女权主义革命走向了末路。生育，作为女权主义抗争的领地被放弃了，不久女权主义运动本身被遣散了，无法召集人们强烈反对福利体系的日益瓦解——福利体系自“二战”起就是资本和劳动之间社会契约的重要组成部 195
分。也许更成问题的是，在争取平等机会和有薪工作的过程中，女权主义运动促进了工作伦理衰退的再合法化并反对拒绝工作，而拒绝工作在20世纪60年代和70年代在整个工业世界的工作场所中表现相当突出。当然，我们在这个过程中必须吸取的教训是，我们不可能改变我们的日常生活而不改变它的直接制度，我们也不可能改变我们的日常生活而不改变管理其排序的政治和经济的资本主义体系。否则，我们改变我们“日常性”的斗争将很容易被消解，并且成为更难挑战的理性化关系系统的助推器。这是我们目前正经历的情境，它使我们面对巨大的“生育危机”，而为了应对它，各种倡议都提出要更为合作的生育形式，但是在广泛的政治项目缺乏的情况下，这只是为新自由主义体制带来的社会失败提供了一个安全阀。

在下文中，我讨论这一“公共政治”的出现，追问它会怎样改变我们的生育关系，以及在怎样的状况下，其可能成为一条通往不为国家和市场逻辑所支配的社会的道路。但是我会首先关注目前的生育危机，尤其是美国的情况，因为这是我最为熟悉的情况，其也最能呈现出我已经提及的发展状况。

作为永久危机的日常生活

有些女权主义者认为自20世纪70年代以来发生在美国女性生活中的

变化是进步性的，但是我认为，和女权主义运动开始那会儿相比，今天的女性和男性在很多方面都处于更为艰难的经济和社会境地。就连更平等关系的证据也时有时无。毫无疑问，女性有薪劳动力的增加提高了女性的自治。此外，正如南希·迈克林(Nancy MacLean)指出，为进入男性主导的工作而进行的斗争推动“我们这个时代对于性别、种族和阶级的社会建构性和不稳定性有更高的关注”(MacLean，1999，p. 68)。

然而，女性进入有薪劳动力之时，正是有薪工作被剥夺其之前提供的福利和保障之时，这使得女性无法进行协商来对工作的组织和每周工作时
196 间做出某些改变，以便她们能够协调离家在外工作和照顾家庭和社区。很少有工作能提供儿童照管或是与家政相适应的日程安排，即使家政有人分担。至于家务劳动的商业化，即将其组织为一种可购买的服务，虽然广受欢迎但是已经被证实有着很多局限性，比如所提供服务的高成本和低质量。例如，我们现在知道，很多工人所依赖的快餐是导致肥胖的主要原因之一，而如今已经影响到很多儿童。有稳定收入者有一个选择，就是雇佣家庭佣工，但是目前带薪家务劳动的状况，以及受雇者大多是移民女性的事实——她们寻求这种工作是由于她们自己国家的经济状况非常糟糕——都将这一选择排除出了解决方案[5]。此外还有一个事实，就是社会服务的削减——比如教育，医疗，尤其是医院医疗——将相当大量的家务劳动丢回给家庭，尤其是儿童、老人以及疾病或残疾的照顾。因此，参加有薪工作所许诺的独立性已经被证明是一种幻象，至少对大多数人而言是这样，这种幻象如此强烈以至于甚至是职业女性，最近也出现了对家庭的回归，家庭生活重新稳定(Matchar，2013)。很多女性厌倦了在工作场所苦苦挣扎，这些工作场所不再试着关心工作者的生育，而假定家里有妻子，至少很多中产阶级家庭的女性大概是“认输”了，她们致力于给自己的家庭提供“高质量”的再生产：烤面包、种蔬菜、购买有营养的食物，在家教导孩子等。正如艾米莉·玛查(Emily Matchar)在《启程回家(*Homeward Bound*)》(2013)一书中指出的，新回归的家庭生活也受到了生态学关注的影响，她们想知道食物是从哪里来的，这带来了对方便食品以及一般工业生产产品

的拒绝。很多女性做出这一选择也受到了DIY(自己动手)运动的影响，她们不像她们的妈妈那样与世隔绝，而是变成博客主传播和接收着信息。但是这些都是个体的解决，其没有处理大多数女性所面临的问题，只是加深了她们之间的社会距离。她们呈现的是追求“美好生活”的新个体主义兴起，但不是通过社会斗争追求“公共利益”(同上)。

由于备受谴责的双重负担，即目前普遍的长工作时间和低工资，以及对至关重要的生育服务的削减，对于大多数女性而言，日常生活已经成为永久的危机。在美国，无产阶级女性平均每周工作50小时，35小时或以上是在家外，大约每天3小时是在家内。如果加上(不断增加的)交通时间和准备上班的时间，我们发现几乎没有时间能留给放松或是其他活动。除此之外，女性从事的很多工作都是情感劳动——愉悦、兴奋、慰藉、安慰他人——这些任务，尤其是在市场进行时，是非常耗精力的，随着时间推 197
移会带来深刻的人格解体的感觉，并且无法知道自己真正想要的是什么(Hochschild，1983)。加上经济低迷和生活不稳定，这就能解释为什么女性遭受临床抑郁和焦虑的可能性是男性的两倍。数据是惊人的。美国患有抑郁症的1500万成年人中，女性占了绝大多数。大约4000万女性每天都遭受焦虑之苦；而五分之一的女性会在她生命的某一阶段遭受抑郁(Mayo Clinic Staff，2014)。其他国家也有类似的统计，而且数字都在上升。在美国，指标也表明女性的幸福在过去的十年里出现了下降，而最显著的是，工人阶级女性的预期寿命出现了明显下降，从1990年到2008年，相比她们母亲那一代，她们的预期寿命减少了5年[6]。

但是日常生活的危机并不仅仅针对女性。过度工作，同时还有就业的不安全，以及无法规划未来现在是普遍存在的问题，影响着所有年龄的所有社会群体。社会团结和家庭关系也出现了崩溃。在没有稳定工资的情况下，家庭正在分崩离析，同时，直到上个世纪60年代还是工人阶级社区特征的组织形式也出现了瓦解，其无力抵御经济重组、中产阶级化以及强制流动带来的影响。很显然，新自由主义对世界经济的重组需要对这一状况负主要责任。但是正如利奥波达·福尔图纳蒂(Leopolda Fortunati)在她的

《欧洲的远程通信(*Telecomunicando in Europe*)》(Fortunati，1998)一书——该书研究通信技术对欧洲的日常生活再生产所形成的影响——的导言中指出的，我们也看到各种社会主体结构其日常生活来调节他们的利益，寻找组织形式使他们能够抵御“经济全球化”带来的毁灭性后果，却无能为力。例如，男性拒绝接受女性的自治，这反映在男性对女性暴力的不断增多，而这推动了社会纽带的弱化。在这些状况下，作为人们进行调停和对抗主要阵地的日常生活，被允许发生“沉船事故”；它变成了很多人的逃离之地，无力维持看上去过于吃力且难以处理的人际关系(同上，27页)。这意味着由家庭成员或者朋友来完成的照顾工作无人重视，其后果在儿童和老人的照顾中尤为严重(Federici，2012b)。我们可以通过德国的新趋势来判断这在多大程度上是正确的——他们会把年老的亲戚，尤其是得了阿兹海默症的亲戚，送到国外去照顾(Haarhoff，2013)[7]。人与人之间、面对面的交流是我们生育的重要组成部分，它也在减少，在成年人之间是这样，在成年人和孩子之间也是如此，它的数量和内容都在减少，下降为一种单纯的工具使用，而互联网，脸书(Facebook)和推特(Twitter)正在逐渐取代它。

简言之，目前日常生活最为突出的事实之一是双重意义上的“生育危机”，其开始于家庭成员照顾他人工作的急剧减少，以及对日常生活的日
198 益贬低，新通信技术推动了这一点，尽管它们并非是主要原因。统计数据也很能说明这一状况。正如我们已经看到，预期寿命正在缩短，而生活质量也在下降，每天的经历以深刻的异化感、焦虑感和恐惧感为特征。精神疾病泛滥，因为很多人害怕一无所有和无家可归可能就在眼前，他们体验着一种去稳定化的投射性缺失。最让人担心的是，现在这些疾病甚至也影响到了儿童，这似乎源于照顾工作的崩溃，因为这些工作曾经是由家庭和学校来提供的。很难说清楚在多大程度上这些精神疾病是“真实”的还是被建构的，由医生和制药公司在父母和教师的默许下完成建构，以便用药物来治疗这一代儿童的不幸，他们在家里和学校，都被否定了时间、空间还有创造性活动。可以肯定的是，从来没有过这么多的孩子和这么小的儿童

被诊断出这么多的精神疾病。截至2007年，精神疾病儿童的数量已经上升为1990年数量的35倍(Angell，2011)。根据疾控中心的说法，五分之一的孩子，包括蹒跚学步的幼儿，都可能患有精神疾病(Williams，2013)，包括抑郁，多动症和注意力障碍。而对所有人来说，所谓"治疗"就是学校和家庭自主使用各种精神类药物，以至于到他们10岁时，有些孩子每天要吞下7粒药片，而这些药物对他们的精神发育的负面影响众所周知。

现实是，当今社会孩子是最大的输家。在一个货币积累就是全部的世界中，我们所有的时间都必须"生产性地"投入，而满足孩子的需求处于低优先级，必须被降为最少。这至少是来自资产阶级的信息，对他们而言，今天的孩子主要就是一个消费市场。他们甚至想要抹去童年本身的非生产性，比如教导幼儿——如某些经济学家建议的——如何管理钱财以及如何变成聪明的消费者，早在只有4岁时就给他们进行"态度测验"，在经济竞争的比赛中不让他们输在起跑线上。但是童年的抹去也在工人阶级家庭中出现，因为父母越来越多地不在家，他们面临严重的经济危机，不断带来绝望和愤怒。成年人，无论是父母还是老师，都没有时间没有精力没有资源留给孩子。他们可能教他们说话，但是不能教他们沟通(Fortunati，1998)。而且，从儿童虐待现象的蔓延来看，他们很显然视孩子为干扰。令人担忧的迹象表明，美国现在正经历着非常严重的亲子关系危机，在2001和2011年之间，超过2万名儿童——其中75%不满4岁——被他们的家人杀害，这一数字是同一年死在伊拉克和阿富汗战场上的军人数量的4倍(Jilani，2011；BBC，2011)[8]。

"Riprendiamoci la vita"—"让我们夺回自己的生活"[9]

如何阻挡这一从日常关系和生育领域的逃离？如何重组我们生活的社 199
会结构，将家庭和邻里转变为抵抗和政治重建的场所？这些都是今天人类议程表上最为重要的问题。它们无疑是在实践上和理论上对"公共"的生产日益增长的兴趣背后的驱动力量；也就是在团结、财富共享、合作式工作和决策基础上创建社会关系和空间(Caffentzis & Federici，2013)。

这一项目通常受到土著人斗争的鼓舞，现在已为各种运动(女权主义、无政府主义、绿色主义、马克思主义)所共享，它回应各种各样的需求。首先，我们需要在国家和市场提供给我们的生育手段越来越少的背景中渡过难关。在拉丁美洲，正如劳尔·齐贝奇(Raúl Zibechi)在他的《抵抗之地》(*Territories in Resistance*)(2012)一书中所述，20世纪80年代和90年代，在严厉的紧缩措施使得她们的社区被荒废或是只能依靠移民寄回的汇款面前，尤其是女性，会集中她们的资源支持她们的家庭。在利马，女性创建了数千个委员会——购物和烹饪委员会，城市花园委员会，(儿童)一杯奶委员会等——提供不同形式的帮助，对于很多人来说，这是生死攸关的事情(Zibechi，2012，pp. 236－237)。智利也建立了类似的组织形式，1973年皮诺切特政变之后，面对灾难性的贫困和政治压迫，受欢迎的厨房“从未停下”(Fisher，1993，p. 177)。还有在阿根廷，生育“集体化”或社会化的元素出现在了2002年的危机中，女性将她们的炊具带到了纠察队(piquetes)(Rauber，2002，pp. 115－116)。在哥伦比亚，无产阶级女性在20世纪90年代早期组建了社区母亲(madres comunitarias)照顾流落街头的儿童。社区母亲最初是自愿发起的，经过长期的斗争之后该项目现在正在经历正式化过程，到2014年，大约有7万名社区母亲可以从该国的福利部门领取少量的薪水(UNC，2014)。但是她们的工作仍然基于社区团结，拿到的薪水几乎不够她们生存并且照顾儿童。

无论是美国还是欧洲，我们都没有看到上述生育工作的集体化。然而在“发达”国家，更为公共和自我管理的生育工作形式也正在出现。在美国和欧洲，都市花园和社区支持农业(Community Supported Agriculture)现在是很多城镇的成熟做法，不仅为厨房提供蔬菜，也为儿童提供各种形式的指导，他们可以去那里上课学习怎样种植，怎样保存食物，怎样让事物生长(Federici，2012a，pp. 141－142)[10]。时间银行，过去是一个激进的项目，现在却在美国主流社会蔓延开来，它是一种不需要货币交换就能获得服务的手段，最重要的是它能获得新的支持网络还有友谊[11]。

在我们所面临的巨大的——社会和生态——灾难面前，所有这些倡议都可能微不足道。但是在日益贫困以及日常生活军事化不断导致邻里瘫痪、撤退和不信任的背景下，这些倡议表达的合作意愿是令人鼓舞的。它们标志着我们不断认识到，独自面对危机必然是失败之路，在一个不断贬低我们生活的社会系统中，在经济上和心理上唯一可能的生存之路在于我们是否有能力将我们的日常实践转变为集体抗争之地。 200

我们要在我们日常生活的再生产中，创造新的社会联系和合作形式还有一个更深层的原因。家内工作，包括照顾工作和情感工作，是非常孤立的，它以使我们相互分离的方式进行，个体化我们的问题并隐藏我们的需求和困境。它也极端费力，往往需要同时进行很多无法机械化的活动，它主要由女性作为无薪劳动来完成，通常还是在她的全职有薪工作以外。技术——尤其是通信技术——无疑在家内工作的组织中发挥了重要作用，它现在已经是我们日常生活的重要组成部分。但是正如福尔图纳蒂指出，技术主要服务于取代人际沟通，而不是加强人际沟通，它让每个家庭成员躲进机器的避难所里来逃离沟通危机(Fortunati，1998，pp. 27－28)[12]。同样的，日本和美国公司试图将我们的生育机器人化——引入护士机器人(Folbre，2006)和爱情机器人，定制满足我们的欲望——这更多地标志着孤独的增加和支持关系的失去，在未来它们是否会进入很多家庭值得怀疑。这就是为什么女性首先努力使我们的日常生活去私人化并创造更为合作的生育形式如此重要。她们不仅为创造一个照顾他人是创造性任务而不是负担的世界铺平了道路，而且打破了我们生育过程的孤立特征，创造了团结的纽带。没有这些纽带，我们的生活就会是情感的沙漠，我们也不会有社会权力。

但是这里有一个接入或者“制度化”的危险迫切需要引起关注。只要更为合作的生产/再生产形式被包围在资本主义关系的海洋中，公共的生产就仍然是争议之地。除了会带来封闭社区和迷恋本地化解决的风险，我们还必须警惕将“公共”视为私和公，市场和国家之外“第三种”(财产类型)的倾向，而不是视为对它们的替代(Bollier & Helfrich，2012)。而在这种情况下，“公共”只能为过度的新自由主义政策提供一个安全阀（Caffentzis，2014）。于是，至关重要的是，我们的日常生活必须不断受到考验，检验它是否有能力增加我们的自主性并让我们的生育“脱离”对资本主义关系的依赖。在另一篇与乔治·卡芬特齐斯合写的论文中，我们勾划了帮助我们检验“公共”项目是否有能力超越现状的一些标准。正如我们在《反对和超越资本主义的公共》（Caffentzis & Federici，2013）中写道：

201 i 公共不是事物，而是社会关系。但是，它们必须确保我们生活的再生产，其根据的原则是所有被生产的财富应该共享，并用于公共享受，而不应该用于商业目的和获得利润。

ii 公共也需要共同体，因为它们既包含义务也包含权利；它们需要集体制定的规则，规定我们共享的财富怎样进行利用和照管。

iii 要成为社会变迁的原则，公共的生产必须超越“生存政治”，不仅创造照顾的共同体，而且带来抵抗的共同体。然而，要做到这一点，我们必须反对所有的社会等级，以便能够创造公共的利益。

在这一语境下，公共既是我们日常生活和斗争的目标，也是条件。以萌芽的形式，它们代表了我们想要获致的社会关系，以及建设这种关系的手段。它们不是分散的斗争，而是一种视角，我们带它到我们所参与的每一次斗争和每一场社会运动。唯一需要补充的是，这不是一个乌托邦，而是一个正在形成的现实。正如萨帕提斯塔社区（Zapatista community）的一个成员所说的：“抵抗，并不仅仅是拒绝支持一个坏的政府，或是不纳税或是不交电费。抵抗是建设我们所需的一切来维持我们人民的生活。”（Zapatistas，2014，p. 70）

注释

[1]正如他写道：“日常生活，就像语言，包含着显在形式和深层结构，它们包含在日常生活的运作中，隐藏其中又通过运作表现。”（Lefebvre，1981/2005，p. 2）

[2]达拉·科斯塔(Dalla Costa)(1972/1973)最先在女权主义中将家务劳动分析为生产劳动力的劳动。

[3]关于这一口号的来源，参见卡罗尔·哈尼什(Carol Hanisch，1969)。

[4]参见费德里西《工资和家务》(1975)(Federici，2012c，pp. 15—22)。

[5]“照顾的全球化”的论述参见埃伦赖希和霍克希尔德的研究(Ehrenreich & Hochschild，2002)。

[6]参见奥尔斯基(Olshansky)和波茨(Potts)的研究(Olshansky，2012；Potts，2014)。同时，2013 年 3 月的《卫生事务杂志(*Health Affairs*)》报道称，相比其他国家，美国的预期寿命在过去十年下降很快，以至于现在美国的预期寿命已经在 21 个工业化国家中排名垫底。但是下降最为明显的是未受教育的白人女性，她们平均会比她们的母亲少活 5 年(Kindig & Cheng，2013)。女性自杀，尤其是中年女性的自杀，在近年间增长迅速。但是，男性仍然在自杀数量上遥遥领先。参见帕克教皇(Parker-Pope)专栏(Parker-Pope，2013)，其引用的数据来自疾控中心。

[7]哈尔霍夫(Haarhoff)报告称，大约 7000 名老年德国人已经“离域”，现在生活在捷克共和国、希腊、匈牙利、西班牙和泰国的养老院里(2013，p. 15)。

[8]同时参见总统小组在全美公共广播(National Public Radio)上题为“每个孩子都重要”(Every Child Matters)的讨论(NPR，2014)。根据这一组织的数据，美国的儿童虐待致死是全部发达国家中最高的。过去十年里，超过 2 万名美国儿童因为家庭成员的行为死在了自己家中，其中 75%不满 4 岁，而大约一半不满 1 岁。美国的儿童虐待死亡率是加拿大的 3 倍，是意大利的 11 倍。

[9]“Riprendiamoci la vita”是 20 世纪 70 年代意大利女权主义者在很多示威中高喊的口 202
号，旨在形成一种斗争，超越所有特殊的需求，将她们的身体和日常生活从国家手里解放出来。

[10]社区支持农业(CSA)是一系列倡议的名称，近年来在美国发展很快，在不同的地区，“消费者”直接与生产者——在这里指的是农场主——建立联系，提前为未来的作物付款，共担风险，之后定期收到水果和蔬菜，并且可以去水果和蔬菜种植的农场参观，一起劳动。

[11]美国广播公司(ABC)的新闻报道“戴安·索耶(Diane Sawyer)在肯塔基的家乡通过互助来省钱”于 2014 年 1 月 15 日播出，对美国日益增多的时间银行实践进行了评论。记者称，有 42 个州正在进行时间银行实践。

[12]但是福尔图纳蒂警告说，不能认为通信技术本身应该为我们看到的沟通危机负责。她反对这种无视“消费者”是积极政治主体的“技术决定论”，她指出，通信技术介入的社会现实早已经被“以异化的方式结构性地组织”(Fortunati，1998，p. 38)。也就是说，家庭关系的危机是技术得以侵入并主导我们日常生活的基础(同上，pp. 34—48)。

参考文献

Angell，M. (2011，June 23). The Epidemics of Mental Illness：Why? *The New Yorker*.

BBC. (2011，October 18). Michael Petit：America can fix Problem of Child Abuse Fatalities. Retrieved from www. bbc. news/15361466.

Bollier，D. & Helfrich，S. (Eds.). (2012). *The Wealth of the Commons：A World Beyond Market and State*. Amherst，MA：The Levellers Press.

Caffentzis，G. (2014). Divisions in the Commons? Ecuador's FLOK Society Versus the Zapatistas'Escuelita. Paper presented at the Creative Alternatives to Capitalism Conference，Held at the CUNY Graduate Center，New York，May 24，2014.

Caffentzis，G. & Federici，S. (2013). Commons Against and Beyond Capitalism. *Upping the Anti：A Journal of Theory and Action*，*15*，83～99.

Cochrane，K. (2010，April 29). Why Do So Many Women Have Depression? *Guardian*. Retrieved from www. theguardian. com/society/2010/apr/29/women-depression-allison-pearson.

Dalla Costa，M. (1973). Women and the Subversion of the Community. In M. Dalla Costa &S. James (Eds.)，*The Power of Women and the Subversion of the Community*. Bristol：Falling Wall Press. (Originally Published in Italian as *Potere Femminile e Sovversione Social*，with S. James's“Il posto della donna.” Padova-Venice：Marsilio，1972)

Ehrenreich，B. & Hochschild，A. R. (2002). *Global Woman：Nannies，Maids and Sex Workers in the new Economy*. New York：Henry Holt and Company.

Federici，S. (2012a). Feminism and the Politics of the Commons in an Era of Primitive Accumulation. In S. Federici，*Revolution at Point Zero：Housework，Reproduction and Feminist Struggle*(pp. 138～149). Oakland，CA：PM Press.

Federici, S. (2012b). On Elder Care Work and the Limits of Marxism. In S. Federici, *Revolutionat Point Zero: Housework, Reproduction and Feminist Struggle* (pp. 115～125). Oakland, CA: PM Press.

Federici, S. (2012c). *Revolution at Point Zero: Housework, Reproduction and Feminist Struggle*. Oakland, CA: PM Press.

Federici, S. (2012d). Women's Liberation and the Struggle for Democratization. Paper Presented at the 2nd Congress on Critical Political Analysis, on the theme of "Democracy," University of Basque Country, November 19～20.

Federici, S. (2014). Andare a Pechino: Come le Nazioni Unite Hanno Colonizzato il 203
Movimento Femminista. In S. Federici, *Il Punto Zero della Rivoluzione: Lavoro Domestico, Riproduzione e Lotta Femminista*. Verona: Ombre Corte.

Fisher, J. (1993). Chile: Democracy in the Country and Democracy in the Home. In *Out of the Shadows: Women, Resistance and Politics in South America* (pp. 177～201). London: LatinAmerican Bureau.

Folbre, N. (2006). Nursebots to the Rescue? Immigration, Automation and Care. *Globalizations*, *3*(3), 349～360.

Fortunati, L. (Ed.). (1998). *Telecomunicando in Europa*. Milan: FrancoAngeli.

Haarhoff, H. (2013, June). Les Allemands Exportent Aussi Leurs Grands-parents. *Le Monde Diplomatique*, 14～15.

Hanisch, C. (1969). *The Personal is Political*. With a New Explanatory Introduction (2006). Retrieved June 15, 2014, from http://carolhanisch.org/CHwritings/PIP.html.

Hochschild, A. R. (1983). *The Managed Heart: Commercialization of Human Feeling*. Berkeley, CA: University of California Press.

Jilani, S. (2011, October 24). America's Child Abuse Epidemic: Four Times More Children Have Been Killed this Decade than US Soldiers in Iraq and Afghanistan. Their Assailants? Their Families. *Guardian*. Retrieved from www.theguardian.com/commentisfree/cifamerica/2011/oct/24/america-child-abuse-epidemic.

Kindig, D. A. & Cheng, E. R. (2013). Even as Mortality Fell in Most US Counties, Female Mortality Nonetheless Rose in 42.8 Percent of Counties from 1992 to 2006.

Health Affairs, *32*(3), 451～458.

Lefebvre, H. (1991). *The Critique of Everyday Life* (J. Moore, Trans.). London: Verso. (Originally published in French in 1947 as *Critique de la vie quotidienne*. Paris: L'Arche Editeur)

Lefebvre, H. (2002). *The Critique of Everyday Life*: *Vol. 2. Foundations for a Sociology of the Everyday* (J. Moore, Trans.). London: Verso. (Originally published in French in 1961as *Critique de la vie Quotidienne II*: *Fondements d'une Sociologie de la Quotidienneté*. Paris: L'Arche Editeur)

Lefebvre, H. (2005) *The Critique of Everyday Life*: *Vol. 3. From Modernity to Modernism* (*Towardsa Metaphilosophy of Daily Life*) (G. Elliott, Trans.). London: Verso. (Originally published in French in 1981 as *Critique de la vie quotidienne*: *III. De la modernité au modernisme* (*pour unem é-taphilosophie du quotidienne*. Paris: L'Arche Editeur)

MacLean, N. (1999). The Hidden History of affi Rmative Action: Working Women's Struggles in the 1970s and the Gender of Class. *Feminist Studies*, *25*(1), 43～78.

Marx, K. & Engels, F. (1968). *The German Ideology*. Moscow: Progress Publishers.

Matchar, E. (2013). *Homeward Bound*: *Why Women are Embracing the New Domesticity*. New York: Simon & Schuster.

Mayo Clinic Staff. (2014). Depression in Women: Understanding the Gender Gap. Retrieved March 10, 2014, from www.mayoclinic.org/diseases/in-depth/depression/art-20047725.

National Public Radio (NPR). (2014, February 25). Panel Charged with Eliminating Child Abuse. Retrieved from www.npr.org/2014/02/25/282359501/panel-charged-with-eliminating-child-abuse-deaths.

Olshansky, J. (2012). Differences in Life Expectancy due to Race and Educational Differencesare Widening, and Many May Not Catch Up. *Health Affairs*, *31*(8), 1803～1813.

Parker-Pope, T. (2013, May 13). Suicide Rates Rise Sharply in U.S. *New York Times*, p. A1.

Potts, M. (2014, September 3). What's Killing Poor White Women? *The American*

Prospect. Retrieved from http://prospect.org/article/whats-killing-poor-white-women.

Rauber, I. (2002). Mujeres Piqueteras: El caso de Argentina. In F. Reysoo (Ed.), *Economiemondialis é e et identit é s de genre* (pp. 107～123). Geneve: IUED.

Universidad National de Colombia (UNC): Agencia de Noticiasun. (2014, March 9). 204
Madrescomunitarias: del voluntariado a la formalidad. Retrieved from www.agenciadenoticias.unal.edu.co.

Veneigem, R. (2013). *The Revolution of Everyday Life* (D. Nicholson-Smith, Trans.). Oakland, CA: PM Press. (Originally published in French in 1967 as *Trait é de savoir-vivre à l'usage Dejeunes Generations*. Paris: Gallimard)

Williams, M. (2013, May 16). Mental Disorders Rising in Children. *The Atlanta Journal-Constitution*. Retrieved from www.ajc.com/news/news/2013/05/16.

Zapatistas. (2014). *Autonomous Resistance* (1st-grade textbook for the course "Freedom according to the Zapatistas") (El Kilombo, Trans.). Retrieved from www.schoolsforchiapas.org/library/autonomous-resistance-grade-textbook.

Zibechi, R. (2012). *Territories in Resistance: A Cartography of Latin American Social Movements*. Oakland, CA: AK Press.

11 冻结流动性：数字技术与学生的学习和
205 日常生活行为的转型

厄恩斯特·夏欧伯(Ernst Schraube)

阿萨纳西奥斯·马尔瓦基斯(Athanasios Marvakis)

数字技术似乎有潜力从根本上改变大学的学习和教学关系。一系列基础的学习活动，例如阅读、写作和交流，正被整合进电子化进程。此外，就学习情境本身(课堂，讲座等)而言，从面对面走向虚拟学习世界的一系列转型正在进行，其通过数字平台和结构，补充或者替代着传统的学习安排。如今，很多大学自动为每一门课建立数字平台(比如，使用魔灯[Moodle]学习管理系统)，并提供给在校学习的学生，而课程和项目也越来越多地只在网上提供(比如以慕课[MOOCs，大规模开放在线课程]的形式)。这一运动指向学习关系的数字重组——或者重构，从根本上改变了学习的过程和内容，还有学生的日常生活行为。由于数字技术促进了某些学习活动和关系，而束缚甚至是阻碍了另一些，因此这一数字化运动并非没有争议和矛盾。数字化学习理所当然地满足了人们希望，比如说，有更广泛的学习者参与和更为对称的师生关系。但是，它也伴随着注意力分散的危险，冻结的单边固定的新型学习关系，以及再次陷入工具性转移和内化模型的诱惑以及防御型学习的标签。这一状况要求对高等教育的数字化进行分析，帮助识别和解释其可能性及限制；这一分析对迄今为止在高等教育中欣然接受数字技术提出根本性的问题(Winner，2009)，并确定数字技术能够显著推进哪些学习过程，同时又对哪些学习过程毫无帮助。

206 关于高等教育中教学和学习的数字化的争论长久以来一直主要集中在技术系统的开发和设计，以及教师，学生和管理人员对其的使用方面。最近，却出现了一个明显的转向：讨论作为学习主体的学生，他们的经验、活动和参与(这一转向在技术的社会研究中更受关注；Schraube，2013；Schraube & Sørensen，2013)。教育哲学家简·德里(Jan Derry)解释道："将技术引入教育的倡议……的历史表明，人们关注的焦点已经从早期强调技术本身转向更为关注学习的细节和学习者。"(2008，p. 506)在本章中，我们将从这一观点出发，聚焦于数字技术与学习者和他们的学习活动的相关性。我们的问题是，数字技术怎样以及为什么会实际扩展或者削弱学生的学习过程？通过引入和发展各种突出学习活动决定性因素的分析概念，我们的目标是有助于更为细致地理解数字技术对学生学习的矛盾意义。尽管已经有一堆学习理论，但是从学习者的视角来系统化地对学习进行概念化尚处于起步阶段。因此，我们的关注点是学习问题。什么是学习？怎样将学习者整合进学习理论以及对数字技术的反思？学习的原因、方式和目的是什么？学习的最佳条件是什么？我们会详细地讨论这些问题，从学生以及他们学习过程的视角来看待高等教育的数字化，同时，物质学习结构正在发生的深刻变化，也要求我们对学习的性质进行同样深刻的探究。我们这里的关注点是重新思考这些问题来作为向前展望的基础——对我们正在创造的各种学习世界进行想象和再想象，思考它们对学习活动和人们的日常生活行为有着怎样的意义。

我们首先将学习概念化为一种基本的人类适应和改变世界的活动，其根植于我们的日常生活行为(反对工具内化或转移的学习模型是我们的出发点)。这一观点认为学习是人类进入世界的重要组成部分，是在社会实践中发生，通过社会实践参与的活动。借助情境的和参与的学习理论，尤其是克劳斯·霍兹坎普的研究，我们从学习主体的立场出发，通过确定学习和教学之间流动的相互的纠缠的关键作用将这一取向应用于学习。因此，我们的分析尤为关注学习和教学的流动性，以及数字技术促进其发展的方式。以罗斯基勒大学为例，我们指出这样的学习概念在高等教育中被实施的可能性，并对想要系统化整合学生视角的学习和教学实践进行了描述。基于这一学习概念，我们将呈现学生学习环境的数字化会怎样促进同时也是冻结学习和教学的流动性。

207 从学习主体的立场将学习理解为社会实践的参与

学习的转移模型及其限制

在教育研究中，学习的概念在过去十年深刻的社会变迁中(用流行语来说，从福特主义转向新自由主义)似乎也出现了转变。在20世纪盛行的内化或转移模型中，学习被认为是知识从教师向学习者的转移过程，在学习过程中，学习者内化转移来的知识，就好像用一个漏斗一样，当它慢慢流进来时一滴一滴地进行吸收(对模型的批判性讨论参见如 Dupont，2013；Freire，1970/2012；Ingold，2015，chap. 4；Packer，2001)。相反，积极的、关系的和语境的学习概念现在正开始流行，学习被视为发生在社会世界中的过程(例如 Engeström，1987；Hedegaard & Chaiklin，2005；Illeris，2007；Kontopodis，Wulf & Fichtner，2011；Lave & Wenger，1991；Marvakis，2014b；Sørensen，2008)。这一取向不仅在一方面整合了学习的社会、文化和物质维度，而且在另一方面，也整合了主体维度，即学习主体的视角和行动，并因此努力将之纳入对学习关系的理解。高等教育政策也已经承认有必要将语境维度——包括学习主体——纳入学习概念，并已经明确地推动“以学生为中心的学习”——例如在最近向欧洲委员会提交的关于高等教育现代化的报告中(European Commission，2013，p. 40)。

然而，即使今天很少还有人在学习研究中大力捍卫传统的内化模型，但是内化的概念仍然在当前的教育理论和实践中，以及对学习的日常理解中非常活跃。从学习和教学的视角来看，只要讨论转向人们怎样学习，内化模型就很容易被引用。对于“你怎样理解学习?”这一问题，学生通常会回答：“一个相对枯燥的过程，我吸收老师说的东西，并在考试中再现出来。”或者，以日常家庭生活为例：“我的孩子怎样学会游泳的?”——“首先，看我做示范动作，然后多多少少内化它们。”

内化模型(及其不同的变体)可以被追溯到行为主义经典的工具性条件作用，学习被理解为对个体产生刺激和行为改变(即学习)的外部导向过程(例如 Skinner，1954，1968)。在这一概念化中，学习过程以及旨在启动和规范学习的教育实践似乎是工具性的和决定性的——一套固定的程序，不需要学习主体就能确定下来。在这样一种取向中，我们可以发现其既非偶然也非不重要地，与学习的机械论甚至是技术官僚论的密切联系(Kvale，1976)。

转移和内化模型已经受到了广泛的批评，这里我们强调某些核心问题 208 领域。这一模型的一个主要局限在于其完全排除了学习者的活动、主观现实和生活行为。由于其学习概念缺乏分析工具来刻画学习者的主体性、学习经验、意图、问题、行动等，以及学习活动不可避免地嵌入其中的社会世界和社会语境，这些就都被完全排除在研究视角之外。然而，学习主体不能与学习活动相分离。学习并不是课堂催生的孤立活动，而是根植于人的生活行为的活动。它基于日常问题和利益，以及人希望怎样过她/他的生活的观点和感受来整合一个人的活动。它是涉及他人的活动，发生在日常生活的不同语境中(Dreier，2015；Holzkamp，2015，chap. 3，p. 65)。由于转移和内化模型的概念结构无法处理或者解释学习的主体维度以及学习者的生活行为，我们可以在这里说，20 世纪主导的学习理论存在着学习主体的**话语缺失和私有化**。

这也指出了转移模型的另一个问题，**学习**被视为**教学的直接结果**。这样，学习就被消减为教学：教什么等同于学什么。因此，如果想要理解**学习**，分析**教学**似乎就足够了。当进行详细的检视时，这一局限性的平行化被证明严重扭曲了——如果不是颠倒的话——学习过程。前面已经提及，学习过程，顾名思义，不可能脱离学习主体而存在。当然，这并不意味着不能从老师那里学到东西；误解在于从教到学线性转移的观念。霍兹坎普将这种把教学和学习等同化的现象称为教—学短路(2013，p. 121)，他详细分析了学习概念消减为教学不仅可以在日常思考和经典学习模型中找到，实际上还能在关系的，社会文化的学习理论中找到(Holzkamp，

1993)。

然而，在所谓教学和学习的对等中，有一点是值得吸取和检验的。学习和教学形成了一种相互的关系，它们紧密相连——这种亲近性在有些语言中是显而易见的，其只用一个词来表达两者的意思。比如，丹麦语动词at lære，不仅描述“学习”行为也描述“教学”。在现代希腊语中，动词μαθαιυω可能同时包含“学习”和“教学”，需要额外的信息来指明究竟指的是哪种活动。然而，这里的问题并不是要假设学习和教学之间有着紧密的
209 相互关系。而是表明，转移模型恰恰是没有基于学习和教学的相互纠缠，而将学习消减为教学，或者用教学取代了学习；教师所教就被认为是学生所学。这种观点的根本错误在于将学习概念化为仅仅是教学的结果。

学习理论的发展试图系统地处理这一问题，比如引入情境和分布式学习的概念。在这种情况下，学习被概念化为学习主体对社会和社会实践的不断参与，作为一个问题导向的扩展过程，学习者通过学习过程和教师帮助，扩展他们自己的行动和生活行为，增强他们对相关世界的参与和安排。正如让·拉夫(Jean Lave)和艾蒂安·温格(Etienne Wenger)所述，情境学习的理论基于：

> 认识和学习的关系性理念，意义的协商性理念，相关人员学习活动的参与(从事，困境驱动)性理念……[它意味着]强调整个人的全面理解，而不是“接受”关于世界的一套事实性的知识；强调世界中和与世界相关的活动；强调行动者、活动和世界相互构成的观点。(1991, p. 33)

学习问题：不是中立的技术而是冲突的社会意义

情境学习理论将学习活动定位在世界中。学习被理解为是探索世界和参与社会实践的过程。这些社会实践总是复杂和有争议的实体。我的学习的具体成果和先决条件是通过利用社会意义来实现的，它们处于和分布于一系列社会生产工具中：指导——但不是决定——我们行动的精神工具

(如概念)，社会工具(如关系，主体性)，客观工具(如外部对象，事物，产品)。从这种视角来看，学习参与这些行动的可能性处于和分布于这些生产工具中。这些工具——也因此是我的行动——指向呈现于社会意义的社会现实的模糊性、冲突性和矛盾性。

然而，现实和各个社会意义的冲突性并没有在主流的学习概念以及组织化的教育实践中得到重视。相反，冲突和矛盾在社会意义的语义学中被某些中立的、技术的确定性所取代。社会意义并没有被视为冲突的社会领域，而是和技术设备的操作指南那样被模型化。这样解读社会意义没有给冲突性的“差异”留下空间，只允许基于技术操作指南的语义区分进行忠实的利用。但是使社会意义看起来明确删除了所有与直接服从于权威的社会 210
意义相抵触的问题，并假设了概念的朴素性，这要么是社会科学家的幻想，要么就是有政治动机的强权实践伪装。但是社会意义真的可以毫不含糊，看起来平淡无奇，就像咖啡机的说明书?

我们必须要小心，不能将社会意义消减为通过一个学校考试所需要的知识，这会将我们需要理解的世界消减为非常狭窄的社会实践。我们用来学习的工具，还有处于其中并由其分配的社会意义，都是社会劳动的产物。因此，它们受到社会中的不确定、冲突和矛盾的影响(举几个例子：刀、性别、异化、平等、友谊或手机)。“处于”和“分配”两个术语并不仅仅指语义空间，也指社会战场(包含它们的差异)，因此也指以特定视角解释社会意义时所持的特殊立场。因此，从方法论上讲，社会意义并不仅仅是命名不同事物的名词；它们也表明特殊的社会、政治和认识论立场，包括主体对他/她在社会中特殊地位的认知。我们可以拿“刀”来举例，我们可以用它切面包，也可以用它割我们的静脉。在基督教文化中，自杀被视为应该避免的罪愆，但在日本的武士道文化中，自杀被视为德行的顶峰。因此，如果一个人学习或者应该学习如何使用一把刀，他会学到什么?哪些社会生产的意义是“刀”提供给学习者的?甚至是一把刀——作为社会现实的一部分，以及作为构想/反思这一社会现实的实体——也指向社会现象的，用拉夫和温格上面的话说，“意义的协商性”。

正是社会意义的这一模糊性和矛盾性，为主体的学习开启了多种相互冲突的可能性。如果社会意义真的可以被认为是确定的技术，仅仅需要记住就可以，那么研究真实主体在他们的社会现实中如何行动的实证研究就是完全多余的。学习会容易得多，因为信息可以从社会现实的广泛描述中推导而来，而学生仅仅需要被"指导"(或是"转移"信息，或"教导")。在这里，学习就仅仅是一个催生和执行的技术过程。但是这与我们的社会现实、需要和人类潜能相去甚远。学习总是学习矛盾，通过矛盾来学习——在社会有争议性的意义中学习。社会现实中的矛盾也在我们的学习方式，我们的学习实践中，非常明显；其对我们而言是主题，而不是等待被填满的语义空白，像一杯水或是一个银行账户。用弗里加·豪格(Frigga Haug)的话说：

> 矛盾遍布个体的经验和记忆，是空虚、沉默、麻木、否定，是想要从压抑中解脱……这样的矛盾在学习中被体验为危机，与熟悉的断裂、动荡和混乱。因此，学习的压力是由窘迫和困难的情境带来的。(2003b，p.212，由作者翻译)

211 因此，学习——作为对处于和分布于社会意义中的行动可能性的参与——不能被下降为对这些意义的特定语义学进行积极或消极的内化；它要求主体对其中固有的冲突、矛盾、政策、战斗、立场进行对抗和回应。因此，学习者主体感受的展开是一个生产性和变革性的过程，不能被消减为对外部信息——被认为是中立的和技术的——的内化。主体感受的出现依赖于一个特殊的实践，我们可以称之为主体符号学(Brockmeier，1988)。在我的学习活动中对抗矛盾必然包含妥协；也潜在地需要学习沉积物的移除或消磨，以及基础性的再学习，但是其也同样需要创造性的、巧妙的整合和转换(Mergner，1999)。

从学习主体的立场理论化学习

由于学习活动位于学习主体一侧，而不是教学一侧(并不排除教师也可能成为学习者），对学习概念进行精确的阐释要求学习理论的视角进行根本性的转变，并发展参与学习的概念，从学习主体的立场进行系统地结构化。用拉夫的话说，“关于学习的问题几乎总是由研究教学的教育研究者来回答。这一灾难性的捷径将学习等同于了教学。”(1996，p. 158)因此，她呼吁“倒转视角，学习研究至关重要的关注点从传送者，即教师或照顾者，转向学习者”(同上，p. 155)，以及“将学习者作为主体来分析”(同上，p. 158)。在下一步，我将更为详细地研究这一任务，勾勒出从学习者主体立场系统发展而来的学习理论的基本概念。在阐述这一取向时，我们借鉴了霍兹坎普对学习的研究，并基于学习和教学的关系拓展了他的视角。

霍兹坎普解释道，从学习者的立场来看，学习是日常生活中不断进行的活动的固有组成部分。在我们生活行为的几乎所有方面，我们都会以新的方式看、体验、做和认识事物，而在这个过程中，我们会不可避免地学到关于我们自己、他人和世界的新事物。基于行动理论传统，霍兹坎普将这描述为共同学习或**偶然学习**(布尔迪厄和帕斯隆使用**渗透学习**一词，Bourdieu & Passeron，1979)，而与**有意学习**区别开来。有意学习指的是从日常活动流中脱离出来的一种活动，学习本身成了主题。这一学习行为 212
是由一个打断，一个生活行为中的问题而开始；在不断进行的日常活动中，主体发现自己面临困境，他们无法继续按照自己的意愿行事，他们也无法在过去的视野里按照自己的愿望前进。换句话说，困境只能靠新的动力来解决：学习。出于这个原因，霍兹坎普谈到**学习循环**，构成有意学习的兜圈子；学习带我们走上一个环岛路线，最终——不管成功与否——都会回流到我们的日常活动和生活行为。

因此，在有意学习中，一个行动问题被转化为**学习问题**，而由于学习活动有着意图(不一定要在脑袋里面完全清楚)，想要推动某物(最初的问题)，霍兹坎普谈到了**学习行为**。学习问题对于学习存在的问题，或许我们现在可以更精确地说，对于学习行为，至关重要。没有学习问题，就没有真正的学习。学习问题也可以从其他人(比如说教师)那里来，或者和其他人一起发展——但是，重要的是，学习者视学习问题为他/她自己所有。

“学习不会自己开始”，霍兹坎普强调：

> 仅仅因为我收到了来自第三方的某些要求；我的学习不可能由某些需要对学习负责的人(例如教师或者学校领导)在我的头脑之外进行规划。将我置于学习**要求**之下本身不会带来学习**行为**，因为要求仅仅在我有意识地将之纳为学习问题时才成为行为——而这反过来，至少要求我意识到这里真的有东西可学。(1993，p. 184，由作者翻译)

由于学习并不局限于日常生活不断进行的活动中的偶然学习，其本身也表现为特殊的行为，而由于每一个行为都是基于理由的，因而霍兹坎普继续追问，学习者对他们的学习活动会有什么理由？这一问题指向学习行为的语境基础。霍兹坎普注意到，对于学习，我们可以区分出两种典型的主体理由。它们如何实现取决于在多大程度上主体仅仅视学习为避免限制或威胁的手段，还是视为提供潜能来扩大他们对自己生活状况的影响力，并提高他们生活的质量。因此，他总结道，我们可以区分学习的防御型理由和扩张型理由——简言之，**防御型学习**和**扩张型学习**——后者通过学习扩大我对自己生活状况的影响力，而前者寻求避免预期的机会减少，我是该拒绝学习，还是保护已有的机会？

因此，在防御型学习中，我学习是因为否则的话我会受到可能制裁的威胁：例如，我参加一个课程仅仅因为它是完成我的学位所必需的。于是在防御型学习中，主要的目标不是对学习内容或问题感兴趣，而是展示学习结果，因此避免或规避与不能满足特定的学习要求联系在一起的可能威胁和限制。从这个意义上说，防御型学习主要是由他人控制和指导的，且很大程度上与所学内容无关；防御型学习的各种理由甚至可能导致研究问题本身的消解，而将学习要求重新解释为仅仅是为了达到目标而提出的行动问题(没有学习)，比如说会提出这样的问题：“不管我在这个过程中是否学到了东西，我怎样才能通过考试？”

213 正相反，学习问题是扩张型学习的核心。在这种情况下，学习主体承担了预期的努力和学习的风险，假设通过学习增强对世界的理解将会增加对他的或她的生活状况的影响力，也会带来更高的主观生活质量。因此，在扩张型学习中，学习过程并不是为了满足外部要求，而是导向事实必需，这些必需是在接受学习问题的过程中，以及从事仍有部分不可及的学习事项的过程中出现的。“所有学习(克服学习问题)”，霍兹坎普解释道，“都用于丰富我对世界的理解，并增强我影响自己生活状况的能力，因此从意图上说，是‘扩张型学习’”(1996，p.125，由作者翻译)。

防御型学习和扩张型学习都是分析性概念，即并非从外部对他人的学习过程进行分类或评级的术语。相反，这些术语从学习主体的视角提供了对学习过程的理解。这里应该注意到，一个学习活动可能同时包含防御型学习和扩张型学习两者的元素。

霍兹坎普补充道，扩张型学习包含两个关键阶段——亲和学习阶段和确定学习阶段。亲和学习阶段的起点是学习问题以及我们看起来没有取得进一步进展的地方。在亲和学习阶段，我们让自己暴露在学习事项中，并用另一种方式思考它，试图找到不同的进入模式来使我们前进。鉴于学习事项可能部分不可及，暴露和从事它的过程会导致一系列不可预期的困难。因此，学习不可能简单通过建立直线学习计划和对预期学习目标进行线性跟进来获得成功。相反，目标指向绝对化本身常常会导致单面性、固定性等，而扩张型学习正是试图克服这些问题。因此，在真正有效的扩张型学习中，目标导向学习过程往往辅之以在学习过程中正好相反的亲和运动；这是一个去中心化的探索性运动，获得距离和概览，退回和沉思等。用人类学家蒂姆·英戈尔德(2015，chap.4，p.103)的话说，这更是一个注意的过程，而不是一个有意的过程(也参见 Højholt & Røn Larsen，2014，p.65)。霍兹坎普强调，亲和学习阶段在本质上要求“威胁、紧张和压力的消失，即信任可能性，而最重要的是(包括全部这些)：平静和安宁”(1993，p.485，由作者翻译)。

确定学习阶段是亲和学习阶段的补充。在确定学习阶段，我们以开放性为中心，从丰富性中综合和提取本质，将学习问题提升到新的高度——

直到，在新高度的基础上，新的困难出现，再一次需要新的亲和学习阶
214 段。因此，亲和学习，包括其与确定学习的交替和相互作用，是学习过程中的决定性阶段。正如霍兹坎普所强调的，“亲和学习阶段和确定学习阶段的交替是……扩张型学习模式的组成元素”(1993，p. 481，由作者翻译)，没有它，真正的学习，创新性和新思维就不可能发生。

霍兹坎普学习理论的优势在于，它系统建立在经验和行动理论的基础之上，从学习者的立场对学习进行概念化。他引入的概念，比如偶然学习和有意学习，学习问题，防御型学习和扩张型学习，或者亲和学习阶段和确定学习阶段，都与个人主体的学习活动相关。但是这些名词与个体学习的关系如此密切，它们是否过于狭窄甚至是个人主义？尽管霍兹坎普试图在他的研究中详尽包括学习的社会前提，但是他的关注点落在机构学习关系(尤其是学校)及其对学生学习过程的影响(如 1993，chap. 4)。他并没有系统地处理学习的主体间维度以及学习和教学之间的关系。因此，霍兹坎普的学习理论可能看上去个人主义，在这一点上需要进一步发展。比如豪格就已经认识到这一问题，基于情境和参与的学习理论，他考察了学习和教学之间的关联，以及教师在学习过程中的作用(2003a，2009；也参见 Langemeyer，2005)。我们可以在下一步的论述中进一步阐述这一点：为了发展一个精确的学习概念，我们还需要一个关于学习和教学如何联系的概念。这自然是一个宏大的主题。我们在这里仅关注学习和教学的原始联系和互惠——我们认为这对于讨论我们最初的问题，即数字技术与学生学习的关联性，非常重要。

学习和教学的流动性：扩张型学习的基本元素

将一个独立的行为——学习行为——从我们不断进行的日常活动和持续的行动流(Giddens，1984)中分离出来，必须建立在已有社会分离的基础上——如果最初不是已有社会分离促成的话。由于偶然学习在社会历史进程中作为参与社会实践(例如，工作)的基础越来越不充分，必需的学习需

求和可能性在社会相互分离。如果个人主体想要或者不得不参与和参加社会过程，他们面对这些先在的社会“提供”，也必须在自己和它们之间找到定位和关联，因为这些“提供”是——作为条件和意义——他们自己行动的中介。逻辑地讲，只有将我自己和这些社会“提供”联系在一起之后，我才能承担起为自己指定特殊学习行动的任务。这种活动形式，被鲁宾斯坦(Rubinstein)称为学习劳动(Rubinstein，1958/1977)，并不是作为个人行动的主动性或必要性出现的，而是最初起源于也是为了主体对多种(预先存在且或多或少社会地组织的)实践共同体(Lave & Wenger，1991)或者行动语境(Dreier，2008；Højholt，2008)的参与。

因此，学习行为包括学习问题的提出并不是孤立的个体活动或巧合 215
(Marvakis & Petritsi，2014)。学习劳动——作为参与，参加和分享的时刻——总是以多种方式社会性地相互交织和协调；此外，它还得到整个教育社会组织的支持。这一社会组织的教育整合过程存在于学习和教学的结合中，也只有在教学和学习的结合中才能实现。

参与教育过程假定(同时也促进)学习和教学之间的辩证关系，这在每一个历史时期都得到具体的表达，即社会的组织为分离的学习关系和教学实践。由于每种机构教育(如幼儿园、学校、大学)都以特殊的方式引导和组织学习和教学的关系，因此问题在于引导的方式以及它对于特定学习事项的适合性。

在高校中，教育实践体现了学习—教学关系的特殊形式和结构。一方面，我们有学习活动，另一方面，我们也有教学活动；相应的，学习和教学之间的关系被固定为功能性的，学习和教学行为被分派到特定的工作位置：学习者成为“学生”而教师成为“讲师/教授”。这种对人进行的功能定位，就是今天大学的学习—教学实践的现实。

然而学习的历史表明，并非所有的学习关系都是以这种固定的方式进行结构化。原初的基本学习形式发生于——尚在前机构阶段——日常生活活动中，其学习—教学关系并非由功能性位置构成，而是由逻辑性位置构成。学习作为与他人相关的社会过程，在人们之中和人们之间，不断地公开在学习和教学的逻辑位置之间来来回回。这一**学习和教学的流动性**(Marvakis，2014a，2014b)形成了扩张型学习的基本元素，是富有成效而充满活力的学习关系的核心。

举个例子，你可以想象一个 4 岁的小孩意识到他不会游泳，而他和他的父母都希望他能学习游泳。父母给他们的儿子示范游泳姿势，要求他们的儿子模仿他们的动作，到水里实践它们，并从根本上内化它们。但是男孩无意模仿动作。相反，他跳进水里，躲到水下，然后让他的父亲给他买
216 潜水镜。“但是如果你不学习正确的姿势，你怎么能学会游泳呢?”他的父亲问他，并坚持让儿子模仿他，尽管看上去一点都没有成功。儿子继续躲到水下。他的父亲先是困惑，然后恼怒了。忽然间，他想到，习惯待在水下实际上对于游泳的学习过程而言是非常重要的；难道跳进水里并学习如何在水下轻松移动不是学习如何安全地游泳的基本步骤？所以他给儿子买了潜水镜。男孩学会了水下移动，之后开始掌握——和其他很多动作一起——经典的游泳姿势。不久，他就能在水下和水面上开心畅游了。

这个例子表明，学习是从一个行动问题(不会游泳)开始，它并不是简单地对知识和技术(比如游泳姿势)进行内化，而是一个共享的探索世界(尤其是身体、动作、水和空气的意义复合体)的过程，其产生的行动最先是从学习和教学的相互纠缠中获得探索性和生产性的力量的。即便霍兹坎普并没有系统地分析学习—教学关系，他的**合作学习**概念已经包含了从更为固定的功能位置转向扩张型学习中学习和教学之间流动的反复的逻辑位置的核心含义。正如霍兹坎普写道：

> 我们[使用名词]**合作学习**……来描述人际间的学习关系，在这种关系中——为了不受阻碍的扩张型学习——参与者在关注的知识或技能上的不对称性并没有被消除，而是总是可以通过寻求知识的问题来获得和证明。在这一过程中，更好的论点似乎不在与更为优越的个人联系在一起，它可以从一个人转向另一个人，但是仍然在于人。(1993，p. 509；由作者翻译)

随着正式的学习关系和机构化的教育实践的发展，将学习和教学的逻辑的流动的位置扩展为功能性位置无疑是富有成效的。将那些知识渊博者还有有能力有机会做研究的人，比如高等教育中的教师，和那些渴望学习的人结合到一起，在扩张型学习过程中提供了新的质量和可能。然而，这种新的形式已经潜藏了一种危险，那就是以倾向于转移模型的方式重新理解学习，这一倾向由于教学工作的性质而进一步加剧。高薪教师的任务是什么？告诉学生“怎样做某事”——这样，我们就已经走向了将学习和教学等同起来的陷阱，并倡导学习的概念就是知识和技能从知晓者和熟练者向未知者和非熟练者的转移。

然而，仔细检视高等教育的教学和学习状况就会发现时至今日，学习和教学的流动性已经是一种关键的学习形式，即使它并不是唯一的关键形式。当被问及在什么情况下能真正学到点东西时，学生往往会强调在讨论中相互提问和相互解释的重要性，而他们老师的重要性在于作为手段让他们能沉浸到特殊的问题领域，并开始从他们的语境中理解现象。很多从事 217
教学的人也同样强调他们的工作有价值正是因为他们正进行一个持续的学习过程，和他们的学生一起，也从他们的学生那里学。事实上，我们可以在大学找到专为促进学习和教学的流动性而设计的特定学习安排(比如研讨会、工作坊、会议等)。简言之，尽管没有明确地命名，但是学习和教学的流动性确实构成了当今学术学习实践中非常真实的一个维度。

你有一个观点就会开启反对意见；我可以看到转移模型的问题，以及直接规划学习过程的虚幻，我也看到需要系统地将学习的主体维度和学习者的视角整合进学习和教学的理论。如果我们不这么做，那么我们就会生产单面的令人麻痹的学习关系，这种关系不会将主要相关人员的经验和具体的学习活动考虑在内，从而生产出比有效学习过程多得多的学习困难。此外，向参与学习的转变也要求参与式的教育结构以及支持这一取向的学习环境。然而，难道这种学习关系的发展不是纯粹的空中楼阁，和今天大学的生活现实毫无关系吗？确实，到目前为止我们的分析集中在学习活动，以及寻找能够从学习者主体的立场进行理解的分析概念，我们还没有明确地处理教育结构。但是，教育结构是最为重要的。它们形成了学习活动的社会和技术框架；它们不是(因果地)决定学习，而是推进特定的学习活动和关系并阻止其他的，它们定义着学习方式、学习内容和学习理由的可能性视野。它与学习和教学活动一起构成了学习体制。因此，为了下一步能理解数字技术和学习，我们现在转而分析大学的教育结构。我们将这些结构——与我们从学习者的立场出发来理解学习的取向相一致——视为学生的学习环境。事实上，在过去的几十年里，欧洲和美国的一系列大学改革已经建立起支持参与学习的学习环境和教育实践(例如奥尔堡大学(Aalborg University)、埃默里学院(Emory College)、马斯特里赫特大学(Maastricht University)、罗斯基勒大学等(参见 Andersen，2015)。以罗斯基勒大学为例，我们在下文呈现其促进扩张型学习学习环境的一些基本组织原则，并勾勒这些原则可以怎样在实践中实施。

高等教育的参与学习实践：从学习者主体立场出发

当我们谈到参与学习，以及学习者对其学习活动的实践的影响力，那么我们也就提出了学习者影响他们的学习环境和机构教育实践的可能性。事实上，在民主化的背景下，大学已经认识到学生参与发展教学和学习实践的必要性，并建立起各种各样的方式让学生可以影响大学生活。这些包括，一方面，在大学机构中引入正式代表机构(比如系理事会，教职工委员会等等)，就学位项目和大学的结构问题进行决策；另一方面，更为非正式的参与类型也被创建，通常与特定的学习和研究内容相关联。有些大学在学生参与问题上行动远为激进，其建立了正式的共同决定内容模式。这有一个前提，即必须有更多真正的学习而不是只是听教授讲课；其实，它一定是反过来的，学生自己能够影响他们学习的内容，并决定他们在学习中进一步深入探讨的主题和问题。

219 罗斯基勒大学(RU)成立 40 年来，这一学生参与决定学习内容的观念形成了其教学和学习实践中基本的教育原则。从第一学期开始，学生就学习他们选自特定领域的问题，问题导向的项目工作不断受到教职员工的督导（Andersen & Heilesen，2015；Salling Olesen & Højgård Jensen，1999）。此外，学校提供与项目相关的讲座、研讨会和其他活动。但是，学习的主要焦点是学生的问题导向的项目工作，其他的学习和教学形式都是围绕着这一焦点。图 11.1 来自罗斯基勒大学大学教育中心主任索伦·杜邦(Søren Dupont)，它为我们提供了大学学习环境的概览。

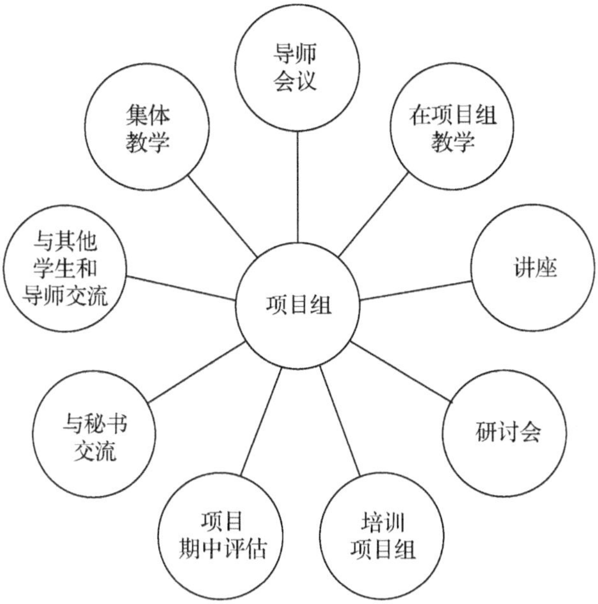

图 11.1 罗斯基勒大学学习环境的基本结构(Dupont，2013，p. 33，由作者翻译)。经许可后复制。 218

问题导向的项目工作的基本原则

与学生通过学习单一学科(比如说，心理学)的理论和实践开始他们的学位项目不同，问题导向的项目工作中的学习从当代社会的问题出发(Andersen，2015；Berthelsen，Illeris & Poulsen，1985)。通常在每一学期的第一周，会有连续三天的时间进行小组形成过程，在这一过程中，学生以他们自己的经验为基础来决定他们在项目中想要解决的特定问题或是一组问题(这些主题在第一个学期采用跨学科的取向，但是在之后的学期中会日益集中到一个学科)。由于项目组通常由4～7名学生组成，他们最初面临的困难之一就是准确提出项目所要解决的问题并且就这一问题达成一致。在小组形成的过程中，学术人员可以就拟研究问题提供建议(如将其与他们自己的研究相联系)。然后，学生可以采纳这些建议，或者提出自己的观点，与其他学生和老师进行讨论和锤炼，最终独立决定他们的项目所要处理的特定问题以及所采用的方法。只要有可能，项目就会由对所研究的特定主题最为熟悉的教员来进行指导(Andersen & Dupont，2015)。在小组与导师的会议中，所有研究过程中遇到的学习问题和学习困难都会进行讨论。在这一过程中，导师作为批判参与者进入讨论，帮助项目工作建立必要的学术基础。学生一整个学期都在进行他们的项目。正式地说，项目工作占用他们每一学期学习时间的一半。其余的学习时间将用于讲座和研讨会，其介绍不同的专题领域、思想流派和学科，旨在拓展和深化学生及其项目的学术视野。讲座通常以研讨会作为补充，在研讨会上学生以小组的形式与一名教员就讲座相关的阅读材料和问题进行讨论。

220 这一学习取向的关键因素是学生自己定义学习问题的内容，并在他们的项目中独立工作。这样，学习主体真正融入学习活动中，因为他们可以将他们在当今社会感知到的经验和行动问题作为他们的学习对象。项目工作使得学习和学生的生活行为立刻结合在一起；学生可以在学习过程中直接实践他们的问题和兴趣，为推进扩张型学习提供了可能。此外，由于他们自己决定自己的学习对象，他们也发展了与教职工的新型关系。学生想要从他们的项目导师那里了解他们直接感兴趣的事物；基于项目工作，他们提出问题，帮助他们更好地理解自己的问题并改进他们的研究。此外，反过来，教员也向他们的学生学习，学习他们提出的问题、采取的理论和方法路径、经验洞察力以及他们在项目工作的过程中所经历的所有问题和困难。

这样，与项目导师的会议以及所有其他与项目工作相关的讲座、研讨会等，呈现了促进扩张型学习和学习和教学流动性的学习环境。当然，扩展学习空间只是代表了扩张型学习的可能性。它不会自动带来扩张型学习。即使在一个扩张型学习的环境中，学生也有足够的理由仅仅想要通过一个项目，而不管他们在此过程中是否真正学到东西。但是，如果没有这样的环境，扩张型学习的可能性就会严重受阻。

促进扩张型学习的学习关系并不独立于社会发展，也不会没有矛盾。比如，RU 模式也必须定期处理各种矛盾，例如在项目工作的考试中。在考试的情境中，教员从学习和教学的潜在的流动的逻辑位置上脱离，被强行放置于考官的功能性位置，她/他给出的等级在决定学生的未来机会中有着一定的作用(出于这个原因，RU 成立后的第一年没有考试或评分；而是学生和教员一起对项目进行批判性评审和评估。但是 1974 年，丹麦科学部[Danish Ministry of Science]——其职权范围也包括高等教育——命令引入考试。今天，这些考试以小组考试的形式进行)。有意思的是，尽管所有的矛盾和不断增长的标准化高等教育的压力(例如，通过实施博洛尼亚进程[Bologna Process])，自我决定问题导向的项目工作的原则已经完整发展了 40 多年，而且今天看起来前所未有地有活力。RU 模式表明，在大学发展扩张型学习关系并非异想天开，而是——至少在某些大学——牢固确立的现实，它的基本要素——首先是问题导向的项目工作——也被学院和其他大学所采用。

数字技术、扩张型学习、学习和教学的流动性

在今天大学的学习环境中，数字技术扮演着双重角色。一方面，电 221
脑、iPad、手机、电子邮件、互联网等，构成了学习关系物质基础的重要组成部分，可用于个体的学习活动；另一方面，数字事物并不仅仅是组成部分，而是学习关系本身的构成时刻。这不仅因为数字事物，相互联系，形成了一个对象间的网络，因此不能仅仅被视为用于特殊目的的手段，而应该更为准确地被视为矛盾的生活形式(Winner，1989)或物化行动(Schraube，2009)；也因为基于新技术，电子学习空间和平台得以建立，

构成了一种全新的虚拟学习环境和学习实践。这场学习关系的数字重构运动从根本上转变了学生的学习。这场运动并非没有矛盾和不一致，这些矛盾和不一致推进了特定的学习活动和关系，但是阻止了另一些。因此，有必要对大学数字化学习关系的辩证进行批判性检视，也有必要对这一过程对学生学习各方面的影响进行详细的分析。综上所述，我们现在就数字技术在多大程度上可以有助于扩张型学习与学习和教学流动性的发展提出一些想法。

数字技术和扩张型学习并不是对立的。相反，数字技术实际上有效地扩展了学生的学习过程和探索性的项目工作。然而核心问题在于，它们在哪些确切的点上与学习活动真正地相关，并可以实际地支持和强化扩张型学习的各种活动和阶段？数字技术在决定性的学习阶段只能发挥次要作用——尤其是学习问题的提出以及亲和学习阶段和确定学习阶段。在这些学习阶段，主体自己必须对学习问题进行关注、思考和反思，数字设备和系统对此顶多只能提供有限的支持。但是，扩张型学习建立在对客观知识文字、视觉或者声音形式的获取上，数字技术可以在学习过程中发挥重要的作用。它们极大地促进了对相关来源知识的搜索和利用，并提供了新的获取和使用经验材料的可能性。数字技术也可以作为学习和教学流动性——这是扩张型学习的中心环节——发展的催化剂，因为它们可以提供全新的方式获取文本、材料和其他知识来源，而这些都可以在共享的——和互动的——过程中进行思考和讨论。

这里我们可以举一个在方法课上讨论访谈实践的例子。作为课堂练习，学生就他们现有项目的问题相互进行访谈。这些访谈被数字化地记录
222 为音频和视频，然后直接上传到课程的数字平台。从那里，它们可以被投影到研讨室的智能板上，由一小组学生和教员进行分析。由于讨论的是如何发展和更好地理解访谈中的对话实践，所以通过访谈者对这一目标的实现程度来考虑他们的贡献。在这个过程中，教师和学生的功能性位置转变为所有参与者学习和教学的流动往复中的逻辑位置，以及对学习问题——访谈实践——的集体沉浸。当然，没有数字技术，这一位置转变也是可能

的，但是数字技术使得材料能用新的简便的方式以不同形式（视频、音频、文本）呈现于小组面前。此外，由于数字技术允许对材料进行交互式处理，它们为参与学习过程的人发展学习和教学的流动性开辟了全新的可能性。

但是我们也可以看到反向的运动。扩张型学习要求学习关系同时在学习**环境**和学习**内容**支持学生的影响力。但由于数字学习平台和在线课程对相关学习主题在时空上进行了重构，也带来单面认知和等级化学习关系的新的可能性，潜在的影响力正急剧地转向教师以及行政/管理人员一边。传统的非数字课程是在确定的时间段内在校园里确定的研讨室里进行，而虚拟教室全天候开放，可以从任何地方在线接入。这不仅极大地扩展了对教学时间和教学空间的使用潜力，同时也极大地扩展了在空间和时间上对学生及其生活行为的进入，开启了详细记录他们行为的可能。这种由“教室”向“控制室”的急剧扩展，可能带给教师更多的监管和调控，包含了回到学习的转移模型和使学习和教学的流动性陷入瘫痪的危险。学习和教学活动被锁定在功能性位置，而教师自己定义规定课程和内容，学生不得不在数字空间中“学习”规定好的内容。这种参与的错位以及对教学和学习同等化的重归并不是学习关系数字化的必然结果。然而，目前的数字系统和电子学习实践结构性地成为教师和行政人员的可能性——这非常明显，因为我们将数字学习平台（比如魔灯[Moodle]）称为**学习管理系统**。学习被认为是教师可以进行行政规划和管理的过程。但是，这种反转在电子学习的理论和实践中最为明显。“什么是电子学习？”露丝·科尔文·克拉克（Ruth Colvin Clark）和理查德·梅尔（Richard Mayer）在他们的书中就这个话题问道，并解释：“我们定义电子学习为通过光盘、因特网或者局域网用电脑传递的指令。”（2011，p. 10）事实上，对于**电子学习**的讨论通常只涉及**电子教学**，其教学概念系统性地排除了学习的主体维度、学生真正的学习过程和他们的日常生活行为、还有学习事项和社会意义的冲突性和矛盾性。在这里，社会意义似乎只被视为毫无疑问的给定，而不是学习行动中需要探索的冲突和问题。

此外，学习管理系统，电子教学和在线课程的发展必须在今天对教育 223

进行功利利用的社会语境中历史地看待。科技史学家戴维·诺布尔(David Noble)在对北美大学的教育实践数字化进行政治经济学分析时指出：

> 我们现在正目睹大学教育功能的商品化，课程变成了课件，教学活动本身变成了有利可图的专利产品，可以被拥有，也可以在市场上买卖……大学……正在成为版权视频、课件、光盘和网站的生产基地——同时也是主要的市场。(2004, p.27)

诺布尔的分析表明，在数字化、市场化、电脑和出版部门以及大学管理的应用利益的语境中，数字课程变成商品化的产品，以一种新的冻结方式，不断地撤出学生——同时还有教师的影响力。然而，这种单面的固定结构性地将扩张型学习(例如学生的学习兴趣，研究问题的自主提出，亲和学习阶段和确定学习阶段的可能性，对矛盾的学习取向)所要求的基本前提条件排除在外，深刻地将数字学习环境刻画为教师和学习者的辩证定位，以及仅仅权威知识的转移。

大学学习关系的自动化和数字化的社会声势不应该被低估。即便“自动教授机器”的想法(Winner, 2014)可能只是一种夸张，但是在它夸大的方向上，实际的事件正在迎头赶上(例如，韩国的学校使用机器人教师，Sang-Hun, 2010)。随着教学和学习的日益同质化和主体学习活动的进一步去人格化，教学和学习过程中富有成效的、对话式的动态性正在变得僵化。因此，扩张型学习关系的发展要求全面的理论和实践论证，从学习者主体的立场，不断分析数字技术对学习活动的潜力和局限。界线必须精确地划定；如果不这样的话，其就会给学习实践及其最富成效的环节——学习和教学的流动往复——带来严重贫瘠化和冻结化的危险。

参考文献

Andersen, A. S. (2015). History of Roskilde University. In A. S. Andersen & S. Heilesen(Eds.), *The Roskilde Model: Problem-orientated Project Learning and Project*

Work (pp. 63～78). New York: Springer.

Andersen, A. S. & Dupont, S. (2015). Supervising project. In A. S. Andersen & S. Heilesen(Eds.), *The Roskilde Model: Problem-orientated Project Learning and Project Work* (pp. 121～140). New York: Springer. 224

Andersen, A. S. & Heilesen, S. (Eds.). (2015). *The Roskilde Model: Problem-orientated Project Learning and Project Work*. New York: Springer.

Berthelsen, J., Illeris, K. & Poulsen, S. C. (1985). *Grundbog i Projektarbejde: Teori og Praktiskvejledning*. Copenhagen: Unge Pædagoger.

Bourdieu, P. & Passeron, J.-C. (1979). *The Inheritors: French Students and Their Relations to Culture*. Chicago: University of Chicago Press.

Brockmeier, J. (1988). Was Bedeutet dem Subjekt die Welt: Fragen Einer Psychologischen Semantik. In N. Kruse & M. Ramme (Eds.), *Hamburger Ringvorlesung Kritische Psychologie*(pp. 141-184). Hamburg: Ergebnisse Verlag.

Colvin Clark, R. & Mayer, R.-E. (2011). *E-learning and the Science of Instruction: Proven Guidelines for Consumers and Designers of Multimedia Learning*. San Francisco: Pfeiffer.

Derry, J. (2008). Technology-enhanced Learning: A Question of Knowledge. *Journal of Philosophy of Education*, 42(3/4), 505～519.

Dreier, O. (2008). Learning in Structures of Social Practice. In K. Nielsen, S. Brinkmann, C. Elmholdt, L. Tanggaard, P. Musaeus & G. Kraft (Eds.), *Qualitative Stance: Essays in Honor of Steinar Kvale*, 1938—2008 (pp. 85～96). Aarhus: Aarhus University Press.

Dreier, O. (2015). Learning and Conduct of Everyday Life. In A. Larraín, A. Haye, J. Cresswell, G. Sullivan & M. Morgan (Eds.), *Dialogue and Debate in the Making of Theoretical Psychology*. Toronto: Captus Press.

Dupont, S. (2013). Vejledning, Læring, Kompetence og Dannelse. *Spor: Tidskrift for Universitetspædagogik*, 2, 1～45.

Engeström, Y. (1987). *Learning by expanding: An Activity-theoretical Approach to Developmental Research*. Helsinki: Orienta-Konsultit.

European Commission. (2013). *Report to the European Commission on Improving the*

Quality of Teaching and Learning in Europe's Higher Education Institutions. Luxembourg: Publications Office of the European Union.

Freire, P. (2012). *Pedagogy of the Oppressed*. New York: Bloomsbury. (Original work published 1970)

Giddens, A. (1984). *The Constitution of Society: Outline of the Theory of Structuration*. Cambridge: Polity Press.

Haug, F. (2003a). *Lernverhältnisse: Selbstbewegungen und Selbstblockierungen*. Hamburg: Argument.

Haug, F. (2003b). Erinnerung an Lernen. *Journal für Psychologie*, *11* (2), 194～213.

Haug, F. (2009). Teaching How to Learn and Learning How to Teach. *Theory & Psychology*, *19*(2), 245～274.

Hedegaard, M. & Chaiklin, S. (2005). *Radical-local Teaching and Learning: A Cultural-historical Approach*. Aarhus: Aarhus University Press.

Højholt, C. (2008). Participation in Communities: Living and Learning Across Different Contexts. *Australian Research in Early Childhood Education*, *15*(1), 1～12.

Højholt, C. & Røn Larsen, M. (2014). Læring Som et Aspekt ved Børns Engagementer i Hverdagslivet. In C. Aabro (Ed.), *Læring i Daginstitutioner: Et Erobringsforsøg* (pp. 64～83). Frederikshavn: Dafolo.

Holzkamp, K. (1993). *Lernen: SubjektwissenschaftlicheGrundlegung*. Frankfurt/M.: Campus.

Holzkamp, K. (1996). Lernen. Subjektwissenschaftliche Grundlegung: Einführung in dieHauptanliegen des Buches. *Forum Kritische Psychologie*, *36*, 113～131.

Holzkamp, K. (2013). The Fiction of Learning as Administratively Plannable. In E. Schraube &U. Osterkamp (Eds.), *Psychology from the Standpoint of the Subject: Selected Writings of KlausHolzkamp* (pp. 115～132) (A. Boreham and U. Osterkamp, Trans.). Basingstoke: PalgraveMacmillan.

Illeris, K. (2007). *How We Learn*. London: Routledge.

Kontopodis, M., Wulf, C. & Fichtner, B. (Eds.). (2011). *Children, Development and Education: Cultural, Historical, Anthropological Perspectives*. New York:

Springer.

Kvale, S. (1976). The Psychology of Learning as Ideology and Technology. *Behaviorism*, *4*(1), 97～116. 225

Langemeyer, I. (2005). Contradictions in Expansive Learning: Towards a Critical Analysisof Self-dependent forms of Learning in Relation to Contemporary Socio-technologicalchange. *Forum: Qualitative Social Research*, *7*(1), Article 12. Retrieved from www. qualitative-research. net/index. php/fqs/article/view/76/155.

Lave, J. (1996). Teaching, as Learning, in Practice. *Mind, Culture, and Activity*, *3*(3), 149～164.

Lave, J. & Wenger, E. (1991). *Situated Learning: Legitimate Peripheral Participation*. Cambridge: Cambridge University Press.

Marvakis, A. (2014a). Learning. InT. Teo (Ed.), *Encyclopedia of Critical Psychology* (pp. 1069～1075). New York: Springer.

Marvakis, A. (2014b). *Στρατηγικές και πρακτικές μάθησης* [Learning strategies and practices]. Thessalonika: Epikentro.

Marvakis, A. & Petritsi, I. (2014). Solidarity, not Adjustment: Activism Learning as (self)education. In T. Corcoran (Ed.), *Psychology in Education: Critical Theory～practice* (pp. 129～143). Rotterdam: Sense.

Mergner, G. (1999). *Lernfähigkeit der Subjekte und Gesellschaftliche Anpassungsgewalt: Kritischer Dialogüber Erziehung und Subjektivität*. Hamburg: Argument.

Noble, D. F. (2004). *Digital Diploma Mills: The Automation of Higher Education*. New York: Monthly Review Press.

Packer, M. (2001). The Problem of Transfer, and the Sociocultural Critique of Schooling. *Journal of the Learning Sciences*, *10*(4), S493～514.

Rubinstein, S. L. (1977). *Grundlagen der Allgemeinen Psychologie*. Berlin: Volk und Wissen. (Original work published 1958)

Salling Olesen, H. & Højgård Jensen, J. (Eds.). (1999). *Project Studies: A Late Modern University Reform?* Frederiksberg: Roskilde University Press.

Sang-Hun, C. (2010, July 10). Teaching Machine Sticks to Script in South Korea. *New York Times*, p. A19.

Schraube，E. (2009). Technology as Materialized Action and Its Ambivalences. *Theory & Psychology*，*19*(2)，296～312.

Schraube，E. (2013). First-person Perspective and Sociomaterial Decentering：Studying Technology from the Standpoint of the Subject. *Subjectivity*，*6*(1)，12～32.

Schraube，E. & Sørensen，E. (2013). Exploring Sociomaterial Mediations of Human Subjectivity. *Subjectivity*，*6*(1)，1～11.

Skinner，B. F. (1954). The Science of Learning and the Art of Teaching. *Harvard Educational Review*，*24*，86～97.

Skinner，B. F. (1968). *The Technology of Teaching*. Englewood Cliffs，NJ：Prentice Hall.

Sørensen，E. (2008). *The Materiality of Learning*. Cambridge：Cambridge University Press.

Winner，L. (1989). *The Whale and the Reactor*：*A Search for Limits in an Age of High Technology*. Chicago，IL：University of Chicago Press.

Winner，L. (2009). Information Technology and Educational Amnesia. *Policy Futures in Education*，*7*(6)，587～591.

Winner，L. (2014，June 9). The Automatic Professor Machine [Video file]. Retrieved fromwww. youtube. com/watch? v=vYOZVdpdmws.

12 希望的政治：记忆—工作作为研究日常生活行为的方法

226

弗里加·豪格(Frigga Haug)

利用葛兰西(Gramsci)理论概念如何与常识相连的思想，我将理论和日常理解的关系描述为生活行为研究的一个基本挑战，并引入记忆—工作作为一种可能的处理取向。在对记忆—工作的发展进行简要概览之后，我补充介绍了这一取向隐含的以及支持这一取向的基本假设。在很短的附记中，我提到了批判心理学最近对人类主体的隐含假设进行的讨论。我对葛兰西的参考是与女性性化项目(Haug et al.，1999)的简单报告联系在一起，它为身体和感觉领域迫切的研究需要提供了最初的答案。之后我引入了记忆—工作，其个体步骤和理论基础。记忆—工作项目在两个方面与生活行为相关联。第一，通过一个普遍问题：个体怎样才能真正有权掌控他们自己的生活行为。第二，之后这一问题与四位一体观政治项目的理念联系在一起，这一项目提议在四个主要领域(工作—生活、再生产、自我发展和政治)理解个体生活，其总是受到的挑战是如何将这四个领域一起带进个体的生活行为，而不是个体不幸而从属地将整个生活花在一个或者两个领域(Haug，2011)；而这反过来，又被分解为预期的记忆—工作——换句话说，带着希望工作。

从安东尼奥·葛兰西开始

在《狱中札记》中，安东尼奥·葛兰西讨论了常识和科学之间的联系，他批评之前的作者忽视了理论的相关性：

227 他确实在常识和庸俗思想面前屈服了，因为他没有用精确的理论术语提出这个问题，因此在实践中被解除了武装，虚弱无力。未受教育和粗糙的环境主导着教育者，庸俗的常识将自己强加给科学，而不是相反。如果环境是教育者，它也必须反过来接受教育。（葛兰西，1971，p.435）

葛兰西的论述强调了以理论术语来理解日常的重要性，以便认识到日常实际是怎样进行实践的。换句话说，我们有很多工作等着我们——这些工作让人想起蒙克豪森男爵据说拉着自己的头发把自己拉出泥沼，因为我们参与和纠缠于我们的日常生活，不得不组织我们的日常生活经验，但是同时，与它保持距离，这样它就不会吞没我们。

在这一语境下，记忆—工作确实提供了一种我们可以有效采用的取向。一开始，消极地——不设定优先项和原则，不建构概念上的上层建筑然后看我们的日常生活是否适合它。取而代之，积极地——我们可以直接从我们的日常生活行为开始，精确地检视那些我们经历的危机和冲突的点，在那里旧的秩序不再运行，新的规则、习惯和路径正在寻找：简言之，哪里有苦难，哪里就有主体寻求改变她/他进行其日常生活的方式。

但是即便到那时，个体仍然会有大量的个体叙事，没有顺序没有规则，而才开始将这些纳入理论的工作。我们需要确定如何从个体中挖掘出一般——也就是理论地还原，或者换句话说，一般是如何出现在个体中的。由于日常生活在整体上是不断转变和变化的，我们必须尝试通过这些变化来把握它。

记忆—工作的起源

从政治和历史的角度看，记忆—工作始于先锋派模式的危机，其迫使一个社会主义女性组织的成员意识到，她们自己所处的状况和她们启蒙他人认识到的状况是完全一样的。写下我们自己对政治进程的记忆，我们发现我们必须与诸如羡慕和嫉妒这样的堵塞情感相斗争——我们认为自己已经克服这些情感很久了——并与无能相抗争。但是我们也发现，反过来，我们拥有某些不寻常的技能——例如，多亏了我们的教育，我们有能力抽象思考并与我们自己保持距离。要理解这是什么意思，我们不妨回顾一下记忆—工作的起源。

我们发现自己是这些社会关系的产物时，受到了极大的震动，我们推 228
导出五个经验教训。这些在下面进行阐释的经验教训类似于基本定理，标志着记忆—工作的开启。

a. 我们错误地认为自己是女性运动的某种先锋；即使我们从未直白地表达过，但是我们含蓄地相信这一点。然而，作为相同社会关系的产物，我们意识到我们和其他女性一样，有着相似的标志，遭遇相似的阻碍，有着相同的缺陷和可能性。这一观点改变了我们的长期政治，而对我来说，也改变了我对如何进行研究的看法。为了弄清楚女性的社会化过程中到底发生了什么，我们可以实际地将我们自己和彼此作为“经验材料”和“研究对象”——这一取向同时让我们的研究变得更容易也更困难。

b. 我们需要认识到我们也在再生产着主导文化和意识形态。因此，我们也需要研究这些语境，将我们的生活作为文化和意识形态的女性生产者来检视。

c. 我们痛苦地获得了语言政治的知识。从很早以前开始，我们就具体地体验了语言是如何通过我们来行为政治的，它并不仅仅是一个或多或少可以熟练使用的工具。

d. 我们意识到，在追溯知识理论或是其他社会、文化等等理论时，我们无法谈论女性，我们感到这是我们自己无效能。但是现在我们认识到，这是因为女性在这些理论中完全缺失。

e. 我们认识到我们面前是一大片未知的领域——女性如何让自己进入社会。身为女性，我们是这方面的专家，“知道”这一点是怎样做到的，因为我们日夜这样生活着。

这些观点既让人痛苦又让人着迷。总的来说，我们已经学会批判在某种程度上外在和独立于我们的结构，然而将我们自己视为那些社会关系的一部分，我们就面临这样一种需要：我们有必要视自己为再生产着这个社会，并在我们的身体和心灵中，以及通过我们的情感和思维，与它纠缠在一起。改变我们的政治很困难，但是发现自己就是一个研究领域，并说服全德国和国外的其他女性也这样认为则令人着迷。改变我们自己甚至更加困难：我们应该怎样处理我们的感觉以及我们自然而然构思日常实践的方式？我们应该怎样解释我们所感受到的情感、态度和日常实践之间的联系？这是记忆—工作的诞生。它开始于著名的行动者—受害者争论：女性压迫的主张只有将我们自己如何参与其中，积极地自己再生产了这种压迫考虑在内，才能被理解。

主体概念的简单附记

229 这一争论指向批判心理学中的一个讨论（尚未解决），在进行主体研究时，我们必须澄清如何对人类主体进行概念化。根据我对乌特·欧斯特坎普（如 Ute Osterkamp，2015，chap. 8）的理解，她目前认为主体是被现行权力关系所腐化的，准备好压迫他人来行使自己的行动（即使只是限制性行动）。她尝试找到改变这种情境的方式，即通过共同努力改变世界。她和我都有着指向解放的批判意图。然而就我而言，我认为主体是脆弱的，本身就是一个战场，在其中它与现行权力结构相斗争以便行使自己的意志行动。在这个过程中，主体体现着国家，或多或少和它一起安排自身，也提供着抵抗。差异不仅存在于他性的维持方式中，即性别特异性，而且也在其建立过程中。我把性别关系视为生产关系；换句话说，男性和女性的相互地位是与权力关系交织在一起的。因此，在我的研究中，我需要提出一个复杂的问题：主体是**怎样**同意被支配的？——相比之下，欧斯特坎普问的是**为什么**主体同意行使支配——实际上这是一个指向男性的问题。于是，基于怎样问题，我需要以各种方式对日常生活行为进行全面的探究，我也不知道我会发现什么。

工作个体记忆的进一步支持

我的记忆—工作项目的灵感和支持持续而主要地来自马克思主义哲学，还有纯文学，尤其是克里斯塔·沃尔夫(Christa Wolf)，赫伯特·马尔库塞(Herbert Marcuse)，沃尔特·本雅明，以及作为具体例子的安东尼奥·葛兰西的作品(更具体地描述参见 Haug，1999，pp. 23－42)。

葛兰西的常识概念同时包含了两个维度：共同的思想和观念，充满偏见和迷信，但与此同时有着拒绝被愚弄的基础，由此提供了建立的基础。葛兰西在不同时期和不同意识状态下都反对一种观点：常识经验是不加批判地积累起来的，然后当需要时，可以选择这一个或者那一个，拿来合法化或者解释个人自己的行动和决策。相反，常识不仅是个体参与世界并寻求行动来满足他们需求的基础，而且还阻碍了他们通过行动获得解放的能力。常识是矛盾的；至少，它是不连贯的。个体的理性基础是基于文化的，也依赖于集体的个体实践，而他们如何参与世界是嵌入其中的。因 230
此，一个人可以用科学方法获取知识，但是在很多日常决定中仍然受迷信指引，为所有人的福利安排事情，在思想的另一个维度中，相信将所有权力和行动交给一个领导者是很合适的。因此，葛兰西得出结论，每个个人必须依靠她/他的判断的成熟程度，以及她/他是否可以声称这些判断是与这一年龄最为先进的思想相称的，来对她或者他自己进行说明。因此，葛兰西指出对我们自己内在的常识轨迹制定一个清单非常重要；通过观察和重新排列这个清单的过程，我们可以有更大的能力在自我肯定的意义上行动(Gramsci，1971，Q. 11，§ 12)。

女性性化

记忆—工作开始于这样一个假设：其探究始于一次个人危机，它政治地拒绝先锋模式，而最初产生于待在一起的简单愿望——成为一种新的政治家庭。这伴随着一场理论危机。我和沃尔夫冈·弗里茨·豪格(Wolfgang Fritz Haug)一起开了一个关于性(sexuality)和权力的研讨会。我和我的社会主义女性小组一起来的，我们可以轻易理解性和身体的理论，但是同时，又不能理解它们，或者说不能认同它们。我们只能记忆它们，但是不能真正地承认它们。在这段经历之后，我们开始了性化的研究，一直研究了两年时间。我们将我们的发现写成了一本书出版，现在已经成为记忆—工作的经典文本(Haug et al.，1999；关于讨论参见论文集 Hyle，Ewing，Montgomery & Kaufman，2008)。

在当时，我们的女性性化项目很像是一个实验，对我们自己身体的关系存在犹豫和疑问——这一问题找不到最终的答案。我们很快就发现，像我们的身体这样具体的东西被证明是一种概念抽象。我们不会遇到我们的身体本身，而只是它的一部分。每个人都是对不同的部分有着不同的问题——胃、腿、乳房、头发、鼻子、嘴巴、下巴等等，每个地方都有缺陷和污名需要纠正，而如果被证明不可能，它们就不得不用欺骗隐藏。其具体是怎样发生的是一个经验问题。关于这一主题的大量材料可以在欧文·戈夫曼(Erving Goffman)的《污名》(1963)一书中找到，这本书总是一读再读，收获满满。在这一领域，在完全无能力中，一个人获得能力和内疚，因为你并不是你呈现自己的方式，你总是冒着被发现的风险(我们在实践中采用了意识形态理论项目的名词：能力/无能力；也参见 Haug，Haug & Jehle，2010 中的条目)。

简言之，身体快速成为规则和抵抗，以及最重要的：内疚、道德、意识形态和国家的丰富宝库，它使用它的规则指导我们的行为——例如，通过堕胎法律，也通过我们如何对待我们的身体的规则，它的大小，营养处方，锻炼等。

我们提出的第一个命题包括这样的假设：将身体分成各个部分，在要求服从的外部规则下，向权力和屈从敞开了大门，并扎根于道德的意识形态中。我们对身体的不同部分成立了工作小组——为了建议谁会在我们的第一个项目中处理乳房或胃的主题，我们自己将项目中的女性分为“稳定的”和“不稳定的”。然后我们建议后一组女性研究她们自己与比如说头发的关系，因为我们认为这些主题更为中性，情感负担较轻。但是，头发更为“中性”的想法被证实是严重的错误，因为，当然，头发(毛发)并不仅仅长在头上。这一研究的详细情况可以在关于项目的书中找到(Haug et al.，1999；也参见 Haug，1992，1999)。书中也包括了对后面的方法论指南的第一次讨论。 231

记忆—工作：理论和方法概述

我们需要检视一些基本的假设，来澄清记忆—工作方法是否可以被证明是丰富生活行为研究的合适路径。这些假设不是项目的新发现，并非第一次应用于记忆—工作。相反，它们结合了各种立场，有些来自文化历史学派，有些来自批判心理学、马克思主义和语言学理论。在下文中我会勾勒记忆—工作的一些基本理论指南，它们为使用这一方法的小组所熟悉，也为这些小组所讨论。

基于一般假设：人格的构建就像被记录下来的场景的意义一样，有消除矛盾的倾向，从整体上看，语言是被政治地使用的；在这样的假设语境中，写下来的记忆被系统性地进行分析和考查。她们被建议按照顺序依次进行以下步骤：写下作者自己在场景中的特征、行动和情感。目的是发现意义是怎样被表达的，以及在整体上语言是怎样被政治影响的。以这种方式将记下的场景分解为个体的组成部分后，只需要一步就可以得出结论：我们是怎样建构自我和他人的。回过头来看，你会发现最初明显的问题已经最终转变成不同的问题，能在表面以下进行解读，这实际上就是作者想要被人听到的第二个信息(后面还有更多的论述)。

处理个体记忆的分析步骤从建立自我建构到他人建构，最后到问题置换。

既然个体创造他们自己的历史——但是不是随心所欲(马克思)，我们认为这也同样适用于个体人格的建构。为了鼓励距离和更为轻松的取向，有必要推动自我成为改变状况的一个组成部分，第一步就是思考这一建构中的接合点——换句话说，改变要想成为可能，行为、思考和情感看起来自明的方式，必须被转变为“非自明”的状态。在记忆—工作小组项目中(其总是一个小组，因为小组是工作所必需的，作为镜子，作为异议、肯定或幻想)，这一过程是通过对记录下来的日常场景进行提问来完成。这些问题与写作——语言和建构的选择——的共同假设相关。这些假设，正如有人会说，是关于写下场景的语法问题。同时，基于对很多写下场景进
232 行讨论获得的经验，我会建议不让这些文本太过抽象，脱离现实世界。我在这里还包括了一个初期的实践指南，读者如果不打算直接进行记忆—工作的话可以跳过。

他人在场景中是怎样被建构的？第一个答案和洞察：他们几乎总是不可见

抽象而言，每个参与者都知道，没有人可以离开他人过自己的日常生活。由于这一记忆—工作小组特别涉及想要集体地生活女权主义文化的一部分，因此所有的小组成员都视个体女性的自我感知——像荒岛上的鲁滨孙·克鲁索(Robinson Crusoe)不得不自己解决一切——为可耻的，需要个体努力进行解决。

同时，小组应该讨论追溯事件到人格、无法感知到他人以及社会环境等因素，这些因素有助于形成在我们个体主义社会中得到文化支持的自我感知。在这种情况下，发展我们自己的文化成了迫切的任务，事关个体的发展和自由。

对自己人格的建构如何发生？

我们的人格不是天生的，不是被赋予我们的或是预先注定的。相反，它们是由自我建构的。这一在预先存在结构中的自我建构意味着人格有故事，有过去。我们从苏联早期的文化历史学派，即维果茨基和列昂捷夫

(Leontiev)那里获得这种见解。我们赋予自己的角色以意义，并利用这种意义，或者利用对我们人格的理解，来决定我们在近期以及遥远的未来所采取的步骤。

消除矛盾是记忆的一个重要策略

我们倾向于忽略任何与我们呈现给自己和他人的统一形象有冲突的东西。例如，如果一个人想要给人留下有能力、有活力和爱玩闹的印象，其就会很自然地将所有不平衡、恐惧和不安全的迹象全部藏起来或掩盖掉。正如葛兰西所言，自我协调一致地工作很重要，但是这需要自我反思，在行动理由相互矛盾时仍能保持行动能力。任何运动的开始都有矛盾，这些矛盾提供了前进的动力。而当我们把自己的想法呈现给他人时，却很容易掩盖不确定性，我们可以很快处理好而仅仅呈现一幅连贯的图景。在自我的叙事版本中，矛盾常常以间隙和空白的方式出现在叙事的主线中，之后需要加以掩盖——例如，当某人将她自己塑造为成长期与父母抗争的斗士时，她只会顺便在另一个问题中提到她有 7 个兄弟姐妹；再比如当和谐被报告时，它其实要求看似不可理解的仪式，比如总是在固定的时间会面，人们相互之间也无话可讲。个体资料充满了不一致，仅仅运用葛兰西所谓的常识(sensu commune)，即在对叙事进行集体讨论时常识的“健康”部分，人们就能识别它们。这种消除矛盾的行为多半是半意识的，随着我们记下不合适的细节，它们在记录下的经验中就变得易于识破。解构工作的主要目的是在我们的经验中将这些矛盾和突破点勾画出来。它以全新的方式呈现它们，并将它们与生活的其他发展、选择或方式联系在一起。因此，为了促进变革，我们必须打破同一性如墓地般的静默，创造出精神上的不安感。当我们获得这种精神上的不安感时，我们可以意识到这种情感是令人不安和不稳定的，记忆—工作就开始了。 233

意义的建构

在我们的日常生活中，我们努力赋予自己连贯的意义，营造出我们所相信的自我形象。在每一种交流情境中，我们都试图表达这一形象，或者向不同的受众呈现不同的形象。意义建构是一个连续的过程。我们谈论自己，并期待他人以我们想要的形式接收我们发出的信息。因此，意义建构也是一个需要他人认同的过程。意义主要通过语言来传递，但也通过手势、外表和表情来传递。

语言政治

就方法论的角度而言，记忆—工作是语言分析，研究语言被用作同意、参与和服从的媒介。因此，研究对象是文本，而不是个人。

在讨论以书面形式记录下的经验时，考察语言使用至关重要。作者在不引起怀疑的情况下如何使用语言来表达想要的意义？这一批判性分析的前提条件是认识到语言并不仅仅是我们任意选择使用的工具。相反，在我们的语言使用中，政治通过我们发声，调控着我们对意义的建构。因此，可以说，我们文化地依赖于某些我们可以获得的现成意义。当我们写作时，它们强烈地向我们推荐自己，口述着我们甚至根本没有想过要表达的意义——当我们更少反思而更多天真地使用语言时，情况就越是如此。当然，我们越是想要不突出个性，越是寻求我们经验的正常性，我们就越是会使用这些现成的意义。

234

文本解剖

当我们想要发现作者的语言是怎样表达经验意图体现的意义时，我们需要在文本中解构意义。在这个过程中，第一步是与表达意义的领域保持距离。就其本身而言，这不是一个简单的任务，因为个体经验的大多数报告依赖于同理心和同情理解，并在日常交流中成功地引出这些。于是，有一种倾向是培养同情的治疗话语，应用“心理化”的方法来关联故事。但是，这种方法和实践不仅在理论上毫无建树，而且也阻碍了洞察力，其邀请小组成员与那些不那么积极使用分析工具的人结成联盟，因此仅仅强调了对痛苦的感知(“你真是可怜的人，你的父亲真的这么坏?”等等)。

因此，与文本建立距离是绝对必要的。建立距离的一大方法是质疑文本。因为每一个问题背后都有关于主体的某种理论，我们尽量让问题越简单越好。这样我们可以更好地控制隐含的理论，避免陷入常见偏见的陷阱。对文本的问题只与语言使用相关——遵循基本的语法规则。句子包含主语、动词、宾语，也许还有形容词或副词。它们提供了写文本人的信息，她的情感和行动，以及关于其他个体的信息。以此为基础，我们将文本拆分成元素，并将它们放置在纵向的列中。这里的目标是确认作者是怎样建构她自己的——也就是，她的人格——以及她因此怎样营造意义和一致性。此外，我们也思考她如何在文本中建构与她相关的其他人。

语言的特殊性

语言的划分还包括另外一列，我们称之为“语言的特殊性”。在这一列中，我们列出，比如，叙事在多大程度上写到了非人主体。这通常揭示出作者至少是作为积极的行动者的作者，是怎样几乎完全消失，而为他人所导向的。很显然，在她所描述的情境中，她无法积极地做任何事情；她的经验是被单独呈现的，就好像非人主体决定着叙事的发展——例如，使用诸如“饥饿抓住了我”，“雾笼罩着我”，“黑暗让我吃惊”，“天空爆炸了”这样的短语，运动和活动在其中似乎被压制了。由于这些短语中的主体都不是人，因此叙事主体自己也不会积极行动。否定动词(“不跑”)的使用是另一个特殊性，还有就是使用情态动词，如可能(can)或者想要(would like)频繁弱化行动，这两者都会使叙事者在叙事中的重要性减弱。在有些情况下，叙事主体仅仅使用一到两个主动动词，或者在另一些情况下，她总是使用相同的动词，比如说“说”。这些特殊性会在下面讨论，思考不断使用同一个动词是由于语言表达的限制，还是表明了情境的绝望——鉴于情境
的展开方式，没有其他可说的了。 235

空白—间隙—矛盾

有些元素并不与记录文本本身相关，而是需要对未提及的内容进行探

究。例如，这里有一列列出“空白”——元素并没有在写作中表达出来，但是对于叙事的合理性而言，是必需的——而另外一列的标题是矛盾。这些列的含义成为项目的一部分，个体，为了保持行动，必须给予他们的叙事和自我感知一种凝聚力。然后他们需要消除可能出现在这一过程中的矛盾，或者直接忽视某些个体元素。

问题转换

在最后阶段，不同的建构在语境中是可读的，并赋予叙事新的意义——我们称这一过程为“问题转换”。在我们工作开始的时候，我们能够一致地解读一个信息，即当代常识所表达的叙事动机。但是在分析了语言的使用之后，我们现在可以读出全新的信息。这一解读通过重构获得，与作者的意图意义完全不同。然而，既然她已经写下了叙事，它表明她对自己生活的语境有着半意识的觉察。很多时候，这样的语境会被总结成这样的语句“人不可能单独完成任何事”，或者“如果你不听劝告，你就会迷失”，听起来像是被真理打磨过的鹅卵石。它们不是被表达出来的想法，但是想要被说出。

这并不意味着第一种叙事不是真实的，实际上，两种叙事都是真实的。第二种叙事表明了作者怎样从常见的陷阱——谈论她自己的相信——中挣脱出来，因为现在她已经洞悉了她对自我的建构。因此，这一步在记忆—工作过程中是最为重要的，因为它提供了超越习惯的可能路径，以及抓住其他可能性的机会。

最后建议的文本阅读于是可以与最初的进行比较——在对最初一致推导的陈述进行解构的基础上进行重构。通常，与解构过程之后引出的新意义相比，我们会很惊讶地认识到，早先的意图信息是多么贫乏和深陷意识形态之中。但是，这并不意味着一个是真实的，另一个是无效的——毕竟，两者都来自作者。环境以另一个为代价生产了这一个，这表明，我们对自己的处理方式是多么奇怪，以及我们怎样在日常生活中在模糊和知识中挣扎。

种类小结

236

每一个写作日常情境叙事的作者最先都是用主导语言写作。为了让我们理解她的叙述，她不得不用合适的情感去写作，使用理性和逻辑的结构，乍一眼，其看起来就是没有矛盾的叙事，有开头、中间和结尾。然后主导语言揭示了主导的文化模式，但是语言的使用传达了经验。因此，想象经验也是一个政治过程，它几乎自动发生。通过遵从与情感、心理过程和反应相对应的期望，一个人可以确保自己真的经历过相关的事，而不仅仅是虚构描述。如果叙述被告知是一个故事，那么表达就会自然而然强调故事了。

然而，只有描述主体可以视这一过程为发展，而不是课程目标的体验。我们假定我们可以在经验中找到半意识事物，背离和矛盾的证据，而这些通常通过不恰当的词语，无意义的片段，没有理由的沉默或者矛盾的陈述在叙事中被揭示出来。这些也是经验，但是与经验获得的主导意义相冲突。我们将单个人的经验与世界上单个人的潜力进行比较。似乎可以假设，每一个人都需要从她所处的行动状况中脱离出来，在每一个重大问题上都实现能力、自主和共同决定。她进行行动的状况有着政治和方法论的维度，也有着对主导进行批判的维度。研究小组中的每一个女性都可以分析她自己的文本，她是怎样做出妥协的，她是怎样与人达成一致或是屈从，并因此发现怎样在矛盾的结构中保持她的行动。她的生活方式、态度和处理冲突的模式变得易读，曾经是有效的解决方案，现在看起来不过适合 4 岁小孩。与此同时，你希望有完全的行动能力，全面的解决方案，有能力创造矛盾的生活文化来取代不平等的文化。从这一立场出发，你可以为更自由生活的可能性而工作，它因此而成为一个愿景，使你想要的或预测的某事得以发生的可能性。这种搜寻采取集体的形式。所需要的语言在过程中被发现，而材料是未经发现的知识已经包含于所描述的经验之中。这一过程永远不会结束。

最后回到情感：和身体一样抽象

研究像爱或是恨这样的特殊情感是明智的。要处理情感，你就必须处理语言。但是看看我们的记忆片段，它们通常不讨论情感。我们为情感预
237 留的列还空空如也。由于我们知道日常经验的叙述包含着各种各样的情感，我们至少可以说，我们没有语言描述我们的情感。在大多数情况下，似乎需要情感缺席才能让我们的观察看起来合理。

要在这样的情境中引入运动，人们可以发表挑衅和矛盾的陈述引发对这一主题的进一步研究，例如，陈述“很显然，女性——据说是一个情感性的性别——不能表达情感”，或者“我们社会的女性在情感和感觉上发生了一些事情；它们枯萎了，被禁止或者被除名了”。当活动被叙述而情感未被提及，即使我们知道这些行动被情感伴随、引导、阻碍或延续，但是我们仍然认为我们写下的叙述描述了结构严谨而有效的经验，这意味着什么？或许这可以开启一个新的研究项目。就我的经验而言，以下这点一直是正确的：在女性记下的经验中，哪怕叙述的是处理敌对情感的经验时，情感也是非常外围的。此外，以可能的人类激情为尺度进行测量，情感也必然会被小组认为是肤浅的。

我们在对动机、行动理由的处理中发现了相似的模式，动机是批判心理学分析的关键主题(在批判心理学中，意义和理由的条件和模式被进行分析，以揭示人类行动的社会中介维度)。我们额外的“动机”一列也是空白的，就好像女性的生活和行动没有动机一样。和情感问题的情况一样，这也为进一步的研究提出了建议。当与叙事者的自我建构联系在一起时，其看起来就好像“她将自己建构为缺乏兴趣的人”。如果我们考察非人主体或思考对他人的建构，那么很可能会发现女性将自己建构为无权的、弱小的或他人指向的。或者，在进行了更多的研究之后，我们可能会提出这样的假设：女性还没有获得主体地位。

有时候，情感也会被提及：例如，当爱表现为自暴自弃、狂喜、诱惑或束缚时。女性在情感方面的特殊地位需要其自己的研究，出于女性的利

益，也必须获得合适的语言。

亚历山德拉·柯伦泰(Alexandra Kollontai)参加了俄国革命，她将女性的爱写成牢笼，女性必须从中解放她们自己，并变得，用她的话说，"像风一样自由，像原上草一样孤独"(1977, S. 277；由作者翻译)。西蒙娜·德·波伏娃(Simone de Beauvoir)提出了相似的诊断，推荐并不那么激烈的解决方案——找回自己的生活来脱离经济上的从属性。这是否会带来爱所需要的自由，仍然值得怀疑。依旧复杂的是，女性抛弃自我，在生活中自己对抗自己——直到她获得她的自我。

简言之，情感的经验表明这些是没有定形，也没有知识的东西，它们控制了你，没有使你更为强大，而只让你更加弱小；关键是要找到路径利用情感来增强自己，逃离牢笼，并提供给他人。

回忆未来 238

回到日常生活行为的主题：上面的论述与这里讨论的生活行为项目有怎样的关系？在我的一生中，我的工作一直致力于分析和阐释一个人在压制条件下的行动。我的第一本书提出的问题是女性是否仅仅就是受害者——环境下的受害者和男人的受害者——它释放出一种愤怒，尤其是因为政治上的自欺欺人——如果我们不自己解放自己，它就不会给我们带来任何后果(如彼得·韦斯[Peter Weiss]在他的小说《抵抗的美学》(*The Aesthetics of Resistance*)中所说[1975/2005])。要走出从属性并不容易，因为在从属中，人们经历被其他人决定的状态，就好像它们是有意志的，并拥抱决定自己的生活会怎样展开的自我意识规定。在这个过程中，我们甚至在自己的习惯中也要面对现行文化，被日常的僵化所阻挡。如果我们脱离个体化的孤立，和其他人一起组织自身，共同挑战现行文化，我们就会发现自己面对着劳动和权力分化的社会结构的整体。

就这一路径而言，我已经发展了一个项目，在社会的不同群体中已经讨论了多年。这一名为**四位一体观**(Four-in-One-Perspective)(Haug,

2011)的项目旨在克服惯常的分化，并在一个平衡的整体中重新整合差异。该项目针对就业部门——我们在就业部门花费大量的时间谋生，同时从事社会必要的劳动——也包括世上的生育照顾，爱和友谊；它提出每个个体自己的发展，我们是目的而不是手段；最后，它提出政治管理的问题，而不是把问题留给代表们却自己承受着后果，我们从全球经济危机中已经知道得太多了。我们的想法是在人类活动的这四个领域或多或少地平分我们的时间——比如说每个都是4小时。政治地讲，这意味着争取大幅减少每个人的工资劳动时间，让每个人都有工作的权利和职责。文化上讲，这意味着参与社会相互关爱，是每个人——无论男人还是女人——快乐和职责的来源；作为一项人类工程这也意味着将自己可能性和能力的发展握在自己的手中，在文化和艺术方面，在知识方面等等；在政治上这也意味着对社会负责，真正参与激进民主。

通常，社会发生于我们。这不是我们创造的东西，所以我们不得不在给定的条件下安排自身。但是在现实中，人们创造他们自己的历史，人们必须参与生活状况以及生活方式前提的生产；换句话说，他们需要政治地
239 行动，并认为自己有政治责任。在危机时期，固守从属性明确地表明，授权责任唤起了命运和宿命观，而不是找出我们可以干预并且必须干预的点。总的来说，这也呼吁我们过不同的生活，对我们的生活负责，或者理解马克思在《关于费尔巴哈的提纲》(*Theses on Feuerbach*)(1976)中所述：不断变化的环境和自我改变的重合作为绝对命令连接生活的这些不同领域，学习艺术地生活它们，并因此通过抛弃历史的劳动分工来改变你自己的生活，这些劳动分工带来大量的从属和贫穷，却几乎没有发展(1976)。

预期记忆—工作

为了让这一政治建议从纯粹概念的层面走进我们的日常生活，我们以预期的方式使用记忆—工作的方法。最终，这是一种不同的生活行为，在这个过程中，我们有可能实际地干预并将自己定位为变革的主体。你无能

为力的观点，抓住个体的彻底麻痹，确实源自于广泛流传的观念，即从本质上讲，只有现在。我们不认为自己也在历史的进程之中，我们能够也必须从历史的运动和不断变化中汲取力量。一旦将社会的运行看作特殊权力关系中的不断变化和运动，我们就可以找出哪些维度是可改变的，并且在这些点上进行干预。要做到这一点，我们需要一个指南针来共同决定改变的方向，即创建一个理想未来的图景，比如说，想象权力的瓦解，所有人的赋权，没有恐惧的美好生活等。

因此，生活行为工程并不仅仅是回顾性的描述，更是我们一开始就想要实现的希望：乌托邦。我们已经写下了日常生活的场景，在其中，我们在上述四个领域的生活尽可能平等。具体来说，这不仅意味着让我们自己意识到自己的日常生活行为并保持记录，而且同时，以草稿的形式，逐渐加速它的变迁到我们想要的方向。通过这种方式，我们将自己的政治信念下降到日常行动的层面，而可以以一种图解的形式体验它们，同时遇到反对它们实现的阻力。

这是一个非常艰难的过程，但也不乏幽默的时刻。用最简单的话说：这一走向政治的运动试图让以前的个人生活变得不可能。它主要不在工作—家庭平衡的领域，即通常所说的工作和家庭之间有困难的兼容性的问题，而在于只有我放弃了爱和友谊，政治才有了可能。只有在那时，我们才能想到自己的发展，才有力量和时间去美学地发展。从那个意义上说，虽然晚了，但是我们可以唤醒亚历山德拉·柯伦泰对新生活的名言：女性必须走出爱的牢笼，建立她们自己的个性。

但是将幸福作为目标是完全不同的事情。这里，为了清楚地看到人们和什么交织在一起，我们需要探究我们自己的纠缠和我们所做过的断言。于是很明显，一个完全不同的社会模式只有可能在集体的文化中被启动； 240
必要的变革会挑战状况；只有一个人行动起来，其才能从自我改变中获益。换句话说，当一个人思考变化的环境和自我改变的重合，正如马克思在《关于费尔巴哈的提纲》(1976)中指出的，一个人不愿——实际上也不能——以个体行动的形式进行必要的尝试改变自己以实现其自己的幸福（1976）。相反，人们会意识到，其只有在设置了相同的社会变革目标的小组中才有实现的可能——我们可以称之为运动文化。

对生活行为的探究似乎可以更为恰当地表述，即将生活行为转换为正在等待着被改变的东西：生活的生产本身。这提供了一种可能性：可以确定相关的行动者，将它理解为一个集体的过程，将幸福和自由确认为自我决定的目标，政治地处理它们，而并不忽视人格在旧状况下的纠缠。

参考文献

Goffman, E. (1963). *Stigma: Notes on the Management of Spoiled Identity*. New York: Simon & Schuster.

Gramsci, A. (1971). *Selections from the Prison Notebooks* (Q. Hoare & G. Nowell Smith, Trans.). New York: International Publishers.

Haug, F. (1992). *Beyond Female Masochism: Memory-work and Politics* (R. Livingstone, Trans.). London: Verso.

Haug, F. (1999). *Vorlesungen Zur Einführung in die Erinnerungsarbeit*. Hamburg: Argument.

Haug, F. (2011). *Die Vier-in-einem-Perspektive: Politik von Frauen für eine neue Linke*. Hamburg: Argument.

Haug, F. et al. (1999). *Female Sexualization: A Collective Work of Memory* (E. Carter, Trans.). London: Verso.

Haug, W. F., Haug, F. & Jehle, P. (Eds.). (2010). *Historisch-kritischen Wörterbuch des Marxismus, Vol. 7/2*. Hamburg: Argument.

Hyle, A., Ewing, M. S., Montgomery, D. & Kaufman, J. S. (Eds.). (2008). *Dissecting the Mundane: International Perspectives on Memory-work*. Lanham, MD: University Press of America.

Kollontai, A. (1977). *Die neue Moral und die Arbeiterklasse*. Münster: Verlag Frauenpolitik. (Original work published 1920)

Marx, K. (1976). Theses on Feuerbach. In *Collected Works* (Vol. 5). London: Lawrence & Wishart (Original work published 1848).

Weiss, P. (2005). *The Aesthetics of Resistance*: *Vol*. 1. *A Novel* (J. Neugroschel, Trans.). Durham, ND: Duke University Press. (Original work published 1975)

241 13　与儿童合作研究：探索日常生活行为的矛盾状况

多特·库肖尔特(Dorte Kousholt)

本章的出发点是一个方法论的挑战：探讨个人在不同的社会实践中进行其日常生活时主体层面和结构层面的相互关联。我的关注点是研究，怎样才能从个体在复杂的世界中进行他们的生活时的个体经验中，发展出关于公共问题和社会生活状况的知识。人们越来越意识到，我们需要了解问题是怎样出现和嵌入人们的日常生活行为中的，以便发展相关的心理科学和专业干预（如 Hodgetts & Stolte，2013；Hodgetts et al.，2015，chap. 6）。缺乏这些知识往往导致问题变得抽象和个体化（Højholt，2015，chap. 7；Motzkau & Schraube，2015）。因此，一个重要的方法论问题是如何安排研究过程，来生产关于日常个人参与、努力和关注的知识，这些知识与不同实践中对社会活动和重要问题的参与相关。这与将日常生活的主体层面和结构层面的相互关系进行概念化的理论问题有着根本性的
242 相关。

基于儿童和家庭的日常生活的研究，我将阐释理解并组织研究合作的可能影响，它使得我们可以探索和批判性地反思社会实践中的矛盾生活状况。我指出，这需要不断地将研究者对研究问题、设计和方法的视角去中心化，反思他们是如何与研究相关人员关联在一起，以及开放的、多样的和灵活的研究过程。在此基础上，我将讨论我所称的“跨语境方法论”，其是一个纠缠的过程，跨语境跟踪个体的生活行为，从不同的视角和立场出发建立关于社会实践的知识。特定的研究实践不能被视为秘诀——这里讨论的案例并非想要界定或者限定，应该如何进行儿童的日常生活行为研

究。而是说，我发现有必要讨论理论取向怎样影响研究设计和研究人员对经验实践的参与；在这个意义上，本章有望促进方法论的反思。

在本章中，我引用了来自两个项目的案例：第一个项目讨论了儿童在家庭和日托机构之间的日常生活，以及家庭中的日常实践；另一个项目探讨了特殊学校和常规学校安排中的儿童社区。两个项目都涉及在不同语境中对儿童的生活进行参与式观察，以及对父母和相关专业人员进行访谈。这些研究项目中一再出现的是，我的研究立场是能够和儿童合作，一起探索他们在不同生活语境中的生活，跟随儿童一起转变和变化。

有问题的日常生活行为

日常生活通常指生活世俗和平常的一面——日常实践性和过程，通常被视为理所当然或为科学不屑一顾(Karlekin-Fishman，2013，p. 714)。因此，转向人们的日常生活与批判和反抗联系在一起，而对日常生活的关注已经激发了长期的批判民族志研究传统(如 Hall & Jefferson，1975/2006；Smith，1987，2006；Willis，1977；概览也参见 Karlekin-Fishman，2013)。在这个多样化的传统中有一个共同的——尽管远不是同质的——雄心，即通过探索人们日常生活中的个人故事和挣扎来研究社会和结构问题。延续这一争论，我的取向即是从研究传统中汲取灵感，对人们在一个共同世界中进行他们的日常生活时的积极努力进行概念化。

分别来自社会学背景和心理学背景的多萝西·史密斯(Dorothy Smith)和克劳斯·霍兹坎普有着共同的目标，即将科学发展成为对主流意识形态利益的批判。此外，他们也都想要发展一种方法论，使得研究者可以探索日常主体经验和社会结构关系之间的相互联系。他们帮助建立了一种研究取向，将人们对他们在社会世界中的生活的看法作为分析的起点(也参见 Roth，2008)。

史密斯是以将经验的日常世界和更大社会结构连接起来的方法论发展制度民族志的领军学者。她主张建立“有问题的日常世界”(她 1987 年书的标题)的研究取向，她借鉴基于历史唯物主义的方法，建议我们可以从研究个体之间实际的、日常的社会关系开始(1987，p. 98)。此外，她主张我们的研究可以“从主体的立场”开始——位于特殊设置中的具身主体正是分析“统治关系”的起点(同上，p. 105)。史密斯使用这一名词“将组织和规训社会的制度与性别潜台词及其劳动性别分工基础的相互关系引入视野”(同上，p. 3)。统治关系概念指的是超越地方设置进行和完成组织和控制的一系列复杂的组织实践(也参见 Devault，2006；Devault & McKoy，2006，p. 17)。

243 当目标是从主体日常生活的视角发展关于结构关系和制度实践的知识时，我发现在对人们地方的日常经验和超地方的统治关系之间的关联进行概念化时存在一些问题：我的关注点是避免以相当静态的方式理解主体，认为他们被“他们身后”的结构关系所统治，以及与此相关的参与研究的相关人员“去主体化”的风险(Doran，1993)。因此，我发现从社会结构对参与其中——并因此再生产和改变它们——的人的意义来对社会结构进行研究非常重要。个体根据他们的生活状况集体性地行动，并在此过程中改变它们。将特殊的个人视角和现存权力结构联系在一起并不能取代对结构安排对个体经验、参与和关系的意义进行分析(Dreier，2008，p. 291)。

从心理学的角度出发，霍兹坎普认为日常生活行为概念是分析社会结构特征和主体意义以及行动可能性之间的中介联系的工具(“慕尼黑团队”社会学研究的背景参见 Jurczyk et al.，2015，chap. 2)。追随列昂捷夫，霍兹坎普(1987)提出了他所谓心理学理论化中的一个主要问题：个体的行动被假定为某些孤立的外在世界特征的直接原因或作用(也参见 2013b，p. 255)。霍兹坎普提出将生活行为的概念作为对以自然科学图景建立的心理学研究的“无世界性”进行的根本性批评的一个回应(Holzkamp，2013b；Osterkamp & Schraube，2013，p. 4)。日常生活行为的概念使我们能够处理人们怎样进行他们日常生活的问题。焦点直接指向安排和组织生活的积极的创造性的过程，其与来自不同语境的各种(有时候是相互冲突的)需求相关；也指向，与此相关，人们以某种方式参与不同语境的个体理由

(Dreier，2008，2011；Holzkamp，2013b)。将这一概念应用于儿童的近期理论研究强调并扩展了日常生活行为的集体性(Chimirri，2014；Højholt & Kousholt，forthcoming[即将发表]；Juhl，2014，forthcoming[即将发表]；Kousholt，2011)。生活行为从根本上讲是一个社会过程——个体参与社会实践，他们有着共同的利害关系，而在这样做的过程中为彼此创造了条件。因此，个体的生活行为不能脱离他人的生活行为来理解。所以，244
生活行为的概念引导我们探索个体在与其他人一起进行其日常生活时怎样——在社会相互作用中——积极地处理和改变他们的生活状况。

行为一个人的生活需要优先安排和处理不同的需求和参与，而这意味着对状况和行动可能性进行探索，以便在与他人的合作中获得对相关生活状况的影响力(Højholt& Kousholt，forthcoming[即将发表])。为了呈现生活行为的这一集体的改变的层面，我借用史密斯的表达，将人们每天进行的活动称为“工作”(Smith，1987，p. 161)。正如制度民族志学者玛丽·坎贝尔(Marie Campbell)所述，“这一想法是利用人们进行其日常生活行为时的专业知识——他们的‘工作’”(Campbell，2006，p. 92)。工作这一名词非常重要地强调了生活行为是一项**积极的成就**——我们每天做的是**工作**。这个概念有双重含义，在这里很合适：“工作”也可以用来表示“事情是怎样工作”的意思。这将我们的注意力引向**不断进行的变革过程**——要让事情工作就要不断解决矛盾和冲突(Axel，2002)。这样，生活行为的概念将我们的注意力转向行为我们日常生活时的过程和挑战——我们可以说，这一概念将生活确立为“冲突性的”，在这种意义上，我们在复杂而矛盾的实践中进行我们的生活，这些实践不可能通过个体综合的或者和谐的联系而明确地得到解决或安排(Dreier，1997，2008)。人类生活和社会合作内在地存在矛盾性(Axel，2002，2011；Holland & Lave，2001；Lave，2011)。因此，研究关注点从单个的(分离的)个体转向“**被分配的主体**，他们通过**有效地与他们的生活状况相联结**而参与合作活动”(Axel，2002，p. 204)。

我已经指出，将研究导向“有问题的生活行为”提供了机会，我们可以以对具体情境和语境的参与和相互作用为起点建立关于生活结构层面的知识，并分析这对于相关人员的意义。现在，我将进一步阐述对冲突社会实践中的个体日常生活行为进行概念化的理论基础是怎样与将研究理解为合作发展共同问题的知识联系在一起的。

研究作为合作探究共同问题

延续史密斯和霍兹坎普研究中的唯物主义取向，知识的生产被视为嵌入于社会实践之中。根植于“实践活动的哲学——‘实践’(praxis)”(Bernstein，1971)包含了对哲学立场的一个突破，这种哲学立场认为有效的知识(和科学)必须从主观的和具体的环境中提纯，而研究者与社会生活的距离使之成了可能——我们可以称之为“学术立场”(Jensen，2001)。相反，实践哲学认为，科学知识是通过系统地分析具体而多变的环境而获得的(同上；Jensen，1999)。在这种路径中，知识被认为与参与进世界，从事和利用来自特殊事物的经验相关。在此意义上，研究是通过对实践的参与而进行的学习过程(Dreier，2008；Lave，2011)。

245 研究和科学知识是嵌入于政治安排和复杂的权力关系的(Danziger，1990；Nissen，2012)。乌菲·尤尔·延森(Uffe Juul Jensen)指出，要超越遵循“学术立场”而来的抽象而普遍的知识概念，就需要以不同于现代社会普遍存在的形式来组织理论和实践的关系(2001，205页)。延森在此指出，与“学术观点”的对抗不仅仅是一个以不同的方式理解理论和实践关系的问题，也是从更深远的视角，对研究者和研究所涉及人员之间的实践关系进行重新组织的问题。延续这一取向，研究被概念化为合作实践。

同样，史密斯指出，为了发展批判的民族志实践，改变比如说访谈的方法是不够的；而是要讨论组织我们实地和写作的“思考的方法”，以便“在探讨和解释我们的日常世界所嵌入的关系时，保留实际主体的在场”(Smith，1987，p. 111)。她认为，从人的立场出发，就需要将研究者和被观察者视为生活在同样的基础之上，并与社会学的客观化实践决裂(同上)。和史密斯一样，霍兹坎普(Holzkamp，2013a，2013b)认为有必要在研究中采取主体的立场——人们不应该“从外部的立场”来理解(也参见Motzkau & Schraube，2015)。然而，在如何看待研究关系中，史密斯和霍兹坎普的立场似乎还是存在一个显著的不同：关于主体经验和结构状况之间关系的知识发展是以怎样的方式发生的？史密斯强调，我们“不能依靠它们[女性告诉我们的东西]来理解形塑和决定日常的关系”(1987，p. 110)。相反，史密斯认为研究这些关系是社会科学家的任务。这样的论述似乎在研究者和“想要解释的主体”之间(重新)建立了等级距离。我将指出，分析结构关系如何共同生产了我们的日常经验也可以是研究中的合作规划。要解释研究者和研究项目牵涉到的人的关系，我使用霍兹坎普的共同研究者一词(Holzkamp，2013b)。霍兹坎普强调，为了获得关于人的日常生活的最为相关和丰富的知识，有效地洞察人的日常生活，我们必须以主体间性的立场为基础来理解和安排研究过程。他将研究关系描述为“主体—主体关系，其中的任何一方都不能将另一方转化为科学问题的对象”(Holzkamp，2013b，p. 307)。

关于儿童研究，共同研究者一词需要一些澄清：该概念用于儿童研究是为了强调通过参与式方法让儿童也进入研究的雄心(如 Alderson，2000；Christensen & James，2000；Kellet，2005；Mayall，1994)。讨论的焦点在于，如何让儿童参与研究，使得研究过程对儿童的贡献和影响开放—— 246
以及如何将儿童充权为“积极的研究者”(Kellet，2005)。这一儿童研究传统(如 James，Jenks& Prout，1998 所论)提供了关于让儿童参与研究的可能性和挑战性的有用观点，它可以激发研究者在从事儿童研究时发展相关的方法。但是，共同研究者一词，正如本章的使用，是一个方法论的立场，基于主体间性和合作来理解和安排研究关系(参见 Højholt & Kousholt [2013]对实践研究的论述)。在这一语境下，讨论在研究项目的哪些步骤怎样参与才能让儿童成为“真正的”共同研究者就无关紧要了。将研究参与者概念化为共同研究者从根本上说是一种理论立场，其基础是将人理解为在他们自己生活中的积极主体。为了过我们的生活，我们必须探索自己的生活状况以及怎样对我们不同生活语境中的重要事项发挥影响力(Højholt & Kousholt, forthcoming[即将发表])。研究者可以在一段时间内，参与、影响和强化这一探索。

其中的一个方面是我们如何看待研究者和研究参与者之间的关系。另一个方面是什么被认为是研究的“中心”。在实践研究的传统中，研究的主体问题可以被视为“共同世界中的共同问题”。这样一来，研究的重点就不是“其他人的问题”，而是我们通过与那些对研究问题有着不同视角、立场和参与的人(包括研究者)的合作，来看我们对社会实践中的问题了解到了什么。当然，有时候构成问题的不同视角会有很大分歧，以至于问题不被认为是共同的或公有的。因此，研究**问题形成**的基础是研究过程中的重要一环(Højholt & Kousholt, 2014)。问题和研究问题通常会由研究者和共同研究者以不同的方式提出，它们以不同的方式，出于不同的理由相互关联。不同的儿童、父母、育儿专业人员和研究者所感兴趣和关注的并不相同。此外，研究者和共同研究者在研究问题时的立场也并不相同；然而，他们不同的关注点可以**被分析为是相关的**——同一“公共问题”的不同方面。接下来，我将讨论如何为研究过程安排条件，以便在相互关联的问题上使合作成为可能——或者说理解公共问题。

“野男孩”中的“老女人”

根据本章前面的论述，所生产知识的质量是与找到方法合作研究公共问题联系在一起的。有时候这涉及大量的工作——共同的相关性和兴趣并不是给定的，而是在研究过程中发展的(并且也可能是变化的)。为了说明
247 这一点，我将呈现一些在一个日托机构里度过的经历，试图从儿童的视角来了解这个特殊的语境到底是怎样的。然而，在项目刚开始的时候，并不是所有的儿童都想要参与进这一探索。一群男孩经常被称为“野男孩”，他们给成年人还有其他儿童带来了很大的挫败感。其中的一些男孩立即就开始反对女孩和成年人，成为了了解这群男孩的障碍。有一个叫作马蒂亚斯

(Mattias)的男孩，在我走近他和其他男孩时明确地“拒绝了我”。他朝我扔沙子，劝阻我说“不要去那里”，他指的是“操场上男孩的地盘”。通过叫我“老女人”，他很明确地在年龄和性别上和我拉开了距离。我关注的是儿童的视角，因为，如果不知道这些特殊的男孩对日托机构日常生活的视角，我就没办法探索这些“野男孩”的问题。因此，我仍然保持礼貌地坚持接近这些男孩——有时候我就坐在几米远的地方，公开观察它们的活动。过了一段时间，男孩们发现我不会干涉他们的活动，甚至在他们偶尔违反日托机构的规定时也不会干涉。渐渐地，我在男孩社区中获得了合法的位置，并被邀请和他们一起玩。马蒂亚斯最后认为我“足够好”——他跟其他男孩这样解释，因此也支持我出现在他们的活动中。我们有必要对研究立场进行实验，并研究自己的参与方式——例如，目睹男孩们违反规则时却不干涉，还是在打架时，在他们看起来真的在彼此伤害时，以一种不伤害我们之间关系的方式，表现出我的不舒服？我试着从儿童那里学习互动的方式，将我放到“同等的位置”。由于儿童经常批评和不满意彼此的行动，我可以进入既定的谈判实践“什么是可接受的或被允许的”。在某种程度上，我将我自己放到儿童的“学徒的位置”(Lave，2011；Mandell，1991)。我和儿童的关系朝着更为互动的方向发展，走向“研究关系”，因为双方都变得致力于关系的探索性(Holzkamp，2013b，p.307)。以他们自己的方式，男孩认可我们的关系为具有“科学议程”——他们允许我观察他们的秘密活动——“她可以进来，她需要写作”，马蒂亚斯和另一个不希望屋里有“女生”的男孩这样解释。而不时地在笔记本上记录，这明显地表明了我的研究者地位。

问题在日托机构中是以产生分歧和对立的方式(成年人和男孩之间，男孩和女孩之间)提出和进行的，和男孩们还有专业人员一起探索共享问题就意味着理解和克服这些分歧。因此，案例表明，研究者地位的形成是怎样与问题在研究者所参与的特殊实践中被提出和协商的方式相关的。探索男孩们的视角，与日托专业人员分享反思，这逐渐建立起一种研究实践，允许对以下的问题进行批判性反思：日托机构中的问题是怎样为不同 248

视角所体验的？这些视角是怎样相互联系的，并被理解为同一个问题的不同方面：关于在日托机构中参与、影响和洞察每一个人(分歧性的)经验的可能性。

研究深入了解了男孩们冲突和对立的立场是怎样在日托机构的空间和机构安排中被生产出来的，在机构中，男孩们的活动指向/处于操场最远的一段或是“枕头房”里——远离成年人的在场和注视。它也证明了其怎样与对男孩的理解相互关联，男孩被理解成天性更加狂野而好斗，而在性别上这在很大程度上是天生的，我们可以尝试去调整或包容，但是无法改变(也参见 Haavind，2003)。这种理解有助于再生产女孩、成年人和男孩之间的差异，并给探索男孩的社区中正在发生什么设置下了障碍。总的来说，这增加了成年人(和女孩)在处理男孩“野性”时的无力感(详细分析见 Kousholt，2008，2011)。

此外，研究过程还表明，男孩们在安排的活动中被认为是极有趣又有挑战性的，这通常意味着他们试图突破自己和他人的能力界限。“行为野性”构成了男孩社区的可能性与局限性：身体上的玩和打架是共同活动的组成部分，因此也是有趣的组成部分；但是，受伤，与朋友吵架，甚至是失去朋友(冲突往往导致“不再做朋友”的威胁)并不有趣。研究深入了解了男孩们是以不同的方式参加共同活动，或是对共同活动做出贡献，并揭示出他们的冲突对于相关的各方有着非常不同的意义。这样一来，研究有助于打破认为“野男孩”是有着相同特征的同质性群体这一分类。男孩们在处理冲突和影响共同活动方面有着不同的可能性。此外，男孩之间的相互作用，以及“野男孩”的分类，都影响到他们怎样在日托机构和他们的家庭之间行为他们的生活——因为他们的父母对男孩们和他们的冲突的体验并不相同，因而他们以不同的方式理解和支持他们的孩子。研究合作的成果之一是日托的专业人员安排了和所有男孩父母的会面，他们分享了经验，并规划了共同活动来支持日托机构中的儿童社区。

总的来说，男孩之间和围绕男孩的冲突可以被理解为怎样安排这一特殊实践的一个方面。日托机构在丹麦是政治努力的组成部分，旨在使母亲们加入劳动力成为可能，并确保儿童得到“正确的发展”(Grumløse，2014)。日托机构应该怎样安排，怎样才能最好地支持儿童的发展(例如， 249
通过“自由玩耍”还是结构化的活动)在政治家、专业人员和父母之间进行了不断地争论，一直都未达成共识(关于儿童发展在理解上的二元论也参见 Højholt，2008)。近期的一项成果是幼儿园课程的实施，以及重点转向成年人发起的，结构化的活动和学习。

将研究开展为合作需要不断反思研究者的问题是怎样与儿童的经验相互关联的——他们将之视为他们生活中的相关问题(Chimirri，2014)。研究者的立场并不是静态的，而是作为研究合作的一部分而发展和调整。研究者和共同研究者之间的合作可能会给双方都带来困惑和不确定，因为研究者传统上被认为是不参与的专家——通常是有权对实践中发生的事情进行评估或判断的专家。在上面的例子中，多次和工作人员解释和讨论研究者参与的特殊方式背后的理由和意图非常重要。在开始的时候，日托专业人员不知道要怎样反应，以免“干扰了研究”，但是同时，他们迷惑于研究者的参与方式(例如，不干预儿童的冲突，不和教员一起休息)。这些方面，还有研究者的问题和好奇，经常在研究者和专业人员之间开的会上进行讨论。研究者在研究实践中的立场，在某些方面，是新的和“未知的”，因此，在开始的时候，被这些特定实践的平常参与者体验为非常奇怪和不安的——对研究者她/他自己而言也是如此。在逐渐熟悉，并找到进行研究的合适方式的过程中，研究者、儿童和专业人员发展了他们相互关联的方式，他们参与的方式，以及他们对特定实践的知识。

当研究是合作和对话式的，研究过程就需要开放和灵活。研究者应该能够受激发和发展关注点来探索问题的不同层面。因此，研究设计和过程不能在抽象基础上提前进行详细地规划，它需要根据合作中相关的各方以及合作的状况和机会在当地进行调整和发展。这并不意味着设计或研究立场的发展是偶然的或是任意的。如何发展研究立场，跟着谁，和谁谈，下一步探索什么问题，这一步步地选择都必须和研究问题和合作可能性联系在一起。在某些方面，这种研究立场特别脆弱，它需要来自其他研究者以及共同研究者的支持，还需要对研究参与者的意义进行不断地反思。

参与研究过程有着各种不同的方式。儿童和父母通过他们与研究者的相互作用和对话，以及他们对研究问题的共同兴趣(例如：对于日托机构 250 的儿童而言，什么是最重要的?)进行参与。有些专业人员也参与了会议，讨论了研究的组织和初步的分析。儿童和父母会(在一定程度上)利用与研究者的相互作用和对话来不断探索他们的生活和行动的可能性。专业人员(有时候)可以使用研究过程所产生的知识和好奇来处理他们在工作中遇到的问题。研究项目会以不同的方式成为研究者和共同研究者日常生活的一部分，而研究结果会在不同的实践中进行思考和使用。

实践参与与跨实践参与的研究

为了行为我们的生活，我们需要在不同的实践之间移动，这就意味着我们需要*安排过渡*。在不同的语境间移动往往需要同时改变地点和“事项”(例如从工作到家庭)。这样的移动需要不同社会安排之间的过渡，它们是结构性安排的，我们必须找到自己的方式去进行处理。人们需要关注联结(包括我们可能“留下”的东西)，根据不同实践之间的差异来进行安排。因此，过渡会强调实践之间的差异，以及人们在它们之间移动并联结它们时必须做的工作——这也意味着离开和进入语境。将跟踪过渡作为研究的一部分可以提供个体生活行为的知识，也可以提供不同社会实践之间作为结构中介的限制和联结的知识。

当我使用“跟踪儿童”一词，我指的是儿童在不同语境中以及不同语境之间的实际移动。此外，它意味着对儿童参与的好奇和关注。受到蒂姆·英戈尔德的启发，这也可表述为与儿童一起*关注性地行走*，注意路上发生的一切(Ingold，2013，2015，chap. 4)。英戈尔德认为“行走”是传统教育模式的替代，传统教育模式是将知识灌输*进*学习者的大脑。行走将学习者带*出来*进入世界，而“坚持在路上走下去需要持续的关注”(Ingold，2015，chap. 4，p. 99)。尽管英戈尔德讨论的问题与本章完全不同，但是我发现他对行走的关注，以及由此对移动以及在场和“在路上”意识的关注，在反思将跟踪儿童作为研究一部分时很有启发。从这个意义上说，跟踪意味着研究者和儿童一起行走，对路上发生的事情保持关注，为儿童的活动和参与——看起来对他们很重要的事情——所引导。共同行走的类比可以指出研究者和共同研究者彼此之间的相互作用（这一方面似乎在“跟踪”一词中是缺失的）。共同行走意味着协调步伐和方向，并共享经验。随着研究者 251
和共同研究者将彼此整合进自己的生活行为（Holzkamp，2013b，p. 307）——以及我们的关注、参与和兴趣在或长或短的一段时间内相互交织，研究情境就变得可能。

我将回到在日托机构中进行参与式观察的研究项目，例证上述讨论的某些观点。正如已经提及，这个项目的主要关注点是儿童在日托机构和家庭之间的日常生活。作为探索这一主题的一部分，我跟踪了六个儿童进行了“24 小时观察”（更详细的方法和设计讨论见 Kousholt，2006）。24 小时观察包括在日托机构跟踪儿童，和儿童一起在特定的某一天被他们的父母接走——和家人共度下午，睡觉、醒来、准备再一次去日托机构。深入了解这些从日托机构到家庭再到日托机构的 24 小时循环，和儿童一起体验转换和过渡，对他们在日托中心，还有他们家庭中的日常生活提供了新的视角。它们扩展了我对儿童怎样以不同的方式整合和联结他们不同的语境的理解。这些经验强调儿童怎样在他们的生活中参与不同的语境，并协调它们之间的联系，以及父母和儿童之间的冲突可以怎样被理解为与“参与”他们共同的生活行为相关——父母和儿童的过渡是不同的，而（他们的部分）参与和关注是与他们远离对方时他们自己的日常生活相关联的。此外，我与儿童共享的过渡让我聚焦于日常生活中看起来微不足道的小事，它们与儿童将实践和参与联系起来的努力相关（比如说，带某种玩具或是物品到日托机构对于儿童是否能参与进儿童社区至关重要，但成年人要了解这一点的重要意义却非常困难）。这表明儿童是怎样在不同的生活语境中创造其参与的可能性的，以及儿童在日托机构中的社会相互作用和冲突会怎样影响到家庭中父母和孩子之间的关系以及相互作用。它也对家庭实践孤立于其他语境的理解提出了批判性观点，并扩展了我对父母可能性的理解，父母的可能性是由儿童在不同语境中的生活以及和其他成年人和儿童专业人员的合作中形成的(Kousholt，2008，2011)。

建立能够让我在不同语境中跟踪儿童的研究立场，提供了具身性的经验：在特殊的地点做一个儿童是怎样的，以及如何进行特定的过渡。我的经验成为对在这些特殊的语境中，以及跨越这些不同的语境所发生的事情以及儿童的立场和可能性进行反思的起点。正如奥克利(Okely，1992)指出，研究过程不仅仅是“智力”探究，更何况数据搜集过程不可能不受研究者个人立场和在场的影响。和儿童一起待在他们家的经验是非常不同的，它是由儿童让我融入他们家庭生活中的方式形成的。有些儿童看起来主要把我当成他们的玩伴，我们大部分时间都在他们房间玩和聊天，而在另一些家庭中，我大部分时间都和整个家庭在一起，比如，帮助准备晚饭或者看电视。

252 蒂莫西·戴蒙德(Timothy Diamond)反思了参与式观察在制度民族志中的使用，他将观察过程描述为“感官活动”以强调研究者对实践中发生的某些事物的感受是经验材料的组成部分(Diamond，2006，p. 56)。他写道，“让自己的身体上线成为研究的一部分似乎会在其身体中发现相关的数据”(同上，p. 59)。我的兴趣不在于研究者的感觉会成为数据本身，而在于研究者的感觉和经验如何作为出发点，分析各种情境是怎样为不同的视角所体验，并引导主体间性理解的建立。

在主体科学取向中，情感——作为人类行动的一个时刻——被视为“对给定环境下生活和行动的实际可能性的主体相关性进行评估的特定形式”(Holzkamp，2013a，p. 22)。这是对情感作为孤立的内在过程这一观念的批判。情感可以“引导我们”探索我们生活中的矛盾并引导我们行动可能性的评估，这是我们生活中的一个共同的方面。将研究过程视为参与就是强调情感是研究者实践参与的一部分，而不是与其相分离。研究者的经验可以提供机会，增强对儿童情境理解的敏感性(Thorne，1993)。这方面的例子可能指向跟踪儿童引发尴尬或者羞愧的情境——例如，被训斥，被卷入不清楚是否“被允许”的活动中，或者经历困惑，无法找到自己的出路或弄不清楚发生了什么。通常被称为“幼稚”的情感，往往要联系儿童在特定语境中的位置才能更为充分地进行理解。从这个意义上说，情感的视角是与参与社会实践并评估社会实践中的行动可能性联系在一起的(参见 Holzkamp-Osterkamp，1991)。

在民族志研究中，一个常见的警告是研究者不要“太本土”——也就是说，太过沉浸于田野以至于不能保持分析距离(Hammersley & Atkinson，1989)。对传统科学远距离观察者概念的批判性讨论，以及如何保持亲近性和距离的平衡是民族志传统的核心——能够走得足够近，能发展出丰富和有效的知识，但是又不太近，导致研究者对田野失去分析或批判立场。与这类讨论相关的挑战是克服参与和科学知识之间的二元化——并因此将两者相分离——的倾向。

如本章前面所述，在主体间理解的语境中思考研究者和共同研究者之间的关系要求抛弃研究者有特权地位可以个体地“以局外人的视角”生产科学知识的观点(Holzkamp，2013b，p. 316)。霍兹坎普将科学知识与“认知 253
距离”联系在一起——即“对世界(尚)不了解”(同上，p. 316)。对这一观点更进一步，我们可以说，发展科学知识并不是研究者和研究对象的距离问题，而是一种取向：“尚不了解”需要参与和共享反思与好奇。因此，对共同问题的相互参与和交流是研究情境的前提。当我们在主体间理解的基础上概念化研究时，研究者和共同研究者可以共享和交换对世界的探索还有反思，因此共同参与了分析。这并不意味着研究者和共同研究者有着相同的兴趣或可能性来分析给定的问题。(这也与之前的讨论相关，研究合作对研究者和共同研究者有着不同的意义。)研究者在不同实践中的**涉入**和**各种**参与为分析与结构状况相关的个体困境——并因此理解共同挑战——开启了可能性。

跟踪“出租车儿童”：从个人困境关注共同挑战

我已经描述过，对不同制度安排之间的过渡进行跟踪，可以提供个体跨越这些特殊的语境行为其生活的具身体验。这些知识可以通过从不同立场和视角探索社会实践来发展和充实。这必须将研究者的经验定位于理解复杂而冲突的社会实践。跟踪儿童跨语境的生活行为绝不能带来脱离社会实践的儿童个体化经历的再现。跟踪儿童的参与和过渡提供了机会让我们去理解他们参与不同社会实践的个人方式，以及将有着不同重要问题的不同社会实践联系到一起的方式。为了扩展这一点，我将转向最后一个案例，它来自课后机构中的儿童社区这一研究项目，其中涉及跟踪某些男孩在特殊学校和课后中心之间的过渡(也参见 Kousholt，2012)。由于社会问题和常规学校班级中的冲突，这些问题男孩被安置在一所特殊学校。然而，由于想要给儿童机会保持他们在常规学校中的关系，并因此支持他们(重新)融入常规学校系统，他们仍然去上常规的课后中心。

对这些男孩进行跟踪包含了在特殊学校一天之后和保罗(Paul)一起跑向出租车的研究情境——保罗坐出租车去位于他之前常规学校的课后中心——他走下出租车面对空荡荡的校园，想知道“我的老同学们在哪里?”“他们在做什么？我可以和谁玩?”在课后中心跟踪保罗揭示出他在找到自己的方式进入课后中心不同儿童社区时的努力还有困难，以及这如何引发
254 了他的归属感的问题，这些都很容易被他周围的成年人忽视。特殊学校和常规课后中心之间的转换是社会物质场所的显著变化——特殊学校是一个小的受限的空间只有很少的儿童和结构化的有成年人监督的活动，而课后中心是一个大的空间有很多工作坊，有大量的活动可供选择，几乎没有成年人；因此，儿童被期待自己组织起来，在需要的时候自己寻求帮助。

通过出租车跟踪这些男孩的“特殊”过渡提出了这样的问题：在不同语境之间的过渡中，儿童会怎样相互利用？在过渡中，努力延续和改变社区是他们将两个地方的活动和参与联系在一起的组成部分。这一关注，以及想要理解与社会实践中的公共问题相关的个人挑战的雄心，促使研究者跟踪其他儿童向课后中心的过渡。因此在放学后我跟踪了男孩的老同学们，他们被一个教师接走，教师会问，“今天哪个工作坊是开着的?”以及“你注册了哪一个?”他和分成小组的儿童一起穿过校园走向课后中心，谈论要做

什么，一起改变计划和安排玩乐活动，一起走向课后中心。

这些过渡的对比帮助我们理解儿童生活中的特殊挑战，这些挑战是由于，或者联结于，儿童在学校和课后中心之间的社会相互作用中广泛的共同困境知识，以及儿童跨越这些语境安排自己生活的方式——在此过程中利用彼此。通过儿童生活中**共同困境和冲突**的知识，我开始以新的方式理解个体儿童的特殊困难和挑战(Højholt，2011)。这些关于儿童在这些特殊的实践中以及跨越这些实践如何行为他们的生活的扩展知识，对问题的构成提供了另一种视角：从对某些男孩的“行为问题”进行个体化分类，转变为关注与一个共同挑战相关的困难状况，这一共同挑战是在课后中心多样而多变的社区间巡游，并以个人的，相关的方式将友谊和活动联系在一起。

这些男孩上学日(从特殊学校向常规课后中心过渡)的结构安排可以被理解为与国家的包容性议程联系在一起。在丹麦，学校系统怎样处理包容这一政治雄心是激烈争辩的话题。关于包容性的讨论和实践，在如何理解儿童的问题上充满了悖论和分歧(Morin，2008；Røn Larsen，2012)。案例表明，排斥和包容的过程在学校的实践中，以及儿童的社区中，是不可分割的，旨在儿童入学的干预措施是在这种矛盾状况中被执行的，也成了这种矛盾状况的一部分。对某些男孩在特殊学校和常规学校安排之间的过渡，以及挣扎着参与并保持归属感进行情境分析，联结对儿童学校生活中的社会状况和挑战的分析，开启了在学校的结构化组织中思考**共同矛盾**的可能性。获得关于参与的可能性，个体关注和挣扎的情境知识——也深入理解社会**冲突**，了解它们怎样以不同的方式影响我们，以及我们是怎样基于影响它们的并不平等的可能性来处理它们——这些都可以产生关于共同挑战的知识，并因此也对限制性的生活状况和**并不平等**的社会可能性提出批判(Højholt，2015，chap. 7)。

总结：发展关于矛盾生活状况的知识 255

日常生活行为的概念使我们开始研究结构生活状况和体验与处理这些

生活状况的个人方式之间的联系。如果我们要分析生活状况和个人理由与意义之间的联系，我们需要加强对复杂和矛盾的生活状况以及影响和改变它们的(不平等的)可能性的关注——和质疑。

这就要求我们在研究和实践之间安排合作，激发在实践中对矛盾进行开放和相互的探索，支持对怎样改变有问题的状况进行共同探索。因此，将研究过程民主化，为参与者的贡献留出空间非常重要。研究过程的一部分是致力于为共同研究者的参与安排条件，并因此为合作安排条件。将研究安排为合作意味着对研究项目视角的去中心化——反思研究怎样成为共同研究者日常生活的一部分，以及研究过程可以怎样安排和发展以使共同研究者能以自己的视角和知识参与研究(Hodgetts et al.，chap. 6)。这样，研究可以加强对个人困境和社会冲突之间关联的探讨，并因此支持对个人问题和公共相关问题进行探索。当然，随着研究项目所探索问题和所参与人员的不同，其实现方式也会发生变化。

从这个意义上说，研究视角去中心化也是从不同的视角批判性地探索问题是怎样呈现的。这样，研究者参与，以及合作，从不同的视角和立场探讨社会冲突，可以在实践中对带来影响和贡献的不同立场和可能性进行批判性的反思。研究者通过从不同的立场参与(有时候会跨越已有的立场和立场之间的边界)来理解特殊的实践。从不同的立场和视角研究实践——例如访谈成年人、儿童以及各类专业人员——使我们可以了解到研究问题和冲突从不同视角来看有这么大的不同，并因此通过将不同的视角与影响正发生事情的不同立场和可能性联系起来——以及这些差异是怎样
256 与一个公共的(矛盾的)实践相联系，与共同问题相联系——来分析在给定的情境中的重要事项。通过这一实践，研究可以为社会实践复杂的、异质的和冲突的一面提供洞察，对各种第一人称视角进行探索，研究和联结不同的立场和视角。日常生活行为的概念在冲突的社会实践中，将我们的分析关注点转向社会问题相互关系中的个人困境，与社会实践中的共同矛盾之间的这种联结。

上述例子已经为讨论个人问题和困境与共同社会问题相互交织，以及

个人问题和困境就是共同社会问题的某些方面打开了大门。因此，我们可以通过在合作中——研究者和共同研究者——对问题和困境的个人视角，即它们是如何被体验和处理的，以及它们是怎样与矛盾的生活状况相关的，来获得关于共同问题及其结构和社会基础的知识。通过这种方式，我们从不同的视角和立场“走近”或者深入复杂的社会情境，同时也是超越它，扩展视角，探索这一情景如何成为社会实践结构的一部分。案例表明，这样的分析可以以社会情境及其对参与者的不同意义作为出发点。

参考文献

Alderson, P. (2000). Children as researchers: The Effects of Participation Rights on Research Methodology. In P. Christensen & A. James (Eds.), *Research with Children: Perspectives and Practices* (pp. 241～257). London: Falmer Press.

Axel, E. (2002). *Regulation as Productive Tool Use: Participatory Observation in the Control Room of a District Heating System*. Roskilde: Roskilde University Press.

Axel, E. (2011). Conflictual Cooperation. *Nordic Psychology*, 63(4), 56～78.

Bernstein, R. (1971). *Praxis and Action: Contemporary Philosophies of Human Activity*. Philadelphia, PA: University of Pennsylvania Press.

Campbell, M. L. (2006). Institutional Ethnography and Experience as Data. In D. E. Smith(Ed.), *Institutional Ethnography as Practice* (pp. 91～108). Lanham, MD: Rowman & Littlefeld.

Chimirri, N. A. (2014). *Investigating Media Artifacts with Children: Conceptualizing a Collaborative Exploration of the Sociomaterial Conduct of Everyday Life*. Unpublished doctoral dissertation, Roskilde University, Denmark.

Christensen, P. & James, A. (2000). *Research with Children: Perspectives and Practices*. London: Falmer Press.

Danziger, K. (1990). *Constructing the Subject*. New York: Cambridge University Press.

Devault, M. (2006). Introduction: What is Institutional Ethnography? *Social Problems*, *53*(3), 294～298.

Devault, M. & McKoy, L. (2006). Institutional Ethnography: Using Interviews to Investigate Ruling Relations. In D. E. Smith (Ed.), *Institutional ethnography as practice* (*pp.* 15～44). Lanham, MD: Rowman & Littlefeld.

Diamond, T. (2006). "Where did You Get the Fur coat, Fern?" Participant Observation in Institutional Ethnography. In D. E. Smith (Ed.), *Institutional Ethnography as Practice* (pp. 45～64). Lanham, MD: Rowman & Littlefeld.

Doran, C. (1993). The Everyday World is Problematic: Ideology and Recursion in Dorothy Smith's Micro-sociology. *Canadian Journal of Sociology*, 43～63.

Dreier, O. (1997). *Subjectivity and Social Practice*. Aarhus: Aarhus University Press.

Dreier, O. (2008). *Psychotherapy in Everyday Life*. Cambridge: Cambridge University Press.

Dreier, O. (2011). Personality and the Conduct of Everyday Life. *Nordic Psychology*, *63*(2), 4～23.

Grumløse, S. P. (2014). *Den Gode Barndom-dansk Familiepolitik* 1960—2010 *og forståelsen afsmåbarnets gode liv* [The Good Childhood: Danish Family Politic and the Understanding of the Good Life for the small child]. Doctoral Dissertation, Department of Psychology and Educational Studies, Roskilde University, Denmark.

257 Haavind, H. (2003). Masculinity by Rule-breaking. Cultural Contestations in the Transitional Move from Being a Child to Being a Young Male. *NORA*, *Nordic Journal of Feminist and Gender Research*, *11*(2), 89～100.

Hall, S. & Jefferson, T. (2006). *Resistance Through Rituals*: *Youth Cultures in Post-war Britain*. London: Routledge. (Original work published 1975)

Hammersley, M. & Atkinson, P. (1989). *Ethnography*: *Principles in Practice*. London: Routledge.

Hodgetts, D. & Stolte, O. (2013). Everyday Life. InT. Teo (Ed.), *Encyclopedia of Critical Psychology*. New York: Springer.

Høiholt, C. (2008). Participation in Communities: Living and Learning Across Different Contexts. *ARECE - Australian Research in Early Childhood Education*, *15* (1), 1～12.

Højholt, C. (2011). Cooperation Between Professionals in Educational Psychology: Children's Specifc Problems are Connected to General Problems in Relation to Taking

Part. In H. Daniels & M. Hedegaard (Eds.), *Vygotsky and Special Needs Education: Rethinking Support for Children and Schools* (pp. 67~86). London: Continuum Press.

Højholt, C. & Kousholt, D. (2013). Practice Research. In T. Teo (Ed.), *Encyclopedia of Critical Psychology*. New York: Springer.

Højholt, C. & Kousholt, D. (2014). Participant Observation of Children's Communities: Exploring Subjective Aspects of Social Practice. *Qualitative Research in Psychology*, *11*, 316~334.

Højholt, C. & Kousholt, D. (forthcoming). Children Participating and Developing Agency in and Across Various Social Practices. In M. Fleer & B. van Oers (Eds.), *International Handbook on Early Childhood Education*. Dordrecht: Springer.

Holland, D. & Lave, J. (2001). *History in Person: Enduring Struggles, Contentious Practice, Intimate Identities*. Santa Fe, NM: School of American Research Press.

Holzkamp, K. (1987). Critical Psychology and Overcoming of Scientifc Indeterminacy in Psychological Theorizing. *Perspectives in Personality*, *2*, 93~123.

Holzkamp, K. (2013a). Basic Concepts of Critical Psychology. In E. Schraube & U. Osterkamp(Eds.), *Psychology from the Standpoint of the Subject: Selected Writings of Klaus Holzkamp*(pp. 19~27). Basingstoke: Palgrave Macmillan.

Holzkamp, K. (2013b). Psychology: Social Self-understanding on the Reasons for Action in the Conduct of Everyday Life. In E. Schraube & U. Osterkamp (Eds.), *Psychology from the Standpoint of the Subject: Selected Writings of Klaus Holzkamp* (pp. 233~341). Basingstoke: Palgrave Macmillan.

Holzkamp-Osterkamp, U. (1991). Emotions, Cognitions, and Action Potence. In C. Tolman & W. Maiers (Eds.), *Critical Psychology: Contributions to an Historical Science of the Subject*. New York: Cambridge University Press.

Ingold, T. (2013). The Maze and the Labyrinth: Walking and the Education of Attention. In C. Morrison-Bell et al. (Eds.), *Walk-on: From Richard Long to Janet Cardiff*(pp. 7~11). Sunderland: Art Editions North.

James, A., Jenks, C. & Prout, A. (1998). *Theorizing Childhood*. Cambridge: Polity Press.

Jensen, U. J. (1999). Categories in Activity theory: Marx's Philosophy Just-in-time. In S. Chaiklin, M. Hedegaard & U. J. Jensen (Eds.), *Activity Theory and Social Practice: Culturalhistorical Approaches* (pp. 79～99). Aarhus: Aarhus University Press.

Jensen, U. J. (2001). Mellem Social Praksis og Skolastisk Fornuft [Between social practice and scholastic rationality]. In J. Myrup (Eds.), *Temaer i nyere Fransk Filosofi* [Issues in Recent French Philosophy] (pp. 195～218). Aarhus: Philosophia.

Juhl, P. (2014). *På sporet af det gode børneliv: Samfundets Bekymring og Børns Perspektiver i Hverdagslivet* [On the Trail of the Good Child Life: Societies' Concern and Children's Perspectives in Everyday Life]. Roskilde: Roskilde University.

258 Juhl, P. (forthcoming). Toddlers Collaboratively Explore Possibilities for Actions Across Contexts: Developing the Concept Conduct of Everyday Life in Relation to Young Children. In *Dialogue and Debate in the Making of Theoretical Psychology: Proceedings of 15th Biennial Conference of the International Society for Theoretical Psychology*, Santiago, Chile, May 3～7, 2013.

Karlekin-Fishman, D. (2013). Sociology of Everyday life. *Current Sociology*, *61*, 7～14.

Kellet, M. (2005). Children as Active Researchers: A New Research Paradigm for the 21st century? (ESRC National Centre for Research Methods, NCRM Methods Review Papers, NCRM/003, Centre for Childhood, Development and Learning). Milton Keynes: Open University.

Kousholt, D. (2006). *Familieliv fra et børneperspektiv: Fællesskaber i børns liv* [Family Life from Children's Perspectives: Communities in Children's Lives]. Doctoral Dissertation, Roskilde University, Denmark.

Kousholt, D. (2008). The Everyday Life of Children Across Early Childhood Institution and the family. *Australian Research in Early Childhood Education*, *15*(1), 13～25.

Kousholt, D. (2011). Researching Family Through the Everyday Lives of Children Across Home and day care in Denmark. *Ethos*, *39*(1), 98～114.

Kousholt, D. (2012). Børnefællesskaber og udsatte positioner i SFO: Inklusion og fritidspædagogik [Children's Communities and Exposed Positions in Leisure Time Institutions: Inclusion and Leisure Time Pedagogy]. In P. Hviid & C. Højholt (Eds.), *Fritidspædagogik og børneliv*[Leisure Time Pedagogy and Childrens' lives] (pp. 192～214). Copenhagen: Hans Reitzel.

Lave, J. (2011). *Apprenticeship in Critical Ethnographic Practice*. Chicago, IL: University of Chicago Press.

Mandell, N. (1991). The Least-adult Role in Studying Children. In F. C. Waksler (Ed.), *Studyingthe Social Worlds of Children: Sociological Readings* (pp. 161～178). London: Falmer Press.

Mayall, B. (Ed.). (1994). *Children's Childhoods: Observed and Experienced*. London: Falmer Press.

Morin, A. (2008). Learning Together: A Child Perspective on Educational Arrangements of Special Education. *ARECE - Australian Research in Early Childhood Education*, *15*, 27～38.

Motzkau, J. & Schraube, E. (2015). Kritische Psychologie: Psychology from the Standpoint of the Subject. In I. Parker (Ed.), *Handbook of Critical Psychology* (pp. 280～289). London: Routledge.

Nissen, M. (2012). *The Subjectivity of Participation: Articulating Social Work Practice with Youth in Copenhagen*. Basingstoke: Palgrave Macmillan.

Okely, J. (1992). Anthropology and Autobiography: Participatory Experience and Embodied Knowledge. In J. Okely & H. Callaway (Eds.), *Anthropology and Autobiography* (pp. 1～28). New York: Routledge.

Osterkamp, U. & Schraube, E. (2013). Klaus Holzkamp and the Development of Psychology from the Standpoint of the Subject. In E. Schraube & U. Osterkamp (Eds.), *Psychology from the Standpoint of the Subject: Selected Writings of Klaus Holzkamp* (pp. 1～18). Basingstoke: Palgrave Macmillan.

Røn Larsen, M. (2012). A Paradox of Inclusion: Administrative Procedures and Children's Perspectives on Difculties in School. In M. Hedegaard, K. Aronsson, C. Højholt & O. S. Ulvik (Eds.), *Children, Childhood, and Everyday Life: Children's Perspectives* (pp. 143～160). New York: Information Age Publishing.

Roth, W. M. (2008). Klaus Holzkamp in the Americas: A personal account. *Journal für Psychologie*, *2*, Special Issue on Holzkamp's *Grundlegung der Psychologie. Nach 25 Jahren.* Retrieved from www. journal-fuer-psychologie. de/index. php/jfp/article/view/178.

Smith, D. E. (1987). *The Everyday World as Problematic: A Feminist Sociology*. Boston, MA: Northeastern University Press.

Smith, D. E. (Ed.). (2006). *Institutional Ethnography as Practice*. Lanham, MD: Rowman & Littlefeld.

Thorne, B. (1993). *Gender play: Girls and Boys in School*. Buckingham: Open University Press.

Willis, P. (1977). *Learning to labour: How Working Class Kids Get Working Class Jobs*. Farnborough: Saxon House.

索引[1]

① 本索引的每个条目后所附数码为原文页码，即中文版边码。

图书在版编目(CIP)数据

心理学与日常生活/(丹)厄恩斯特·夏欧伯,(丹)夏洛特·霍霍尔特主编；王晓焘译. —北京：北京师范大学出版社，2020.11(2024.4重印)

(批判与马克思主义心理学丛书/王波主编)

ISBN 978-7-303-25913-7

Ⅰ.①心… Ⅱ.①厄… ②夏… ③王… Ⅲ.①社会心理学—研究 Ⅳ.①C912.6-0

中国版本图书馆CIP数据核字(2020)第105978号

北京市版权局著作权合同登记号:图字:01-2016-8532号

图 书 意 见 反 馈 gaozhifk@bnupg.com 010-58805079

XINLIXUE YU RICHANG SHENGHUO

出版发行：北京师范大学出版社 www.bnupg.com

北京市西城区新街口外大街12-3号

邮政编码：100088

印　　刷：北京虎彩文化传播有限公司

经　　销：全国新华书店

开　　本：710 mm×1000 mm 1/16

印　　张：20.75

字　　数：260千字

版　　次：2020年11月第1版

印　　次：2024年4月第2次印刷

定　　价：107.00元

策划编辑：周益群　　责任编辑：林山水

美术编辑：李向昕　　装帧设计：丛　巍

责任校对：李云虎　　责任印制：马　洁